厦门大桥拓宽改造关键技术与工程实践

谭万里　董宝生　邓　晖　王东东　编著

图书在版编目（CIP）数据

厦门大桥拓宽改造关键技术与工程实践 / 谭万里等编著． -- 厦门：厦门大学出版社，2025.5. -- ISBN 978-7-5615-9728-6

Ⅰ．U448.19

中国国家版本馆 CIP 数据核字第 20256PF288 号

责任编辑	李峰伟
美术编辑	蒋卓群
技术编辑	许克华

出版发行　**厦门大学出版社**
社　　址　厦门市软件园二期望海路 39 号
邮政编码　361008
总　　机　0592-2181111　0592-2181406（传真）
营销中心　0592-2184458　0592-2181365
网　　址　http://www.xmupress.com
邮　　箱　xmup@xmupress.com
印　　刷　厦门市竞成印刷有限公司

开本　787 mm×1 092 mm　1/16
印张　12
字数　286 千字
版次　2025 年 5 月第 1 版
印次　2025 年 5 月第 1 次印刷
定价　88.00 元

本书如有印装质量问题请直接寄承印厂调换

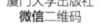

前言

厦门大桥南起厦门市湖里区嘉禾路，横跨高集海峡，北至厦门市集美区集美立交，全长6695 m，其中跨海主桥长2070 m，桥面宽23.5 m，是国内第一座跨海大桥。该桥于1987年10月1日开工建设，1991年12月19日正式建成通车，由交通部第一工程局总公司厦门工程处（中交一公局厦门工程有限公司前身）和交通部第三航务工程局第六工程公司负责施工，其中交通部第一工程局总公司为责任施工单位。过去30年中，厦门大桥作为厦门岛的主要进出通道，对厦门经济特区的快速发展发挥了不可替代的关键作用。然而，随着厦门市及周边地区城市化进程的进一步加快，厦门大桥原有双向四车道已无法满足迅速增长的通行需求。与此同时，厦门大桥在长期的服役过程中，虽然进行了多次系统养护维修，但仍出现了不少典型病害，包括梁体混凝土破损、桥面铺装凹陷和龟裂、桥墩锈胀开裂等，直接威胁到大桥的安全运行。无论是交通需求，还是安全要求，厦门大桥的拓宽改造都十分迫切。

作为当年厦门大桥的主要施工单位，中交一公局厦门工程有限公司30年后再次承担了大桥拓宽改造工程的施工任务。本次厦门大桥拓宽改造工程于2021年1月1日开工，2021年12月19日完成全部施工任务。改造后的厦门大桥主梁和桥墩等结构均进行了系统加固，设有双向六车道，显著提升了大桥的安全性和通行能力。作为国内第一座跨海大桥的全桥拓宽改造，本工程在大桥上部结构拓宽、墩柱改造、病害处理等方面的关键技术都进行了有益探索。在工程顺利完成之际，我们将本工程涉及的关键技术进行了系统梳理，汇编成册，以供同行参考。本书内容涵盖厦门大桥拓宽改造全过程，包括大桥主体和附属工程改造方案、交通和施工组织设计、病害处治、桥面拓宽加固、桥墩支座更换、围堰施工、桥墩加固、智慧工地、新材料应用等。

本书参编人员包括陈圣辉、谢辉、林智炜、熊子多、余嘉康、张秋信、黄斌、袁凯、孙庄敬、朱楠、龚明子、邓立克、侯松阳等。

本书的出版得到了中交一公局厦门工程有限公司、厦门大学建筑与土木工程学院和福建省滨海土木工程数字仿真重点实验室的大力支持,在此表示衷心的感谢！同时,也非常感谢厦门大学出版社对本书出版提供的帮助。限于编者水平,书中难免存在疏漏和不当之处,敬请各位读者批评指正。

编著者

2024 年 8 月于厦门

/目录/

1 工程概况/1

1.1 厦门大桥简介 ··· 1
1.2 跨海桥梁拓宽改造工程研究现状 ······················· 2
1.3 厦门大桥典型病害与改造加固必要性 ··················· 4
1.4 小结 ··· 7

2 拓宽改造工程整体方案/8

2.1 拓宽改造工程建设条件 ······························· 8
2.2 主体工程拓宽改造方案 ······························· 9
2.3 附属工程改造方案 ·································· 18
2.4 小结 ··· 21

3 拓宽改造工程交通与施工组织设计/22

3.1 拓宽改造工程交通组织设计 ·························· 22
3.2 拓宽改造工程施工组织设计 ·························· 33
3.3 拓宽改造工程施工管理组织架构 ······················ 38
3.4 小结 ··· 40

4 桥梁病害与处治措施 /41

    4.1   桥梁混凝土病害概况 ··· 41
    4.2   混凝土典型病害处治措施 ·· 59
    4.3   小结 ··· 76

5 桥面拓宽加固工程关键技术 /77

    5.1   桥面拓宽改造方案 ·· 77
    5.2   引桥桥面拓宽改造方案仿真分析 ·· 79
    5.3   主桥桥面拓宽改造方案仿真分析 ·· 88
    5.4   引桥桥面拓宽改造实测分析 ·· 97
    5.5   主桥桥面拓宽改造方案实测分析 ··· 101
    5.6   小结 ·· 111

6 桥墩支座更换关键技术与大桥稳定性分析 /113

    6.1   桥墩支座更换方案 ··· 113
    6.2   桥墩支座更换施工流程 ··· 114
    6.3   桥墩支座更换质量控制 ··· 116
    6.4   抗倾覆稳定性分析 ··· 117
    6.5   小结 ·· 122

7 钢套箱围堰施工与优化设计 /123

    7.1   钢套箱围堰方案 ··· 123
    7.2   钢套箱围堰施工流程 ·· 125
    7.3   钢套箱围堰仿真分析 ·· 126
    7.4   钢套箱围堰设计优化 ·· 129
    7.5   小结 ·· 135

8 桥墩加固关键技术 /136

    8.1   桥墩改造加固方案 ··· 136

8.2　桥墩改造加固施工流程 ·· 138
　　8.3　桥墩凿除改造前的位移和应力分析 ································· 141
　　8.4　桥墩凿除施工有限元仿真与方案优化 ······························ 144
　　8.5　桥墩外包玻璃钢模板与RPC混凝土黏结处理 ··················· 151
　　8.6　小结 ··· 155

9　智慧工地管理云平台/156

　　9.1　智慧工地管理云平台架构 ··· 156
　　9.2　5G智慧工地创新应用 ·· 158
　　9.3　BIM技术管理创新应用 ·· 166
　　9.4　小结 ··· 169

10　新材料的应用与工艺流程/170

　　10.1　桥梁改造工程新材料应用 ·· 170
　　10.2　UHPC＋GFRP复合结构工艺流程 ································· 172
　　10.3　小结 ·· 179

参考文献/180

1　工程概况

厦门大桥作为中国第一座跨海大桥,为厦门经济特区的快速发展发挥了举足轻重的作用。然而,随着厦门市现代化进程的快速推进,大桥原有双向四车道的通行能力已难以满足交通需求。本章在总结跨海桥梁拓宽改造工程现状的基础上,详细分析了厦门大桥存在的典型病害,进而阐述了厦门大桥改造加固项目的必要性和紧迫性。

1.1　厦门大桥简介

厦门大桥由跨海主桥、集美立交和高崎引道三部分组成,1987年10月1日动工建设,1991年12月19日正式通车[1]。如图1.1所示,厦门大桥位于厦门市湖里区高崎与集美区集美学村之间,横跨厦门高集海峡,连接湖里区与集美区。该桥南起厦门市湖里区嘉禾路,上跨高集海峡,北至厦门市集美区集美立交,并设有匝道通往集杏海堤,是厦门市最重要的进出岛通道之一。厦门大桥全长6695 m,其中跨海主桥长2070 m,桥面宽23.5 m,设双向四车道,车道净宽19 m,两侧人行道各宽1.5 m,结构体系为46 m×45 m五联等跨径预应力混凝土箱形连续梁。跨海主桥的桥墩为钢筋混凝土实心矩形墩,共计94个独立桥墩。集美立交引桥和匝道桥长度分别为760 m和1722 m,立交引道长1288 m,高崎引道长855 m。

作为进出厦门岛的主要通道,厦门大桥在通车后的30年里,见证了厦门经济特区的高速发展。然而,随着城市化进程的加快和人口的进一步增长,厦门大桥原有双向四车道的通行能力已无法满足日益增长的交通需求。为此,2021年1月1日厦门市启动厦门大桥改造加固工程,旨在通过改造、加固和优化厦门大桥,延长桥梁的使用寿命,提高桥梁的承载能力和安全性能,显著提升桥梁的通行能力,进而有效缓解进出厦门岛的交通压力。

厦门大桥改造加固工程主要包括主桥拓宽改造、引桥拓宽改造、墩柱改造加固、智慧工地管理等。该工程同时还对集美立交系统进行改造,以改善厦门大桥集美端的交通拥堵状况。通过改造加固,厦门大桥的通行能力得到显著提升,为厦门经济特区的高质量、内涵式发展提供更为坚实的基础设施保障。这一工程不仅对提升厦门城市交通能力有重大意义,还将有力推动周边地区的经济发展,促进区域合作交流,发挥厦门经济特区的辐射引领作用,助力中国式现代化建设。

图 1.1　厦门大桥全景

1.2　跨海桥梁拓宽改造工程研究现状

1.2.1　国外跨海桥梁改造加固技术研究现状

改造加固是提高桥梁承载能力和保障桥梁通行能力的有效手段。桥梁的改造加固是指通过采用合理方案对既有桥梁进行补强加固和桥面拓宽等,从而有效改善结构性能,提高桥梁的安全度和交通能力,延长使用寿命,满足日益增长的交通需求[2]。20 世纪 80 年代,针对连续出现的桥梁病害,桥梁病害修复和改造加固开始得到关注。英国工程师协会于 1980 年发表了《既有结构的评估》,标志着该领域的研究进入了新的阶段[3]。随后,巴黎、布鲁塞尔和华盛顿先后举办了关于旧桥问题的国际专题讨论会议。1981 年,联合国经济合作与发展组织(Organisation for Economic Cooperation and Development,OECD)[4]讨论了桥梁加固技术研究的重要性,自此桥梁改造加固技术的研究得到日益广泛的关注和重视。

跨海大桥由于服役环境的特殊性,腐蚀劣化问题非常突出。一方面,海洋环境对桥梁外表面的桥面板结构具有直接腐蚀作用[5],而桥面结构的锈蚀破坏严重影响桥梁的通车运行[6]。另一方面,对于长期在海洋环境下服役的混凝土梁桥的内部钢筋和钢箱梁桥,其钢结构均会出现应力腐蚀和腐蚀疲劳,对桥梁的承载能力产生显著影响[7-14]。例如,我国华南地区海域普遍具有气温高、湿度大、海水含盐度高的环境特点,导致跨海桥梁腐蚀的介质主要为氯离子、硫酸根离子和镁离子[15,16]。既有桥梁的病害严重影响了桥梁的正常安全运行,因此旧桥改造加固已成为桥梁工程领域的一个重要内容。美国、日本、英国、丹麦、德国等发达国家拥有广泛的沿海基础设施,在跨海桥梁的检测评定、改造加固技术方面开展了比较系统的研究。

1982年、1983年和1996年的多场国际会议[17]对现有桥梁的检测评定和维修加固进行了探讨,总结提出了多项加固技术。以美国为例,著名的旧金山金门大桥自1937年建成后,陆续进行了四次较大的改造加固,对平联、吊索和桥面等部位应用了多项加固技术[18]。跨越旧金山海湾的另一座重要桥梁旧金山—奥克兰海湾桥,在1989年遭受地震破坏,随后于2004年完成改造加固项目。该项目的重点在于桥塔基座的加固,通过增设混凝土套筒、高强杆和预应力沉箱,有效提升了桥塔抗剪抗震的性能[19,20]。1910年建成的明尼阿波利斯市第三大街桥跨越密西西比河,采用了空腹式美兰拱混凝土连拱的结构形式。该桥受到河流冲击、盐水侵蚀和海洋生物附着腐蚀影响,桥面和墩柱多处部位病害严重。2020年开展针对该大桥的加固项目,包括修复加固拱上立柱、立柱盖梁、桥面系和桥墩等病害严重的构件[21]。富兰克林大桥跨越特拉华河,是一座下承式钢桁梁公轨悬索桥,自1926年建成以来受到特拉华河环境的侵蚀,并于2021年进行改造加固,主要包括主桥钢缆等锈蚀钢构件的维修、桥塔支座的替换和桥面板拓宽铺装等改造项目,从而提高桥梁的耐久性能[22]。加利福尼亚州的杰拉尔德·德斯蒙德大桥是连接长滩港和大陆的主要交通纽带[23],原桥有五车道。但随着服务区域交通需求的日益增长和人口快速膨胀,原有车道已无法满足日益繁忙的交通状况。为提升德斯蒙德大桥通行能力,对其进行了拓宽改造,车道数从五车道扩大到六车道,同时还进行了结构加固。

日本四面环海,其桥梁也多受到海洋环境的侵蚀影响。1976年建成的浜名大桥在长期服役中出现了跨中梁体下挠开裂的现象,其跨中裂缝进一步加剧了梁内钢筋锈蚀,并降低了主梁腹板的抗剪性能。2010年,浜名大桥跨中主梁采用了固结和粘贴碳纤维布的加固措施,以强化其结构性能[24]。随后,于2017年加固的名港西大桥也采用了相似的粘贴碳纤维布补强大桥主梁钢构件的加固方法[25]。此外,淀川大桥也于2017年对桥面板结构腐蚀的钢构件部分进行了维修更换[26]。对于跨海大桥的桥墩等下部结构,增大截面加固法、外包钢板加固法和外包纤维增强复合材料(fiber reinforced polymer,FRP)法等墩柱加固技术也得到了应用和发展。例如,亲不知海岸高架桥桥墩加固层等结构受到海浪冲刷和海洋侵蚀,采用了外包混凝土进行结构加固,有效提升了结构耐久性能[27]。这些典型工程为跨海大桥的改造加固提供了宝贵的技术参考和工程经验。

1.2.2 国内跨海桥梁改造加固技术研究现状

截至2023年底,我国桥梁总长度已达9528.82万延米,公路桥梁已达107.93万座[28],其中约40%的桥梁已经服役超过25年。进入21世纪,我国交通需求急剧增加,桥梁在大型、重型车辆的长期高负荷通行条件下逐渐出现各类病害,桥梁建设的可持续发展问题日显重要和突出,从而促进了既有桥梁改造加固技术的研究[29]。自1983年来,交通部开展了既有桥梁的测试、承载能力的评定和维修加固的技术研究[30]。1989年,铁道部科学研究所先后对体外预应力混凝土梁的多项力学性能进行测试试验,为桥梁加固的后续研究提供了坚实的基础[31]。近年来,新的加固理念逐渐在既有桥梁的结构补强中得到应用,如采用超高性能混凝土[32]、预应力纤维增强复合材料[33]对受损桥梁进行修复加固等。

跨海大桥加固技术通常包括补强桥梁结构、桥面修复养护、桥梁支座维护更换及桥墩墩身加固等。常用的桥面改造加固技术包括体外预应力加固法、粘贴钢板法及粘贴碳纤维布等方法。对于跨海大桥桥墩等下部结构,由于处于海洋环境,适用的加固方法有围堰法和生物加固等[34,35]。这些方法有效提升了跨海大桥的安全性和耐久性,满足了日益增长的交通需求。

近些年,我国已经开展了部分跨海桥梁的结构改造和加固工程,通过不断探索与实践,积累了一定的工程经验。例如,港珠澳大桥在建设过程中采用一系列加固措施来增强大桥的稳固性。为有效抵御海水等腐蚀性因素的侵蚀,桥墩材料选择具有优异耐腐蚀性能的混凝土,并采用了增大截面的墩身设计方法,通过在其内部嵌入钢筋和预应力钢绞线等手段,极大地增强了桥墩的稳定性,同时也显著提高了大桥结构的整体强度和抗裂性[36,37]。为提高桥梁的承载能力和抗剪能力,大连湾跨海大桥采用粘贴钢板加固法对桥梁的受拉区和抗剪薄弱部位进行加固处理,同时还对主梁使用了预应力加固法和增设纵梁进行加固[38]。连接上海市浦东新区南汇新城镇与浙江省舟山市嵊泗县洋山镇的东海大桥在使用中发现其桥墩区域发生严重冲刷现象,部分群桩桥墩冲刷深度已超过设计警戒值。为遏制东海大桥桥墩局部侵蚀深度的进一步增加,采用碎石桩围堤加固地基、格形钢板桩和袋装混凝土湿混料覆盖防护等加固技术对桥墩进行了加固[39]。然而,这些工程主要是对跨海大桥的部分受损区进行修复加固,厦门大桥改造加固工程则是我国首座全桥改造加固的跨海大桥。

1.3 厦门大桥典型病害与改造加固必要性

厦门大桥从1991年建成通车以来,服役已有30余年。自2003年到2018年,大桥已进行了14次养护维修工作,历次检查与养护时间和内容见表1.1。检查结果表明,厦门大桥主要构件存在缺损开裂,主要病害包括:梁体混凝土破损,桥面铺装凹陷和龟裂,翼缘板、腹板、顶板和底板均存在裂缝,桥墩锈胀开裂等。这些病害已经对大桥的安全运行构成了潜在威胁,因此对其进行改造加固十分必要。

表1.1 厦门大桥历次检查与养护时间和内容

年份/年	日常养护	维护、加固	检测、检查
2003	日常维护工程,包括路面铺装修补、隔离栅维护	裂缝处治措施	—
2004	日常维护工程,包括路面铺装修补、伸缩缝维护、防腐涂装	—	—

续表

年份/年	日常养护	维护、加固	检测、检查
2005	预防性养护工程,包括主桥和集美立交路面修补、引道隔离栅更换、伸缩缝检修、主桥支座防腐	—	主桥桥梁检查
2006	日常维护工程,包括路面维修、伸缩缝维修、防腐维修工程	—	
2007	日常维护工程,包括路面维修、伸缩缝检修、防腐维修工程	巨石掉落事故加固维修	—
2008	日常维护工程,包括路面维修、伸缩缝维修、防腐维修工程	—	大桥定期检查
2009	日常维护工程,包括路面维修、伸缩缝维修、防腐维修工程	—	大桥全面检测评估
2010	日常维护工程,包括路面维修、伸缩缝维修、防腐维修工程	桥址附近清淤	大桥全面检测评估
2011	日常维护工程,包括路面维修、伸缩缝维修、防腐维修工程	—	
2012	日常养护工程,包括路面维修	伸缩缝检修更换	桥梁结构外观检测
2013	日常养护工程,包括桥面铺装维修、钢护栏更换、防腐维修工程	伸缩缝检修更换	—
2016	日常维护工程,包括路面维修、伸缩缝检修、防腐维修工程	墩身局部破损修复	
2017	日常维护工程,包括路面维修、伸缩缝检修、防腐维修工程	—	加固前特殊检测
2018	日常维护工程,包括路面维修、伸缩缝检修、防腐维修工程	—	加固前特殊检测

图 1.2 列出了厦门大桥桥面的集中典型病害,其中包括现主梁内外表面裂缝,底板裂缝,部分护栏由于锈蚀导致的钢筋暴露等。厦门大桥主梁的裂缝主要出现在结构的内外表面,由于受到混凝土收缩、温度变化和荷载作用等多种因素影响,其裂缝呈现为不规则的网状形态。外侧护栏由于交通事故、自然侵蚀或维护不当导致结构出现缺失和钢筋锈蚀膨胀,其直接影响了大桥的整体安全性,还可能对行驶的车辆和行人构成潜在的安全隐患。箱梁底板是箱梁结构中的核心组成部分,其完整性和稳定性对于整个桥梁的承载力和安全性至关重要。箱梁结构施工时支架的不均匀沉降和使用过程中的混凝土温度变化等均会引起或加剧箱梁底板横、纵向裂缝的出现和发展。这些裂缝的存在会导致相应部位的钢筋出现锈蚀,严重影响钢筋与混凝土之间的黏结作用,降低结构的整体性和承载能力。

外侧护栏缺失　　　　　　　　外侧护栏锈胀露筋

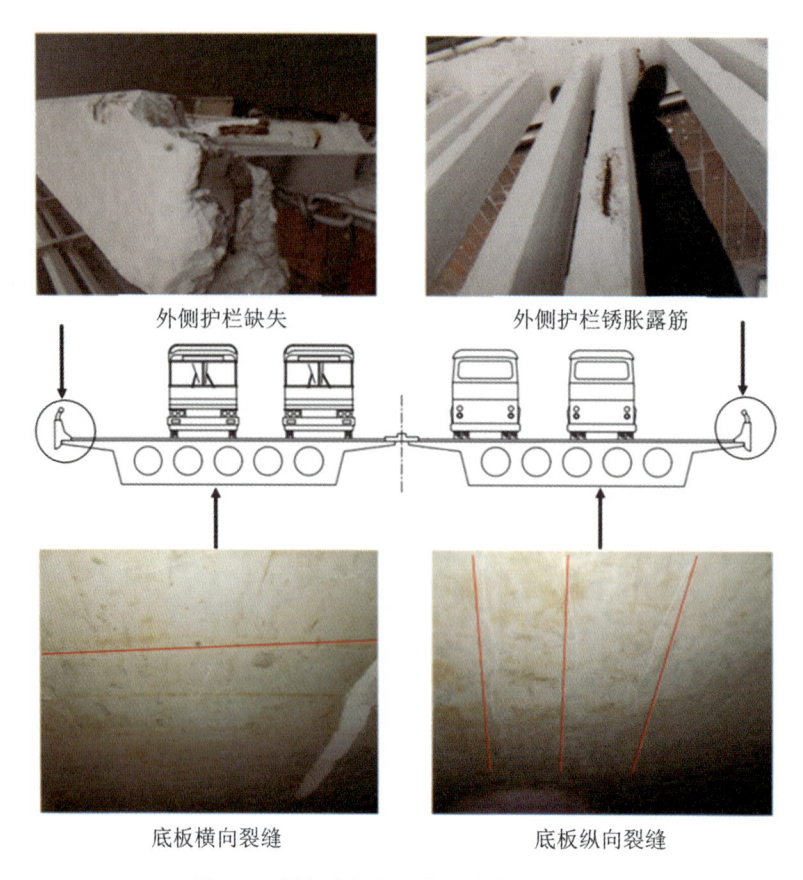

底板横向裂缝　　　　　　　　底板纵向裂缝

图 1.2　厦门大桥桥面典型病害特征示意

在长期的服役中,厦门大桥的桥墩也多处出现了不同程度的质量问题。图 1.3 给出了厦门大桥墩身混凝土的主要病害情况。由于长期受到环境侵蚀和荷载作用,桥墩混凝土出现了大量竖向裂缝,这些裂缝随着时间的推移将逐渐增大。此外,桥墩混凝土还存在破损,桥墩钢筋出现了明显的锈胀开裂等劣化现象。这些病害对桥墩结构的整体稳定性构成了严重威胁,同时也影响了大桥的美观性。

针对厦门大桥存在的突出病害问题,同时为了满足大桥日益增长的通行需求,决定对全桥进行改造加固——将原桥双向四车道改成双向六车道,同时对桥墩、主桥箱梁、桥面等结构进行系统的改造加固。厦门大桥改造加固项目的主要内容包括:采用粘贴碳纤维布加固法修复箱梁顶板病害,并提高箱梁顶板的承载力安全储备;采用箱内增设体外预应力加固法提高主梁的承载力,并改善主梁应力状况;通过优化围堰和老旧混凝土凿除工序,采用增大截面法对桥墩进行加固;通过引入钢悬臂支撑,优化其分布间距,对桥面进行拓宽,实现六车道通车方案。此外,对左右幅桥面铺装、防撞护栏、伸缩缝及附属结构进行了重新浇筑。桥墩加固则采用了玻璃钢模板和增大截面加固法。

厦门大桥周边交通、管线及自然环境十分复杂,同时地处海洋施工,环境条件复杂多变,安全风险高,改造加固的有效施工作业期短,施工技术难度大,社会关注度高,且同等类型及规模的跨海大桥改造加固案例较为缺乏。另外,改造后的厦门大桥结构形式更为

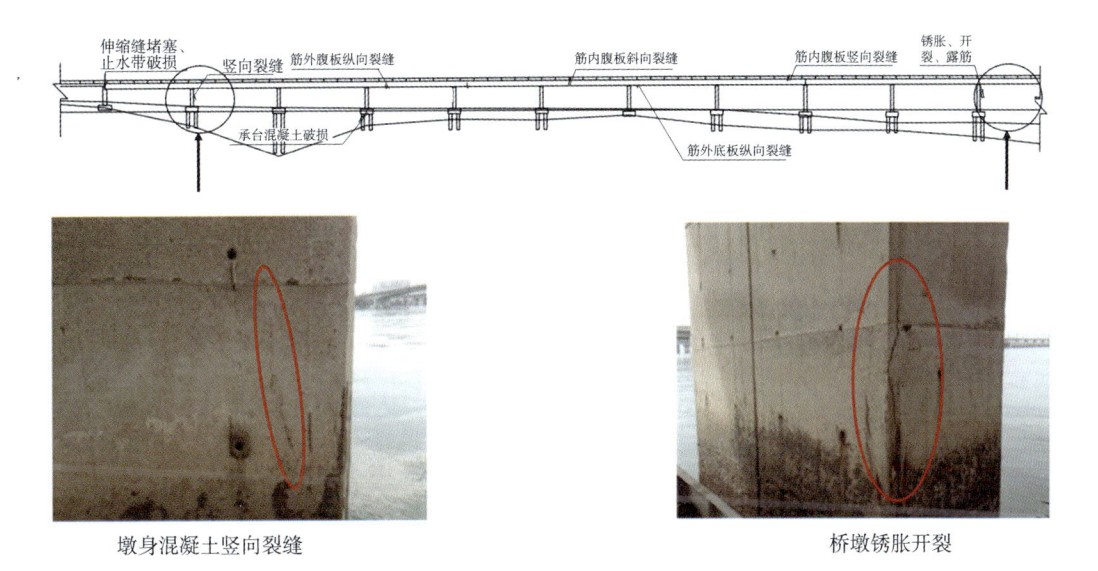

图 1.3　厦门大桥桥墩典型病害特征示意

复杂。本书正是聚焦这些问题，对厦门大桥改造加固项目进行了比较系统的研究，可为后续跨海大桥的改造加固提供有益参考和宝贵经验。

1.4　小结

厦门大桥改造加固工程是我国首座对跨海大桥进行整体加固提升的重点项目。本章首先介绍了厦门大桥的基本情况，包括其作为中国首座跨海大桥的历史意义、结构特点和地理位置，并阐述了因交通需求增长而进行的拓宽改造项目的重要性。其次，梳理了国内外跨海大桥改造加固技术的研究现状，探讨了不同国家在桥梁病害检测、评定和加固技术方面的进展。与此同时，总结了厦门大桥自建成以来的养护历史，指出了大桥存在的典型病害和改造加固的迫切性。最后，针对厦门大桥自身特点以及病害特征，提出了包括粘贴碳纤维布、体外预应力加固、增设钢悬臂支撑和桥墩加固等多种技术，全面提升大桥耐久性、安全性及通行能力。

2 拓宽改造工程整体方案

厦门大桥拓宽改造工程整体方案包括扩建桥面宽度、增设车道、加固桥梁整体结构和改善桥面路面等系列措施。本章介绍了该工程的总体方案,包括跨海主桥、集美立交、高崎引道和海堤路南段的具体改造方案,以及管线、监控和照明等附属工程的升级计划。

2.1 拓宽改造工程建设条件

如图 2.1 所示,厦门大桥是厦门市进出岛的重要通道,是厦门岛内外各区、省内各地区之间联系的重要纽带,在过去 30 年中为厦门经济特区的快速发展发挥了不可替代的保障作用。

图 2.1 厦门大桥实景

然而,随着厦门经济特区的加速发展,厦门大桥原有双向四车道的通行能力已经无法满足交通需求,时常引发严重的交通拥堵。针对该问题,厦门市2021年启动了厦门大桥的拓宽改造项目。如图2.2所示,厦门大桥拓宽改造项目包括跨海主桥、集美立交、高崎引道和海堤路南段4部分,具体内容涵盖扩建桥面宽度、增设车道、加固桥梁整体结构和改善桥面路面等。其中,跨海主桥和集美立交引桥的原有四车道均拓宽为双向六车道。这些改造措施切实提升了厦门大桥的车辆通行能力和交通效率,缓解了交通压力,同时也显著改善了大桥的安全性和舒适度。

图 2.2　厦门大桥地理位置与拓宽改造项目示意

2.2　主体工程拓宽改造方案

厦门大桥拓宽改造项目的主体工程包括跨海主桥、集美立交、高崎引道和海堤路南段等分项工程,下面逐一对其进行阐述。

2.2.1　跨海主桥改造加固方案

跨海主桥全长2070 m,共46跨,如图2.3所示,上部结构采用45 m等跨等截面预应力混凝土连续箱梁,共分为5联,从高崎至集美方向桥跨组合为(8×45+8×45+12×45+10×45+8×45)m。主桥标准横断面列于图2.4中,其中上部结构横断面主要由人行道、应急车道、机动车道和绿化带组成,结构总宽度为 23 m,结构形式为两幅相同的独立单箱,通过中间分隔带进行连接。

在厦门大桥拓宽改造工程中,主桥上部结构横断面总宽由原 23 m 加宽至 23.5 m。如图 2.5 所示,原先的机动车道改为小客车道,人行道和应急车道进行合并,改为混行车道,使原有车道拓宽为双向六车道。同时,为满足车道宽度,原有的绿化带被取消,并在各车道路缘带外侧均增设 25 cm 宽的安全带。

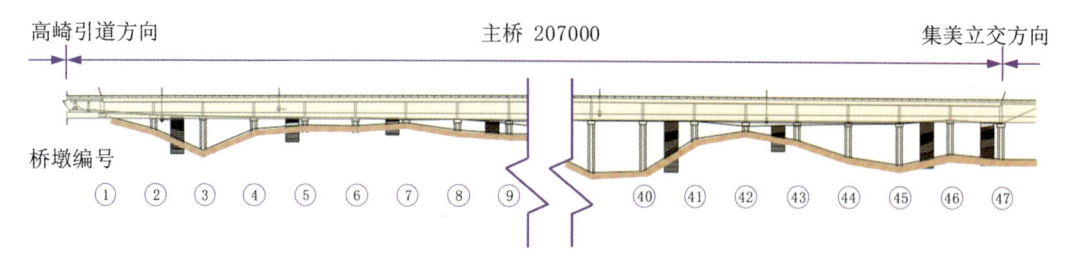

图 2.3 厦门大桥跨海主桥立面布置(单位:cm)

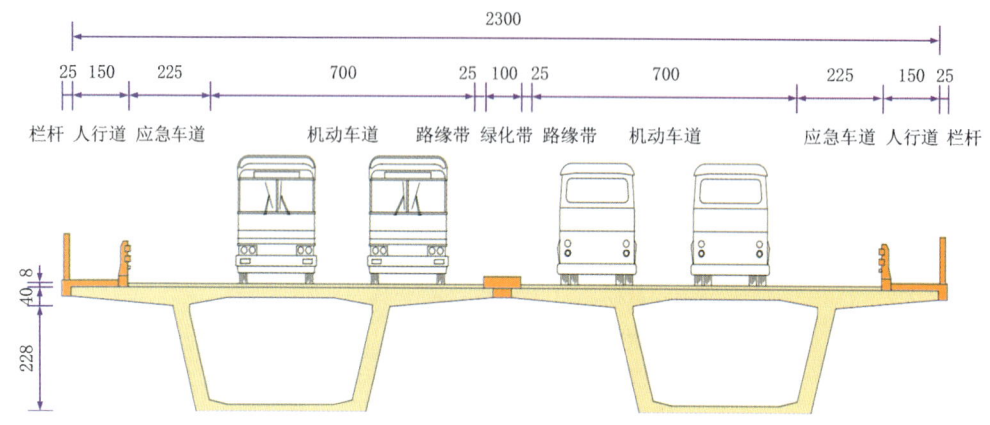

图 2.4 跨海主桥改造前标准横断面(单位:cm)

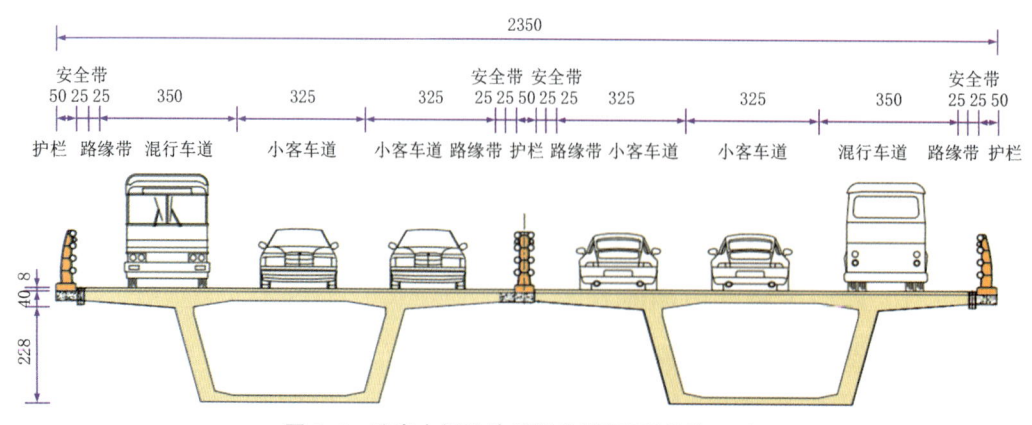

图 2.5 跨海主桥改造后标准横断面(单位:cm)

此外，跨海主桥原设计中，左右两幅桥边翼缘侧均为图 2.6(a)所示的悬挑式人行道栏杆。在主桥改造方案中，边翼缘侧的人行道及护栏均被拆除，部分边翼缘板也需要进行凿除处理，以便翼缘钢模板等拓宽结构的安装和施工。具体的边翼缘拓宽改造方案如图 2.6(b)所示。通过改造，原有的双向四车道升级为图 2.7 所示的双向六车道。

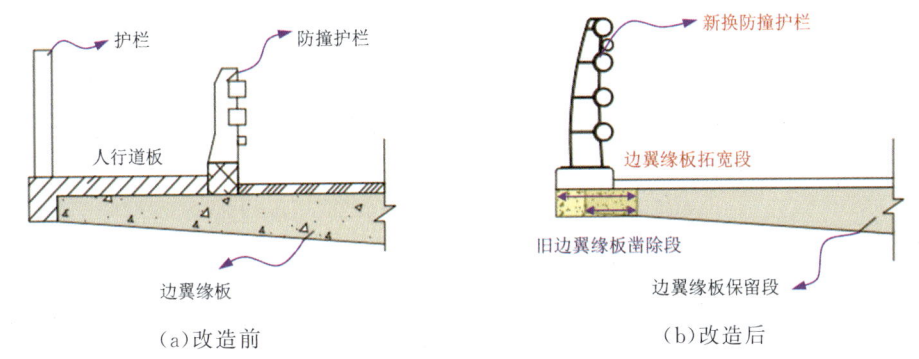

图 2.6 边翼缘拓宽改造前后构造

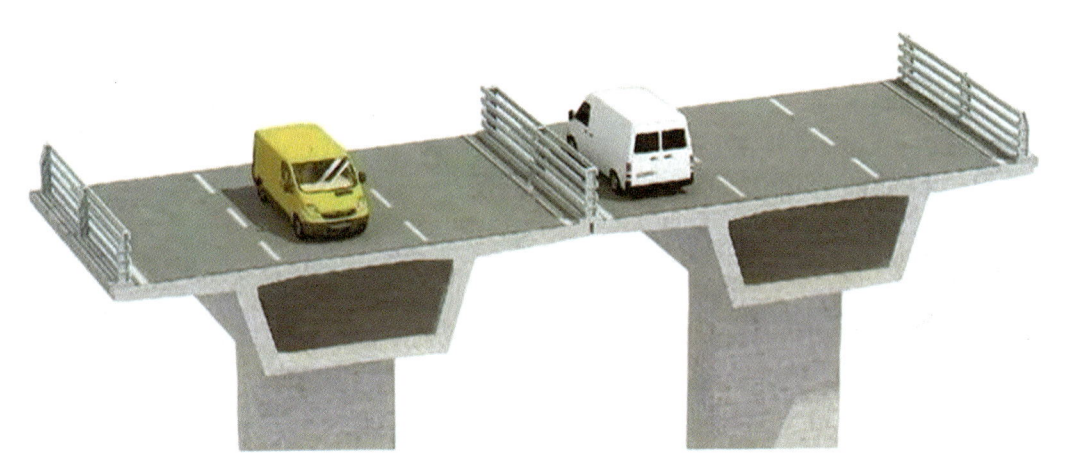

(a)改造前   (b)改造后

图 2.7 厦门大桥改造后双向六车道示意

与此同时，本次改造项目还对 43 对墩柱进行改造加固，并在加固后每联桥设 3 个固定墩，其位置为每联中间的 3 个桥墩，其他桥墩为非固定墩。针对以上两类桥墩分别采用玻璃钢模板＋增大截面＋安装牺牲阳极保护系统和玻璃钢模板＋外包 RPC(reactive powder concrete，活性粉末混凝土)＋安装牺牲阳极保护系统的加固方案。有关桥墩加固的相关内容详见第八章。

2.2.2 集美立交引桥改造加固方案

引桥作为连接主桥与两岸的重要通道，其结构设计与改造也是本工程的重要环节。如图 2.8 所示，集美立交由引桥、匝道桥及引道 3 部分组成。引桥全长 909.36 m，采用预应力混凝土空心板梁结构。引桥宽度 21 m，单向桥面净宽 10.5 m。如图 2.9 和图 2.10 所示，引桥单向 38 跨，包括第 1～6 联及 1、2、3 号叉桥。其中，第 1 联和第 2 联的桥跨组合均为(24.8+5×25.5)m,第3～6联分别采用(6×25.5)m、(4×25.5)m、(5×25.5)m和(5×25.5+21.88)m等不同的桥跨组合。此外,1号和2号叉桥均采用(2×12.75)m的桥跨组合,而3号叉桥则为单跨21.88 m的设计。在结构材料方面,第1～6联采用了预应力钢筋混凝土空心板梁结构,而1、2、3号叉桥则采用了普通钢筋混凝土空心板梁结构,这些叉桥在交通分流方面发挥了重要作用。

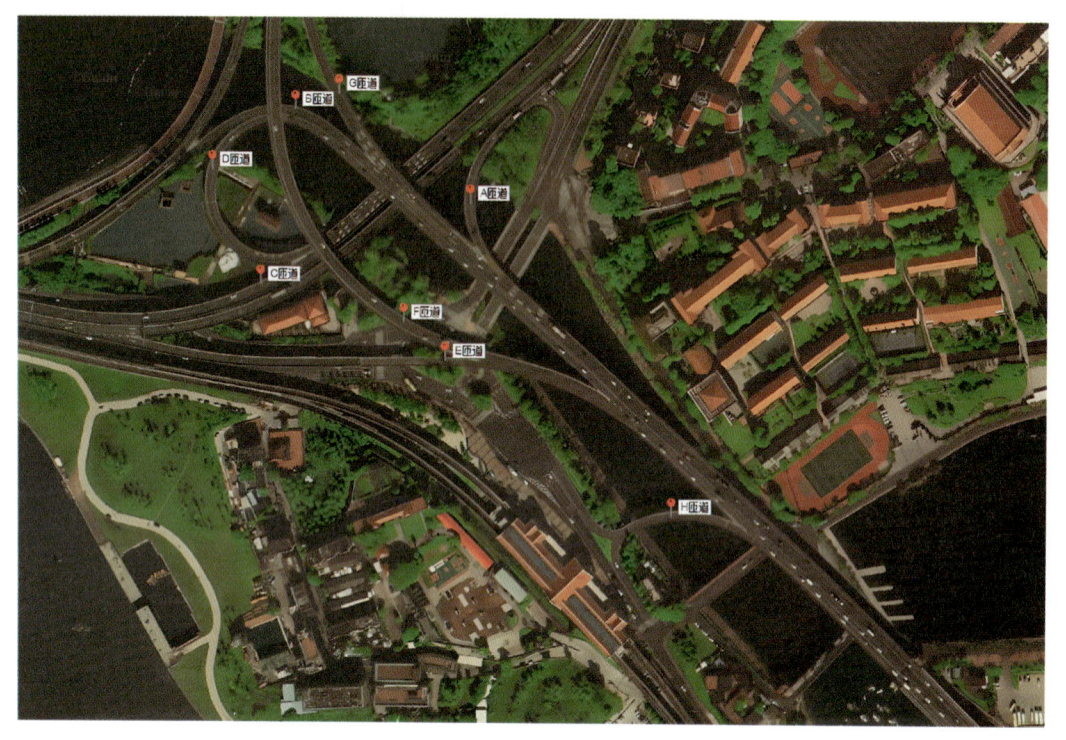

图2.8 集美立交鸟瞰

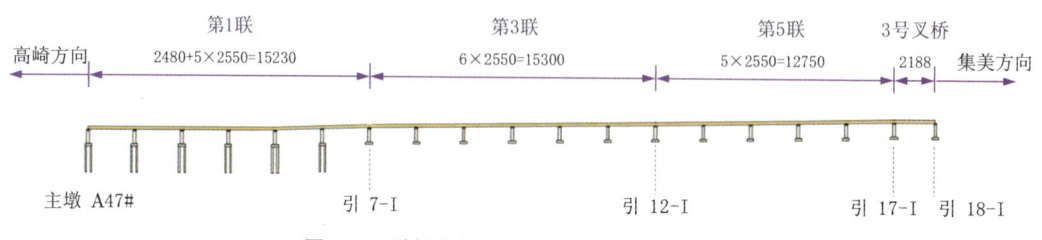

图2.9 引桥左幅立面布置示意(单位:cm)

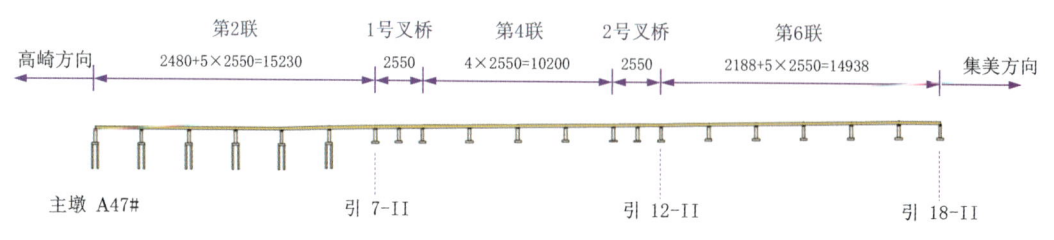

图2.10 引桥右幅立面布置示意(单位:cm)

为充分利用桥梁的既有桥面宽度,提升桥梁的通行能力,在拓宽改造中,取消了原有人行道与应急车道,实现了双向四车道改为双向六车道的拓宽改造。图 2.11 给出了引桥改造前后的桥面布置对比,为满足拓宽宽度要求,引桥空心板每侧均进行了 2.5 m 的外延拓宽处理。由于本次拓宽长度较长,引桥的边翼缘和中翼缘均需要加固处理,以满足结构强度的要求,对应的加固区域在图 2.11 中采用黄色区块进行表示。

为增强新旧桥面的结合强度,防止加固过程中桥面板与旧翼缘结合处出现开裂破损等病害,在拆除部分桥面铺装和原防撞护栏后,还凿除了自翼缘起 77.5 cm 范围内的混凝土,同时保留凿除范围的原结构钢筋,确保新旧结构的有效连接,提高整体结构的稳定性。在安装图 2.12 所示的钢肋梁时,将露出的上、下翼缘横筋分别与新设箍筋的上、下段焊接,并在箍筋内布设新增纵筋,浇筑宽度 222.5 cm 的混凝土。需要注意的是,左右两幅空心板中间不进行连接,并预留 5 cm 的纵向伸缩缝,以应对可能的温度变化和桥梁伸缩需求。

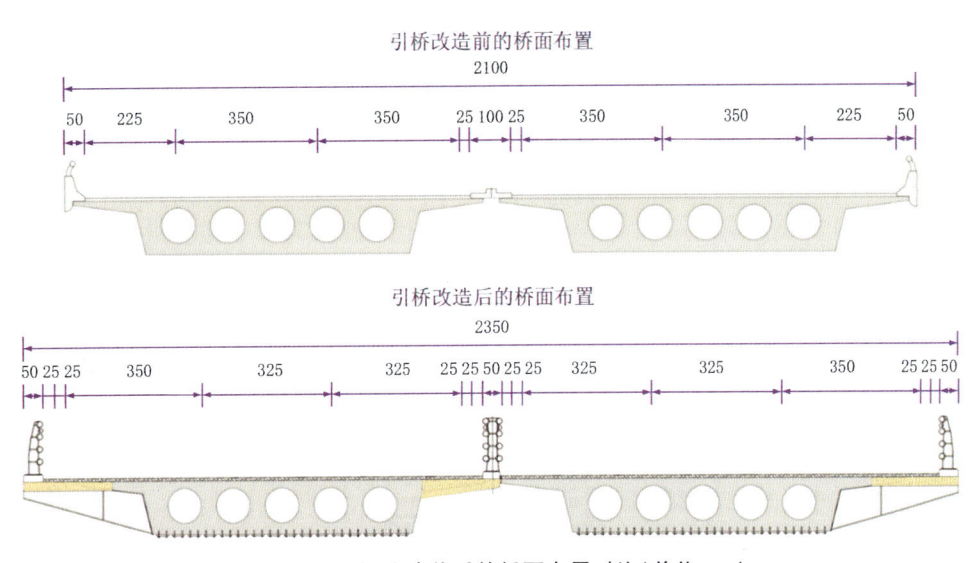

图 2.11 引桥改造前后的桥面布置对比(单位:cm)

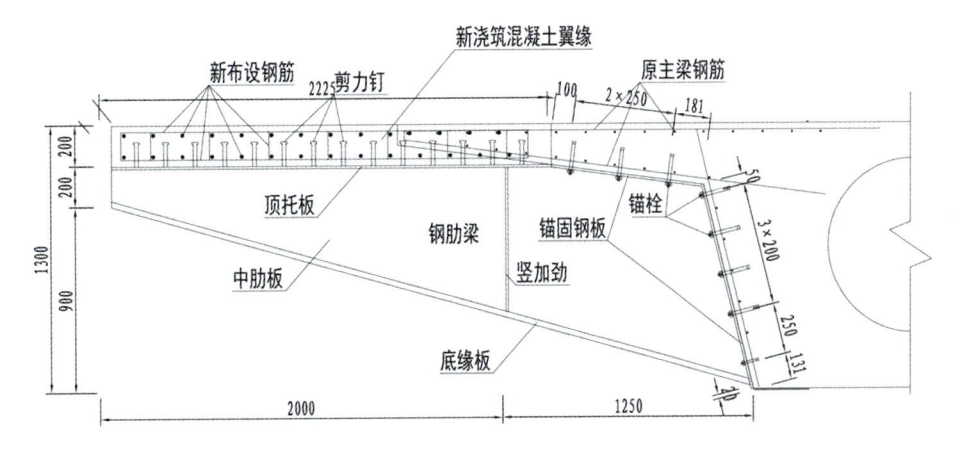

图 2.12 边翼缘改造构造(单位:mm)

2.2.3 高崎引道道路工程改造方案

高崎引道的起点与铁路盐专线平交,终点至厦门大桥主桥,路线长度 1.067 km,全线共有 3 座小桥和 1 座天桥,为城市主干路,设计时速 60 km。本改造计划主要配合厦门大桥四车道改六车道方案,将高崎引道由双向四车道同时改造至双向六车道。因厦门大桥收费站取消,原收费广场改为右侧车道,采用分离式路基,桩号范围 K0-067～K0+529.02,长 596.02 m,对应右线桩号为 YK0-067～YK0+531.159。

对于 K0-067～K0+160 段,改造前已满足双向六车道的通车要求,故本段断面保持不变。对于 K0+160～K0+500 段,该段的进岛方向原为单向两车道,因厦门大桥收费站取消,收费广场较宽,本次改造新增分离式右线,左道占用硬路肩扩充至三车道,右道则利用广场设置三车道。

对于 K0+500～K0+680 段,如图 2.13 所示,路基宽度 23 m,为满足双向六车道的改造要求,本次改造将中分带改为分隔栏,将硬路肩拼宽为沥青路面,并对车道重新划分,改造后路基宽度仍保持 23 m。图 2.14 给出了高崎引道 K0+680～K0+860 段的改造前后横断面,该段两侧均为挡墙,路基宽度 23 m。为满足双向六车道要求,原本两侧围墙进行拆除,并在外挑 25 cm 处埋设护栏基础、增设防撞护栏。同时,道路中间的中分带改为分隔栏,使得改造后的路基宽度拓宽为 23.5 m。此外,高崎引道标准段车行道横坡

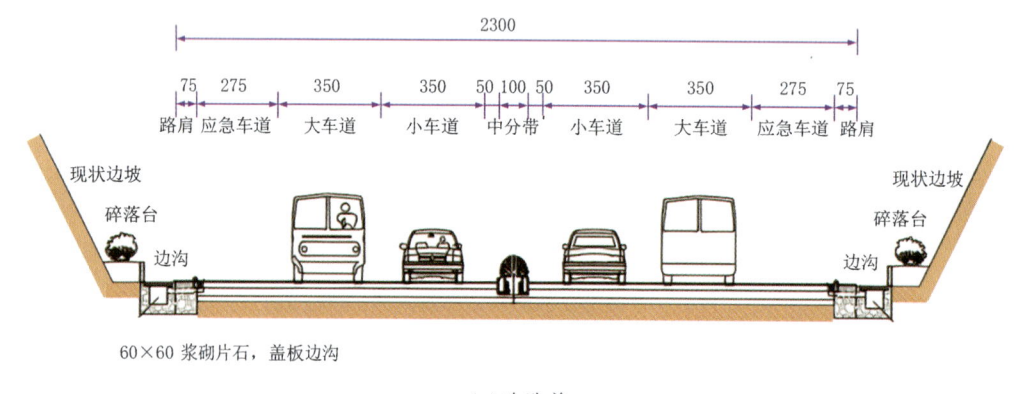

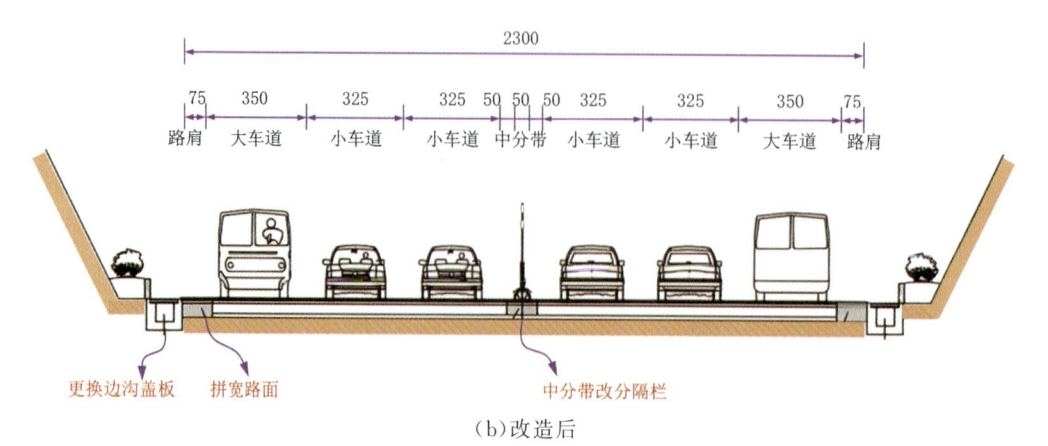

图 2.13 高崎引道 K0+500～K0+680 段横断面(单位:cm)

为 1.5%，超高段横坡为 4%，本次改造中横坡保持不变，并设置相应的超高渐变段，因缓和曲线长度不满足超高渐变率所需的长度要求，超高渐变长度伸入前后直线或者无超高圆曲线，以满足超高渐变率要求。

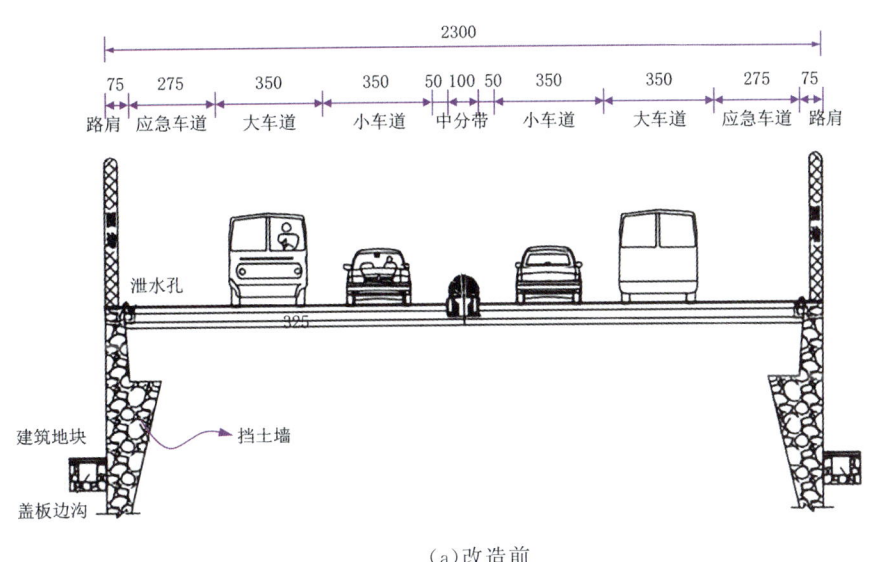

(a) 改造前

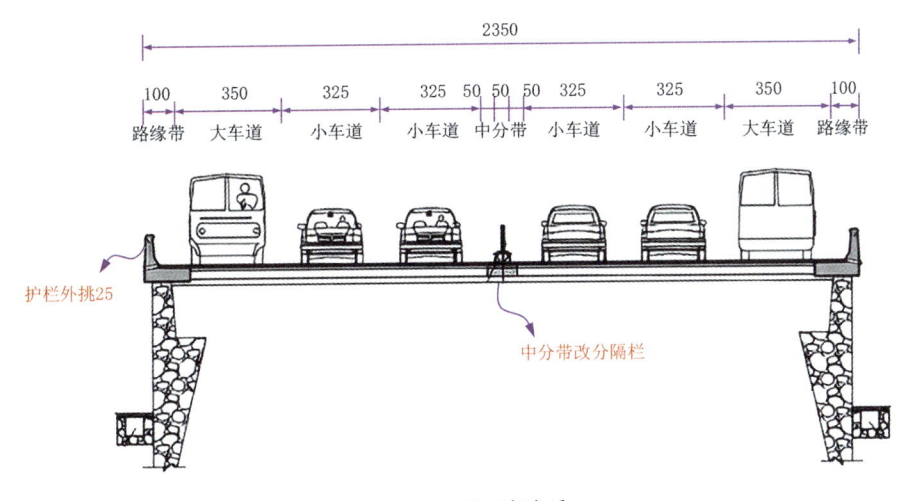

(b) 改造后

图 2.14　高崎引道 K0+680～K0+860 段横断面(单位:cm)

2.2.4　海堤路南段道路工程改造方案

海堤路南段为厦门大桥拓宽改造工程的补充建设内容。根据厦门市人民政府专题会议纪要〔2019〕234 号《关于厦门大桥"四改六"改造加固项目等事宜专题会议的纪要》，在厦门大桥改造提升期间，为有效分流车流，引导车辆通过高集海堤进出岛，会议原则同意实施高集海堤高崎端改善提升工程，将其纳入厦门大桥改造加固项目并先行实施。据此,海堤路南段改造内容纳入厦门大桥拓宽改造工程项目。

海堤路南段仅涉及改造,不进行拓宽。海堤路南段全长 994.96 m,其中从高崎小学至终点段约 774.96 m 道路部分为现状水泥路面,道路宽度 12 m,路面破损、老旧严重,路面出现较多纵向和横向裂缝,部分板块面层出现破碎、网裂、断角和坑槽等病害。局部道路宽度和破损路面不能满足厦门大桥改造加固过程中的通行要求,给沿线居民和单位出行带来不便,同时也影响了周边景观,急需进行路面的修复。该段的改造方案为两侧新建人行道,对现状机动车道水泥路面进行铣刨,然后加铺沥青路面,称该路段为白改黑段。

如图 2.15 所示,海堤路南段改造工程起于海堤路高崎村变电站,白改黑段在高崎小学处顺接已改造沥青路面,终点位于海堤路与高崎引道交会处(终点不包含此路口),路线总体为西北—东南走向。道路全长 994.96 m,白改黑段长 774.96 m,根据旧路拟合情况,全线设置 3 处平曲线,最小圆曲线半径 340 m,最小平曲线长度 63.16 m(平曲线最小长度一般值 80 m,极限值 50 m),以满足城市道路规范的相关要求。

图 2.15 海堤路南段改造平面

海堤路南段改造工程的设计速度 30 km/h,起点高程 11.7 m,终点高程 9.45 m 顺接旧路,最大纵坡 2.1%,最小纵坡 0.3%,最大坡长 215 m,最小坡长 72.5 m,均能满足相应技术标准要求。

K0+220～K0+994.958 段改造前横断面宽度为 12 m,其组成为 1.5 m(硬路肩)+4.5 m(行车道)+4.5 m(行车道)+1.5 m(硬路肩),采用双向路拱,横坡为 2%。如图 2.16 所示,对于 K0+220～K0+380 路段,改造后横断面布置为 2.25 m(人行道)+3.75 m(行车道)+6 m(行车道);行车道宽度 6 m 根据实际渐变长度调整;行车道宽度 3.75 m 采用双向路拱,横坡为 2%,坡度向外,左侧人行道宽度 2.25 m,横坡为 1.5%,坡度向内。如图 2.17 所示,对于 K0+380～K0+480 路段,改造后横断面布置为 2.25 m(人行道)+3.75 m(行车道)+3.75 m(行车道)+2.25 m(人行道);行车道宽度 3.75 m 采用双向路拱,横坡为2%,坡度向外,两侧人行道宽度2.25 m,横坡为1.5%,坡度向内。对于K0+480～K0+994.958路段,如图2.18所示,改造后横断面布置为2.25 m(人行道)+3.75 m(行车道)+3.75 m(行车道)+2.25 m(人行道);行车道宽度3.75 m采用双向路拱,横坡为2%,坡度向外,两侧人行道宽度2.25 m,横坡为3%,坡度向内。

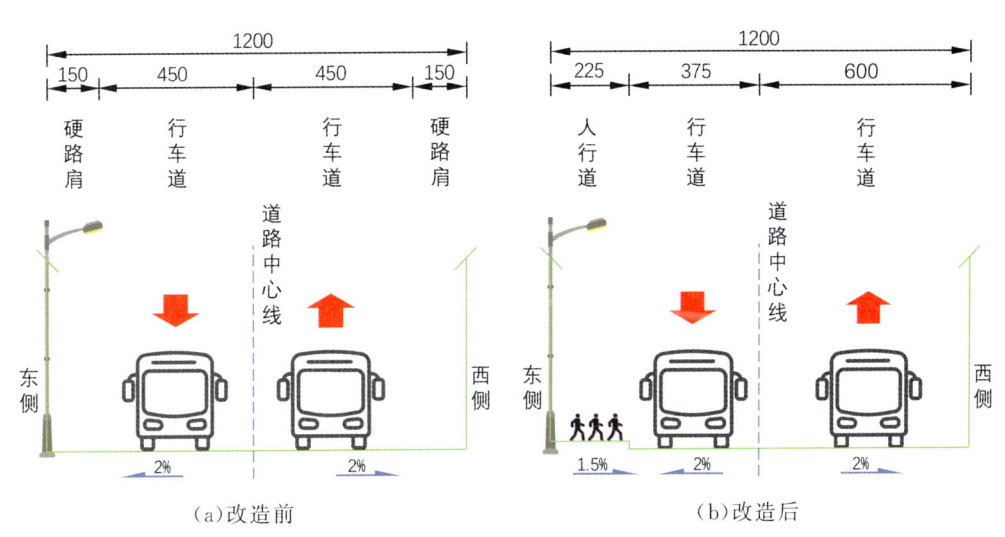

图2.16 海堤路南段K0+220～K0+380段横断面(单位:cm)

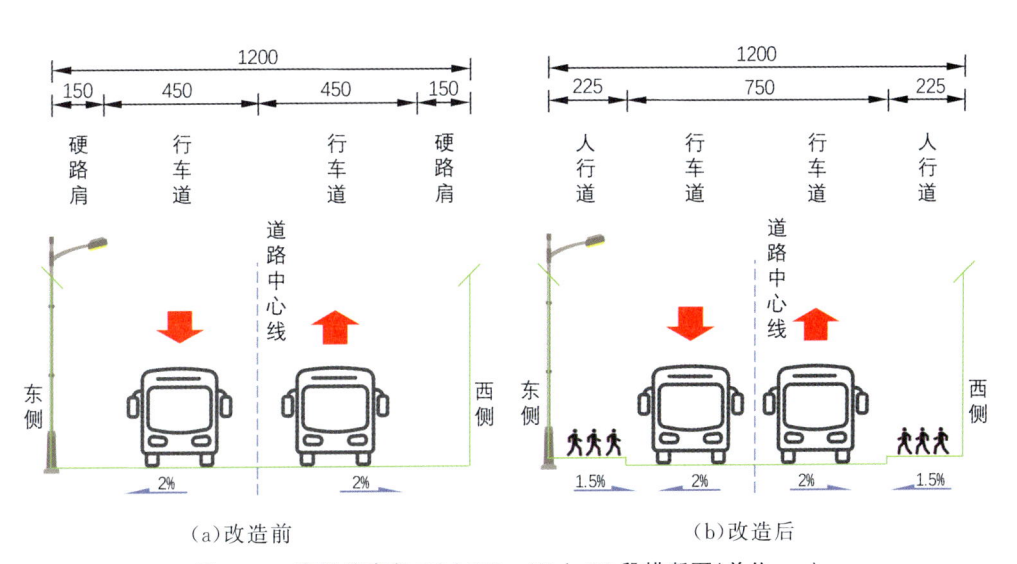

图2.17 海堤路南段K0+380～K0+480段横断面(单位:cm)

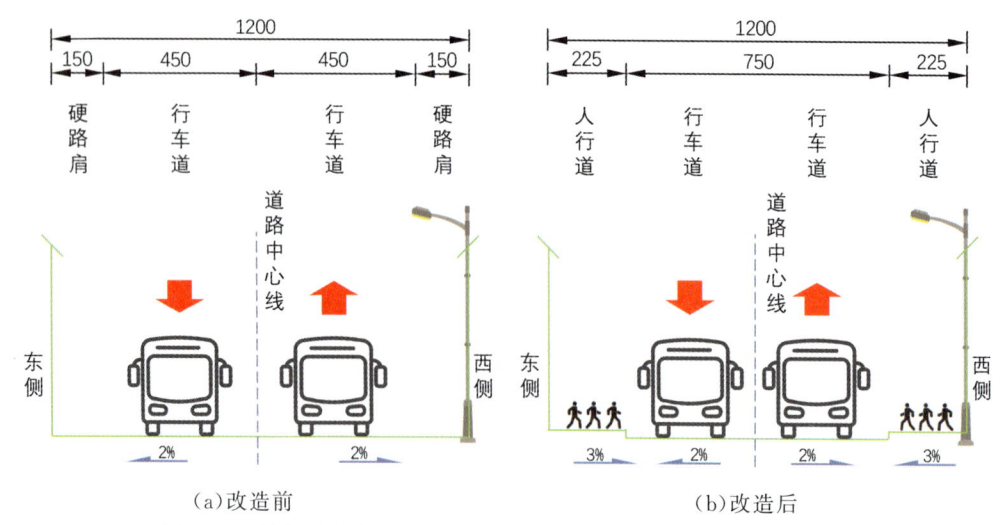

图 2.18　海堤路南段 K0+480—K0+994.958 段横断面图(单位:cm)

2.3　附属工程改造方案

厦门大桥拓宽改造项目的附属工程包括管线工程、监控工程和照明工程等。值得指出的是,附属工程不仅为大桥的运行和维护提供了必要的支持,还在提升交通安全、保障通行效率等方面发挥了重要作用。

2.3.1　管线工程改造方案

管线工程设计全长约 2.4 km,桩号范围为 K0+665～K3+066,主要涉及厦门大桥主桥、厦门大桥高崎引道的竖向管线综合设计。其中,主桥管线位于 K1+000～K3+066 之间,在箱梁的内部;高崎引道管线位于 K0+665～K0+860 之间,在道路两侧挡土墙侧边。

管线布置兼顾各专业管道的技术要求,合理确定管线平面间距,以及各种管线间的相互影响程度,确定相应的管线类别,各个管线应根据现状或规划要求进行布置。管线交叉一般按"小管让大管、支管让干管,有压管让无压管,易避让管让不易避让管"的原则进行处理。

主桥管线迁改(K1+000～K3+066 段)情况如图 2.19 所示。具体而言,将两侧人行道管线迁改至箱梁内部,中分带管线迁改至箱梁内部和中分带护栏基座内,翼缘带下方照明设备及管线拆除。箱梁内部布置管线桥架及镀锌钢管,并将管线布置于桥架内或镀锌钢管内。对于高崎引道的管线迁改(K0+665～K0+860),如图 2.20 所示,两侧挡土墙悬挂管线下移,与外挑挡土墙保持安全的施工距离。

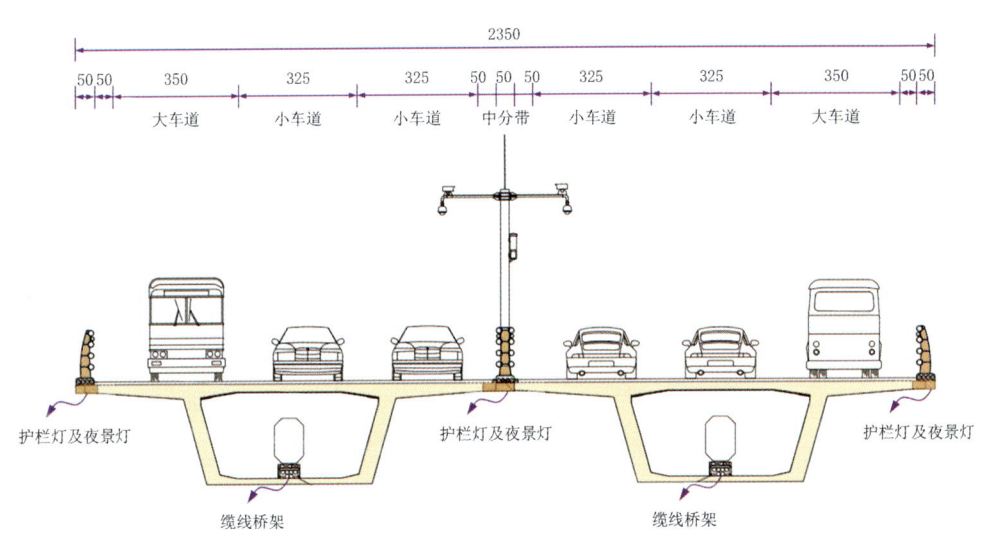

图 2.19 主桥管线设计标准断面(单位:cm)

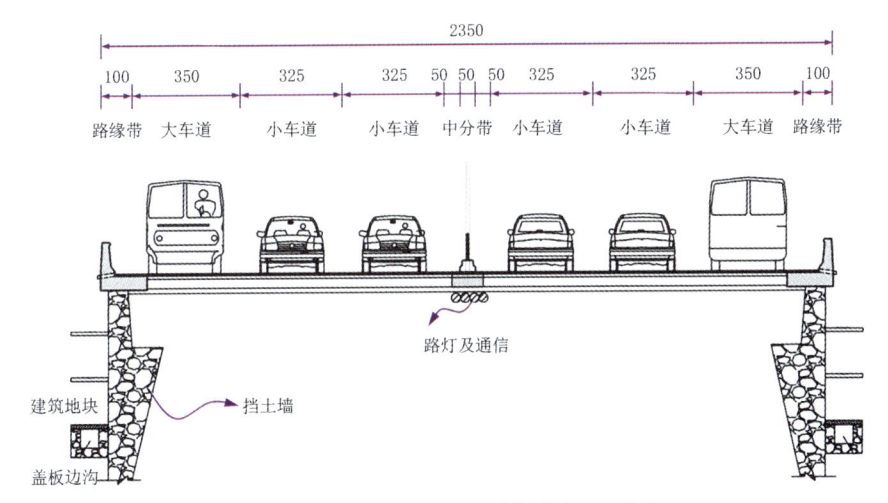

图 2.20 高崎引道管线设计标准断面(单位:cm)

2.3.2 监控工程改造方案

厦门大桥拓宽改造项目涉及的监控系统主要包括桥上监控系统和道路监控系统两部分。根据改造加固的实施内容,项目对影响施工的监控系统进行了拆除和恢复。

如图 2.21 所示,厦门大桥的跨海主桥及引道的监控设置于高杆路灯的灯杆上,布置间距约 150 m。结合监控系统设置现状,由于桥梁改造加固后不再设中央分隔带而是改为桥面中央设防撞护栏,因此在尽量合理利用桥面空间的前提下,改造后监控设施的立柱设在跨海主桥中央防撞护栏内。考虑到监控设备仍工作正常,本次改造仅对监控设备进行了拆除和恢复。

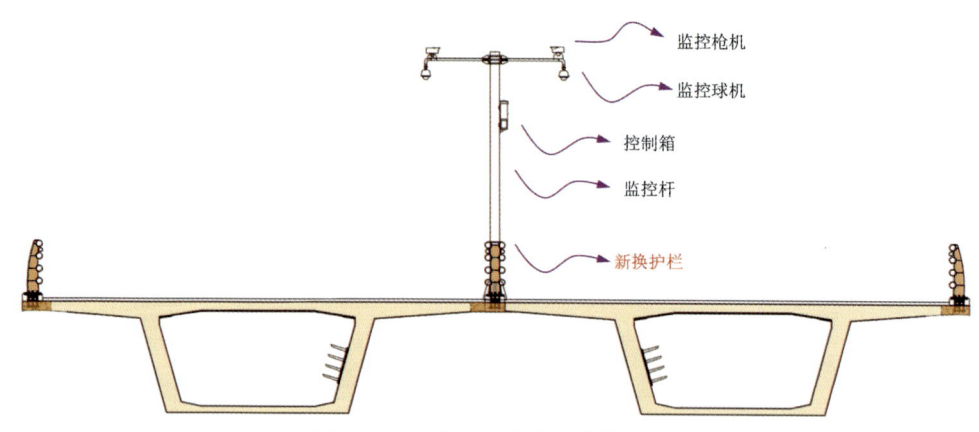

图 2.21　改造后的监控系统横断面

由于主桥改造后不再设置中央绿化带，并以中央防撞护栏代替，且在中央护栏处设置施工监控系统，因此所布置的监控系统立杆应具有足够的防撞能力，并与护栏结构的间隙小于 10 cm。为了防止腐蚀，主杆进行热浸锌后喷塑，颜色为公安白。大桥改造后应恢复现有监控设备，布置形式与改造前保持一致，间距约 150 m。高崎引道的监控设施附着于中分带路灯杆上，考虑到保留高崎引道路灯，中分带改造为护栏，在恢复现有监控设备及重建线缆套管时，监控设备仍附着于路灯杆上。施工时，将监控设备迁移至施工围挡内，施工期间仍保持监控使用功能。

2.3.3　照明工程改造方案

本项目施工影响范围内涉及的照明系统主要包括桥面、路面功能照明，跨海主桥景观照明，箱内照明、检修开关等。根据改造加固的实施内容，项目需对影响施工的照明系统进行拆除和恢复。根据《公路照明技术条件》(GB/T 24969—2010)[40]、《城市道路照明设计标准》(CJJ 45—2015)[41]，本桥的照明色彩为白色，平均路面亮度 2.0 cd/m²，总均匀度 0.4，纵向均匀度 0.7，平均照度 30 lx，眩光限制 5%。同时，在夜晚，厦门大桥的照明设计还应根据不同的节日和活动进行灯光变化，营造出不同的氛围和视觉效果。照明工程的改造旨在提升大桥的美观性和辨识度，同时也为市民和游客提供更加安全舒适的过桥体验。

对于护栏灯，其型式也由最初的嵌入式护栏壁灯发展成为护栏投光灯，并分别采用嵌管式护栏灯和下挂式护栏灯。护栏灯的光源型式采用 LED(light emitting diode，发光二极管)光源。护栏为梁柱式护栏，照明系统为嵌管式护栏灯，采用金砖灯和投光灯组合的形式。如图 2.22 所示，眩光护栏灯设置在第二根横梁的下方，并锚固于横梁下方的立柱处，护栏灯的布设间距为 2 m。

为便于人员在箱梁内行走及进行维护工作，内部空间还设置了照明和检修控制箱。箱梁内部照明采用 20 W 的 LED 灯，按间距 10 m 进行布置。插座设置于控制箱内，按间隔 45 m 左右设置，控制箱内预留 2 个 16 A 空气开关。灯具通过分支电缆与电力电缆桥架中敷设的供电主缆电气连接，必要时分支电缆可通过电线夹子固定在箱梁顶、侧板上。

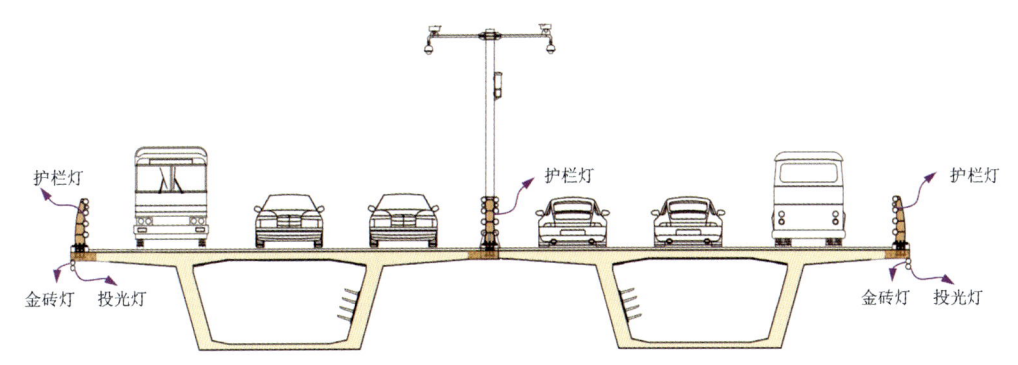

图 2.22　改造后的照明系统横断面

检修插座均为二三孔双联单相插座,允许最大电流 20 A。

道路中间采用了 180 W 的 LED 双跳灯作为高杆灯照明设备,并保留原有的路灯,以满足改造后路面照度要求。此外,根据现场调查资料,高崎引道段的路灯电缆存在规格不统一、使用时间较久的问题,存在一定的安全隐患,因此本次改造还更换了主电缆。

景观照明是对桥梁造型的景观再创造,融入丰富的文化内涵,展现不同层次、不同角度多彩鲜明的艺术特色。厦门大桥景观照明以暖色调为主,通过金砖灯勾勒出整体桥梁的线形,展现舒展的线形美感;箱梁侧板通过投光灯打亮,形成富有节奏感的光晕,整体营造出温馨典雅的桥梁夜景效果。

2.4　小结

厦门大桥拓宽改造工程的目的是解决交通拥堵、提升通行能力和安全性。本章从厦门大桥拓宽改造工程的建设条件出发,详细介绍了主桥、集美立交引桥、高崎引道和海堤路南段的具体改造方案。通过扩建桥面宽度、增设车道、加固桥梁整体结构和改善桥面路面等措施,提升了厦门大桥的整体功能。除主体结构改造方案外,还分析了配套的附属工程改造方案,具体包括管线工程、监控工程和照明工程的改造。改造后的厦门大桥不仅能够满足现代化的交通需求,而且增强了整体美观性。

3 拓宽改造工程交通与施工组织设计

交通与施工组织方案对于减少对周边道路交通的影响,保障高效安全施工至关重要。本章介绍了厦门大桥拓宽改造期间的交通组织设计和施工组织设计,详细讨论了方案分析、方案设计和方案优化过程,同时对施工管理结构进行了简要介绍。

3.1 拓宽改造工程交通组织设计

3.1.1 拓宽改造工程交通状况分析

厦门大桥是厦门市重要的进出岛通道之一,承载着城市主干道的角色。在厦门大桥改造期间,需要合理调整厦门大桥及其附近的交通组织安排,最大限度地减少工程施工对周边交通的影响。图 3.1 所示为厦门大桥拓宽改造期间所涉及的周边区域与主要道路。在厦门大桥高崎端,用地性质主要为村庄、物流仓储用地。由于用地受到道路和轨道的阻隔,该区域表现为碎片化形式。而在集美端,该区域聚集了集美大学、华侨大学等高等教育场所和多处居民社区,主要用地性质为教育和居住,显示出较高的开发活跃度。同时,厦门大桥相邻区位间存在高集海堤双向两车道次干路,其道路红线宽度小于厦门大桥,且相连接的道路等级较低,主要功能是在大桥改造加固期间作为辅助通道,提供有限的交通疏导能力。为充分评估厦门大桥改造加固项目施工期间的交通影响情况,表 3.1 列出了受施工围挡影响较大的项目周边主要道路及道路规模参数。

厦门大桥和周边海堤路、高集海堤、嘉禾路等交通干道组成了一个复杂的交通网络。如图 3.2 所示,根据其地理分布特点,该交通网络可分为两个部分:高崎端交通组织网络和集美端交通组织网络。高崎端的交通流线主要依赖于地面层,而集美端则额外配备了立交交通线路,相较于集美端发达的城市骨干道路网络,高崎端的内部道路建设显得较为薄弱。因此,在厦门大桥拓宽改造项目的施工期间,集美端将作为交通组织设计的核心关注点。特别值得注意的是,集美端道路饱和度较高,尤其是在高峰时段,两端引桥位置的拥堵现象尤为明显。相比之下,海堤路段的饱和度则相对较低,尚有一定的通行潜

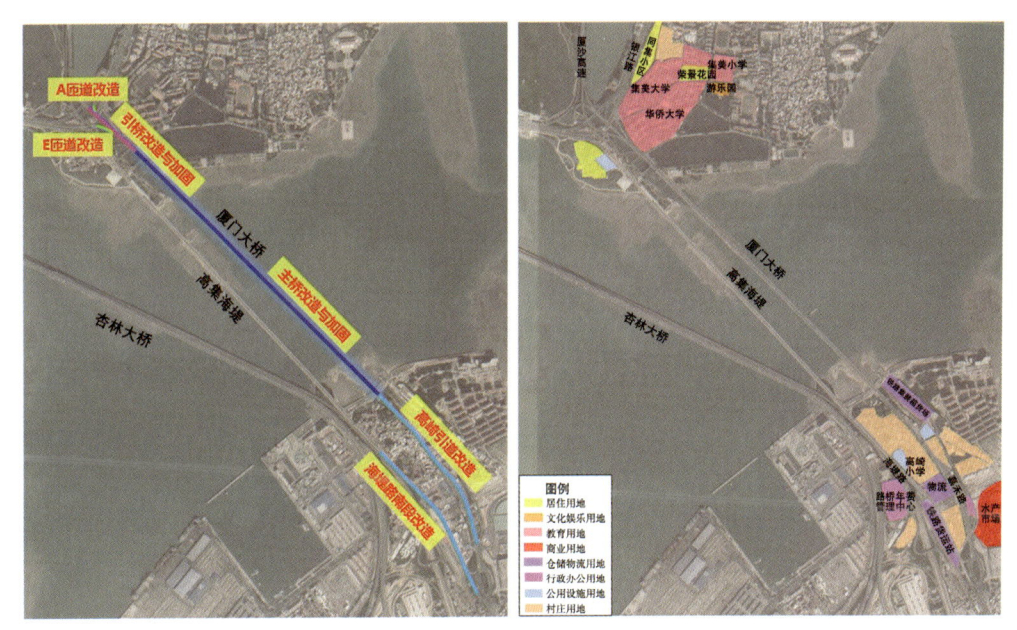

图 3.1 厦门大桥改造加固项目周边用地示意

力可供挖掘和利用。在改造加固项目施工前,还对厦门大桥及海堤路的通行能力进行了评估,相关结果见表3.2。结果显示,厦门大桥出入岛的道路饱和度分别为0.94和0.91,明显高于海堤路的道路饱和度,这为后续的施工规划和交通疏导提供了重要的参考依据。

表 3.1 厦门大桥改造加固施工项目周边道路规模参数

道路名称	道路等级	道路规模
厦门大桥	快速路	双向四车道
海堤路	支路	双向两车道
高集海堤	次干路	双向两车道
嘉禾路(厦门大桥引桥段)	快速路	双向四车道
田集连接线	快速路	双向四车道
同集路(厦门大桥引桥段)	快速路	主线双向四车道、辅道双向六车道
集杏海堤	快速路	双向六车道
万达商业街	次干路	双向四车道
万达南侧道路	支路	双向两车道
滨水路	次干路	双向四车道

(a)高崎端　　　　　　　　　　　　　　(b)集美端

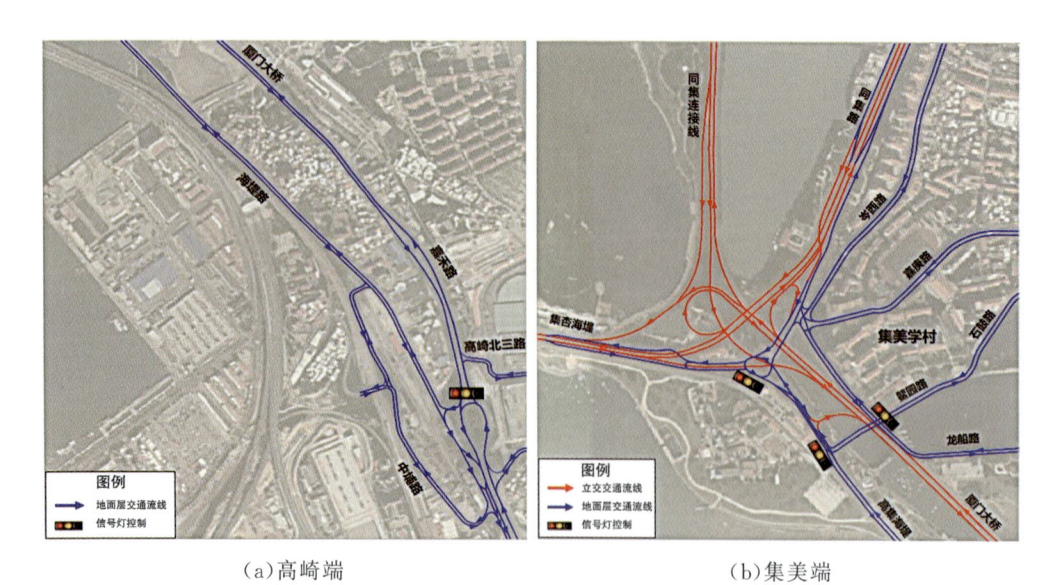

图 3.2　厦门大桥周边交通组织网络

表 3.2　厦门大桥、海堤路改造加固项目施工前运行参数

道路名称	方向	工作日早高峰流量/(pcu/h)	通行能力/(pcu/h)	饱和度
厦门大桥	出岛	3583	3800	0.94
	入岛	3462	3800	0.91
海堤路	出岛	414	1010	0.41
	入岛	525	1010	0.53

此外,厦门大桥作为连接岛内外的关键通道,承载着繁重的公交运输任务。如图 3.3 所示,途经厦门大桥的公交线路共 12 条,这些线路连接着城市的各个重要节点。为了更

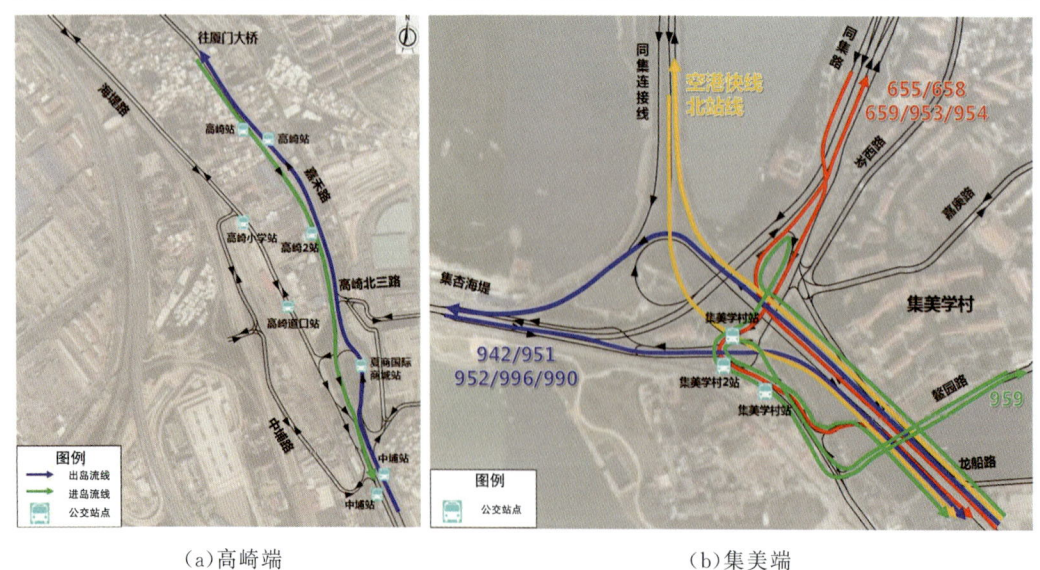

(a)高崎端　　　　　　　　　　　　　　(b)集美端

图 3.3　厦门大桥周边公交站点布置

直观地展示这些站点所覆盖的公交线路,表 3.3 还给出了受改造工程施工影响的公交站点及线路。其中,通往同集路的线路有 5 条,集杏海堤方向的线路同样有 5 条,集美学村方向的线路有 1 条,而通往田集连接线的也有 1 条。在高崎端,部分公交车站将受到本次改造加固项目的直接影响,主要包括高崎小学站、高崎道口站、高崎站、高崎 2 站、夏商国际商城站和中埔站。而在集美端,集美学村站和集美学村 2 站也将受到项目的影响。

表 3.3　厦门大桥周边公交站点及路线

站点名称	线路
高崎小学站	432 路
高崎道口站	432 路
高崎站	655 路,658 路,659 路,942 路,951 路,952 路,954 路,959 路,990 路,996 路,空港快线北站线
高崎 2 站	942 路,951 路,952 路,959 路,990 路,996 路
夏商国际商城站	655 路,952 路,954 路
中埔站	44 路,81 路,93 路,323 路,424 路,430 路,432 路,655 路,657 路,658 路,659 路,942 路,951 路,952 路,953 路,954 路,955 路,959 路,990 路,996 路
集美学村站	903 路,919 路,921 路,922 路,930 路,981 路,983 路,集游 1 线
集美学村 2 站	496 路,655 路,929 路,930 路,953 路,954 路,959 路,981 路,983 路

3.1.2　拓宽改造工程交通组织方案设计

在厦门大桥的拓宽改造进程中,为确保工程顺利进行,通过调研交通道路的现状,并结合施工组织方案对当前的交通运行状况进行了评估。如图 3.4 所示,根据大桥上机动车、公交车辆以及施工车辆的实际通行情况,合理设计对应的交通组织方案。同时,在进行方案的具体规划之前,还需明确交通组织的目标和基本原则,以确保改造期间交通的顺畅与安全。

首先,要全面规划施工的整体布局,紧密跟踪区域内道路施工的进展情况,深入剖析施工可能给交通带来的潜在影响。同时,需综合安排施工工序与制订外围车流疏导计划,力求对区域交通出行的影响降至最低。其次,交通组织方案的设计还需确保整个施工流程的高效顺畅,从而最大限度地减轻施工对交通的负面影响。在构思交通组织方案时,需严格遵守机非分离的原则,并精确设置施工围挡,以保障道路两侧行人与非机动车的通行空间。通过尽量将机动车道与慢行系统分隔开来,减少相互影响,确保行人与非机动车的通行安全。最后,为确保施工期间的安全,需在施工围挡期间,于各路段和关键节点设置交通标志牌引导系统,包括一级警示标志牌和二级导向标志牌,以有效指引车辆与行人,确保施工期间的交通安全与通行顺畅。

根据大桥拓宽改造项目交通组织的目标及原则,分别对厦门大桥和海堤路南段两段

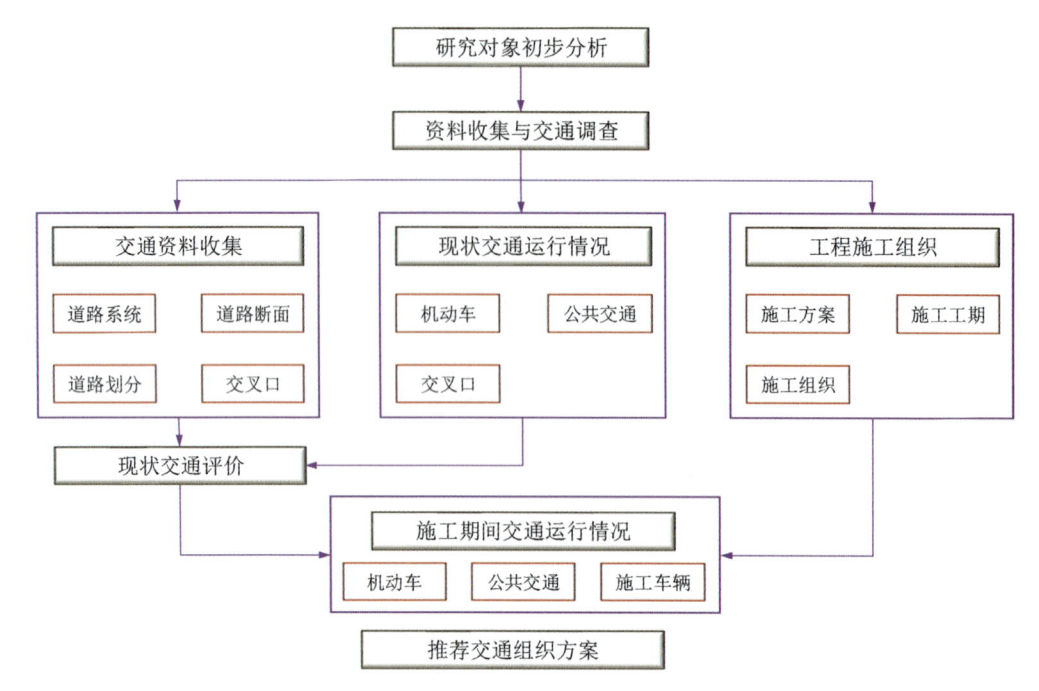

图 3.4　厦门大桥拓宽改造项目交通组织设计技术路线

道路制订相应的施工交通组织方案,具体方案细节及施工时间列于表 3.4 中。厦门大桥由南北两幅组成,北幅为出岛侧,南幅为进岛侧,根据拓宽改造项目的施工内容,将厦门大桥交通组织方案划分成 3 个阶段。海堤路南段为单幅桥,则分别根据其南北侧机动车道和人行系统,制定 3 个交通组织阶段,以确保施工期间不会对行人和非机动车的通行造成不必要的干扰。

表 3.4 描述了厦门大桥拓宽改造项目交通组织方案。在阶段 I,对厦门大桥北幅进行围挡,同时进行主桥的改造加固、引桥改造加固、引桥匝道改造加固、高崎引道改造和其他工程改造工作。此阶段的交通流线调整如图 3.5 所示,由于北幅封闭,进岛方向将保持厦门大桥南幅的单向两车道通行,而出岛方向则利用海堤路单向两车道进行疏导。同时,高崎端的高崎小学站、高崎道口站和高崎站公交站点将受到围挡施工的直接影响。受到影响的公交线路包括海堤路上的 432 路以及所有通过厦门大桥出岛并停靠于高崎站的线路。为了确保施工期间的交通顺畅和乘客安全,在此阶段暂时取消高崎端的高崎站、高崎小学站和高崎道口站的公交停靠服务。在集美端,集美学村站也将受到一定影响,主要涉及 959 路公交线路。

阶段 II 的交通流线调整如图 3.6 所示,此时厦门大桥的南幅将封闭施工。由于南幅是厦门大桥的进岛侧,进岛车辆将仅能使用海堤路的单向两车道进行通行,而出岛车辆则可以利用在阶段 I 中已经改造完成的厦门大桥北幅侧的三车道。在高崎端,高崎小学站、高崎道口站、高崎站和高崎 2 站这 4 个公交站点将受到围挡施工的影响。具体影响的公交线路包括海堤路上的 432 路,以及所有通过厦门大桥进岛并停靠于高崎站和高崎

表 3.4　厦门大桥拓宽改造项目交通组织方案

道路名称	交通组织阶段	围挡内容	交通组织方案	施工时间
厦门大桥	阶段Ⅰ	厦门大桥北幅围挡	厦门大桥北幅封闭,进岛保持厦门大桥北幅单向两车道通行,出岛则利用海堤路单向两车道通行	2020.10.01—2020.12.01
厦门大桥	阶段Ⅱ	厦门大桥南幅围挡	厦门大桥南幅封闭,进岛则利用海堤路单向两车道通行,出岛利用上阶段北幅改造好的三车道通行	2020.10.01—2020.12.01
厦门大桥	阶段Ⅲ	厦门大桥中分带围挡	厦门大桥中分带两边各占用一车道,剩余双向四车道通行,海堤路恢复双向两车道通行	2020.10.01—2020.12.01
海堤路南段	阶段Ⅰ	海堤路两侧现状人行系统围挡	海堤路两侧现状人行系统围挡施工,海堤路保持双向两车道通行	2020.10.01—2020.12.01
海堤路南段	阶段Ⅱ	海堤路北侧机动车道围挡	海堤路北侧机动车道施工,每次按照 50 m 进行围挡,逐步推进,围挡段剩南侧一车道会车让行	2020.10.01—2020.12.01
海堤路南段	阶段Ⅲ	海堤路南侧机动车道围挡	海堤路南侧机动车道施工,每次按照 50 m 进行围挡,逐步推进,围挡段剩北侧一车道会车让行	2020.10.01—2020.12.01

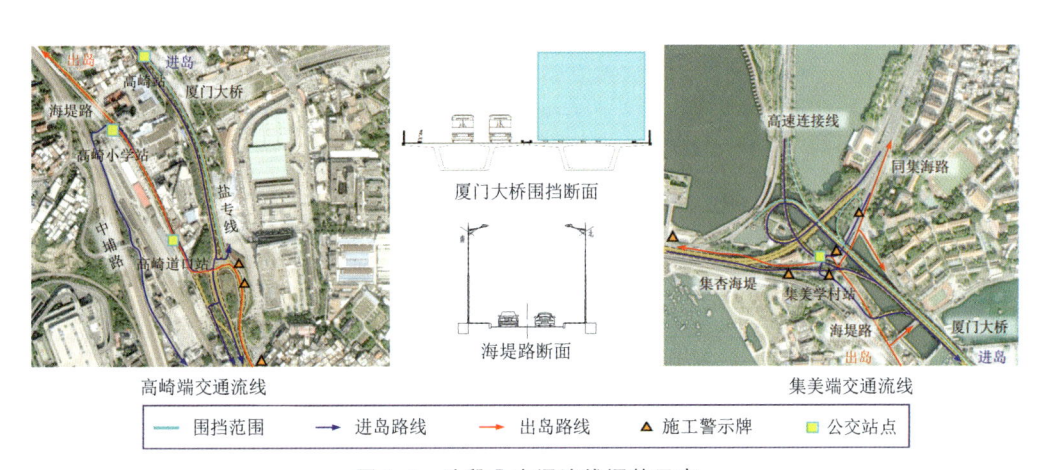

图 3.5　阶段Ⅰ交通流线调整示意

2 站的线路。为了确保施工期间交通的顺畅和乘客的安全,此阶段期间需暂时取消高崎端的高崎站、高崎 2 站、高崎小学站和高崎道口站的公交停靠服务。而在集美端,此次调整对公交站点无直接影响,因此相关公交线路可保持正常运营。

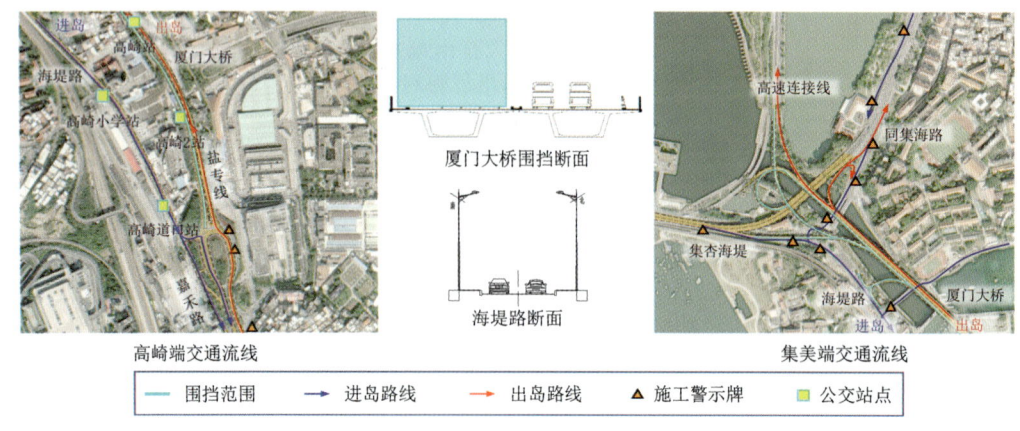

图 3.6 阶段 Ⅱ 交通流线调整示意

在阶段Ⅲ中,厦门大桥主要进行中分带的改造加固工作,其对应的交通流线调整如图 3.7 所示。在这一阶段,厦门大桥的中分带两边将各占用一个车道,剩余的双向四车道将恢复正常通行,确保车辆能够顺畅流动。同时,为满足交通需求,海堤路也恢复为双向两车道通行。此外,随着施工进入阶段Ⅲ,高崎和集美两端的通车流线和公交车线路均将恢复正常,市民的交通出行将得到较大恢复。

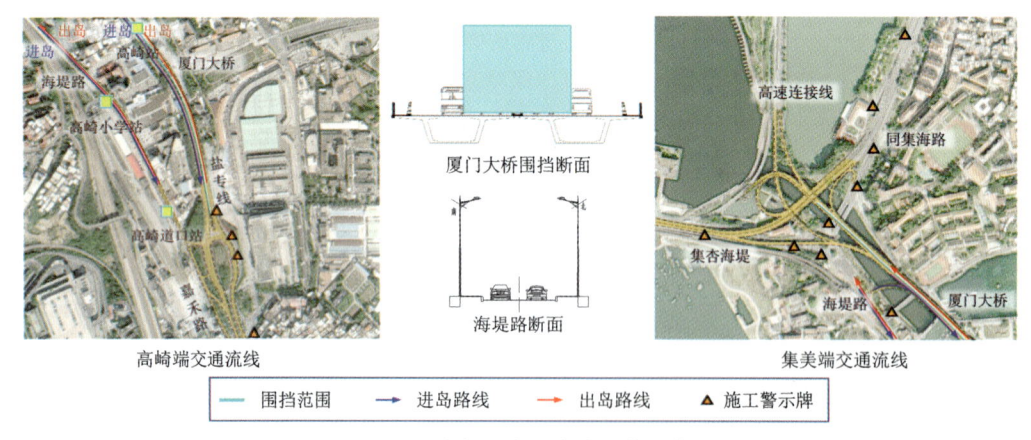

图 3.7 阶段 Ⅲ 交通流线调整示意

为了确保市民进出岛的通行需求得到充分满足,海堤路也计划进行为期 3 个阶段的提升改造,具体安排见表 3.4。在阶段Ⅰ,计划对海堤路两侧的人行系统进行改造。按照图 3.8 的围挡规划方案,对海堤路两侧的人行系统进行围挡施工,同时确保海堤路在此期间仍能保持双向两车道的通行能力。阶段Ⅱ是海堤路车道改造的关键阶段。如图 3.8 所示,该阶段将主要对海堤路北侧机动车道进行提升改造。为了保障改造期间的通行能力,将采用分段围挡的方式,每段按照 50 m 进行围挡,并逐步推进施工。在围挡的区域内,对应的南侧一车道供车辆会车让行。在阶段Ⅲ,继续对海堤路南侧机动车道进行提升改造。与阶段Ⅱ类似,采用分段围挡的方式,每段按照 50 m 进行围挡,并逐步推进施工。在围挡区域内,保留北侧的一车道供车辆会车让行。

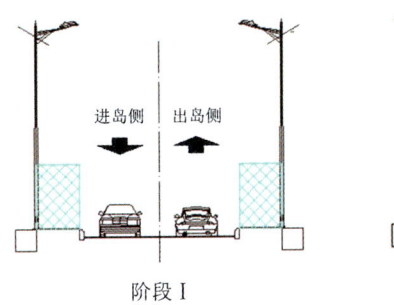

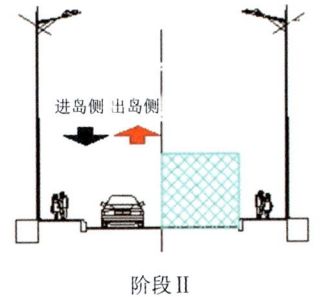

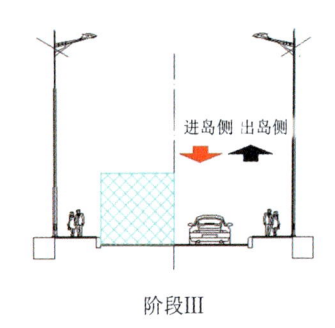

图 3.8 海堤路围挡标准断面

3.1.3 拓宽改造工程交通组织方案优化

通过对厦门大桥拓宽改造期间的交通组织方案分析,可见海堤路南段施工期间交通影响相对较小。然而,厦门大桥的施工情况更为复杂。施工期间各个阶段所采取的围挡范围和可通行的车道数存在差异,直接影响了交通流量和道路通行能力。因此,针对厦门大桥施工时的不同阶段,还需要分别对厦门大桥及与其紧密连接的海堤路的道路饱和度进行更细致的分析,以确保交通组织的科学性与有效性,减少施工对市民出行的影响。

为更清晰地分析原交通组织方案中大桥的通行压力,表 3.5 列出了改造期间大桥交通量的预测情况。在阶段Ⅰ,厦门大桥的两车道专供进岛车辆使用,而海堤路的两车道则承担出岛车辆的通行。这一情况在阶段Ⅱ发生了明显变化,厦门大桥的三车道转为出岛车辆的专用通道,而海堤路的两车道则转为进岛车辆的通道。当进入阶段Ⅲ时,虽然厦门大桥和海堤路都恢复了双向进出岛的能力,但由于厦门大桥中间的两车道需进行围挡施工,实际上厦门大桥仅剩双向四车道可供使用。因此,这一交通组织方案将对厦门大桥附近的交通造成较大的通行压力。

表 3.5 厦门大桥、海堤路交通量预测

施工阶段	道路	方向	工作日早高峰流量/(pcu/h)	通行能力/(pcu/h)	饱和度
Ⅰ	厦门大桥	出岛	—	—	—
		进岛	3647	3800	0.96
	海堤路	出岛	1984	2020	0.98
		进岛	—	—	—
Ⅱ	厦门大桥	出岛	4039	4500	0.89
		进岛	—	—	—
	海堤路	出岛	—	—	—
		进岛	1851	2020	0.91
Ⅲ	厦门大桥	出岛	3583	3800	0.94
		进岛	3462	3800	0.91
	海堤路	出岛	414	1010	0.41
		进岛	525	1010	0.53

为了有效缓解厦门大桥施工对附近区域造成的通行压力,并降低交通组织方案的实施复杂度,对原有方案进行了整体优化。优化方案的具体步骤及施工时间安排列于表3.6中。其中,厦门大桥的交通组织被划分为4个施工阶段,而海堤路南段的组织方案则细化为3个交通组织阶段。通过对厦门大桥和海堤路南段交通组织的划分和细化,能够更高效地管理交通流量,减少拥堵,确保施工过程的顺利进行。

表3.6　厦门大桥拓宽改造项目交通组织优化方案计划

道路名称	交通组织阶段	围挡内容	交通组织方案	施工时间
厦门大桥	阶段Ⅰ	厦门大桥两端的最外侧围挡	日间保持双向四车道通行,夜间双向两车道通行	2020.10.01—2020.12.01
	阶段Ⅱ	厦门大桥中分带围挡	厦门大桥中分带两边各占用一车道,剩余双向四车道通行(已完成四改六)	2020.10.01—2020.12.01
	阶段Ⅲ	日间厦门大桥两侧的最外侧车道围挡,夜间厦门大桥的南半幅和北半幅的最外侧车道围挡	日间保持双向四车道通行,夜间利用北半幅的两车道双向通行	2020.10.01—2020.12.01
	阶段Ⅳ	日间厦门大桥两侧的最外侧车道围挡,夜间厦门大桥的北半幅和南半幅的最外侧车道围挡	日间保持双向四车道通行,夜间利用南半幅的两车道双向通行	2020.10.01—2020.12.01
海堤路南段	阶段Ⅰ	海堤路两侧现状人行系统围挡	海堤路两侧现状人行系统围挡施工,海堤路保持双向两车道通行	2020.10.01—2020.12.01
	阶段Ⅱ	海堤路北侧机动车道围挡	海堤路北侧机动车道施工,每次按照50 m进行围挡,逐步推进,围挡段剩南侧一车道会车让行	2020.10.01—2020.12.01
	阶段Ⅲ	海堤路南侧机动车道围挡	海堤路南侧机动车道施工,每次按照50 m进行围挡,逐步推进,围挡段剩北侧一车道会车让行	2020.10.01—2020.12.01

对于厦门大桥交通组织方案的施工阶段Ⅰ,为提升施工效率,将其细分为日间和夜间两个阶段。如图3.9所示,阶段Ⅰ日间主要对厦门大桥两端的最外侧进行围挡,并进而对厦门大桥边翼缘进行改造、箱外病害修复、支座更换和其他工程改造。同时,考虑到该区域在日间的通行需求,厦门大桥保持双向四车道通行。

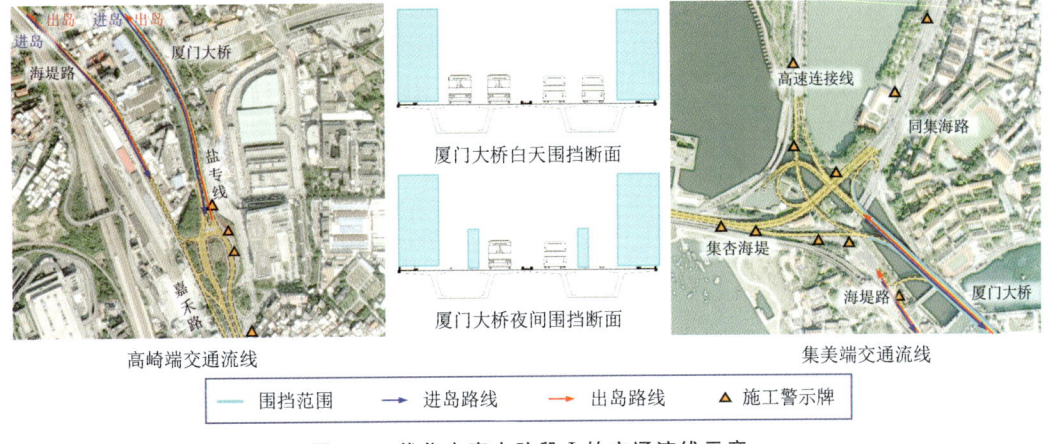

图 3.9　优化方案中阶段Ⅰ的交通流线示意

在阶段Ⅰ的夜间,厦门大桥在对大桥两端最外侧进行围挡的基础上,使用隔离墩留出 2 个通行车道用以通行,其余区域主要进行边翼缘改造、箱外病害修复、支座更换和其他工程改造项目。

在阶段Ⅱ,如图 3.10 所示,主要进行厦门大桥中分带的改造加固。在进入阶段Ⅱ前,大桥车道已由四车道加宽至六车道;进入阶段Ⅱ后,由于中分带改造占用了两边各一车道,大桥实际保持通行的车道减少为双向四车道。

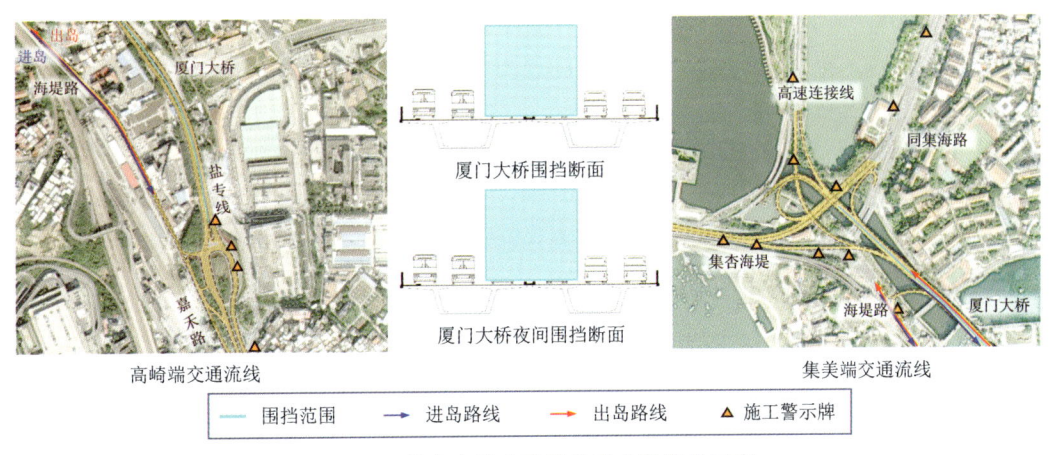

图 3.10　优化方案中阶段Ⅱ的交通流线示意

对于阶段Ⅲ,同样分为日间和夜间两个阶段进行交通组织。在日间,对厦门大桥两侧的最外侧车道进行围挡,并进行大桥路面铺装及伸缩缝更换、标志标线、排水系统和高崎引道结构改造等工作。如图 3.11 所示,日间厦门大桥保持四车道通行。在阶段Ⅲ的夜间,使用隔离墩增大厦门大桥的施工区域,同时保持双向两车道通行。

3　拓宽改造工程交通与施工组织设计 ｜ 31

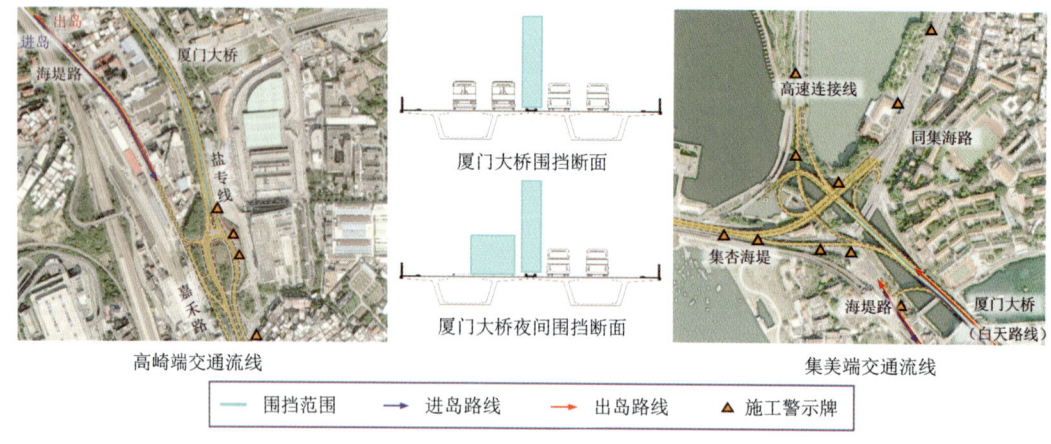

图 3.11 优化方案中阶段Ⅲ的交通流线示意

在阶段Ⅳ的日间,同样对厦门大桥两侧的最外侧车道进行围挡,并进行大桥路面铺装及伸缩缝更换、标志标线、排水系统和高崎引道结构改造等工作。从图 3.12 可知,这一阶段的施工范围更大,交通组织的围挡区域也随之增大,但厦门大桥保持双向四车道通行。在阶段Ⅳ的夜间,厦门大桥的北半幅和南半幅的最外侧车道的围挡进一步扩大,实行双向两车道通行。

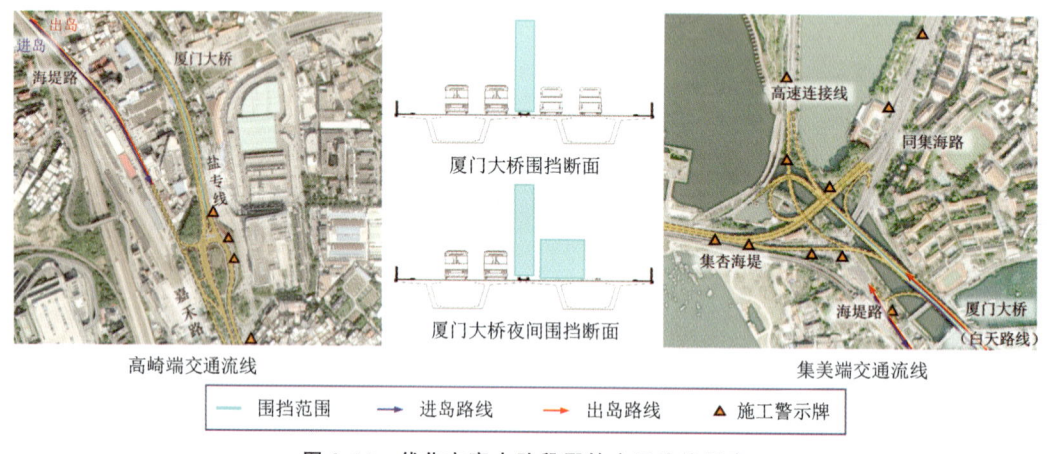

图 3.12 优化方案中阶段Ⅳ的交通流线示意

需要注意的是,根据优化后的交通组织方案,海堤路和厦门大桥在施工期间将持续保持双向车道的通行,因此公交车辆的运营路线不进行调整。同时,考虑到海堤路南段施工时对交通的影响较小,厦门大桥施工时,各个阶段的日间高峰时段均保持双向四车道的通行。但考虑到夜间时段交通量较小,涉及夜间施工时段削减为双向两车道通行。因此,优化方案的各阶段交通流量及饱和度均保持一致。表 3.7 详细列出了优化方案在日间时段的厦门大桥和海堤路的运行能力。可以看出,作为主要交通节点,厦门大桥的饱和度几近峰值,说明优化方案充分利用了厦门大桥的通行能力。

表 3.7　基于优化方案的厦门大桥、海堤路交通量预测

道路名称	方向	工作日早高峰流量/(pcu/h)	通行能力/(pcu/h)	饱和度
厦门大桥	出岛	3583	3800	0.94
	进岛	3462	3800	0.91
海堤路	出岛	414	1010	0.41
	进岛	525	1010	0.53

3.2　拓宽改造工程施工组织设计

3.2.1　拓宽改造工程施工状况分析

综合考虑人员组织和施工设备的转运，厦门大桥桥面拓宽改造工程分为两期进行。一期工程主要为厦门大桥进岛侧施工工程，包括相应的交通导改及施工准备、市政管线和附属物的迁改、施工便道和钢栈桥施工、进岛侧小桥改造、进岛侧主桥施工、进岛侧引桥施工以及进岛侧桥面附属工程。进岛侧施工结束后，进入二期工程施工。二期工程主要针对厦门大桥出岛侧工程进行施工组织，包括二次交通导改及设备转场、出岛侧小桥改造、出岛侧主桥施工、出岛侧引桥施工以及出岛侧桥面附属工程。需要注意的是，一期和二期工程主要针对厦门大桥的上部结构进行组织部署，厦门大桥的下部结构则是伴随着整个施工阶段持续施工。具体施工组织安排及施工逻辑关系列于图 3.13 中。厦门大桥拓宽改造项目的整体工期由一期工程、二期工程和下部工程 3 个部分共同决定，其施工组织安排需要统筹这 3 个部分的关系。

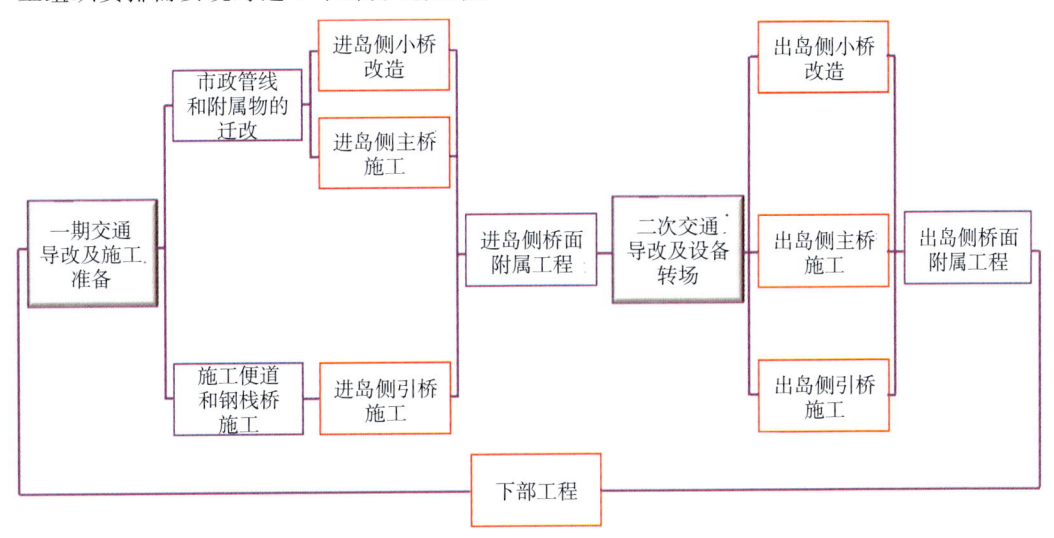

图 3.13　厦门大桥分部工程施工组织关系示意

一期工程主要对厦门大桥进岛侧进行改造,重点是小桥、主桥、引桥和桥面附属工程。进岛侧小桥相应的分项工程包括小桥凿除施工、小桥改造盖梁、小桥改造桥台及支座和小桥新建空心板梁等。而进岛侧主桥对应的分项工程则涵盖了箱梁表面病害处理、支座更换、箱梁内裂缝施工、中翼缘改造施工、边翼缘改造施工以及体外预应力施工等。其中,中翼缘改造、边翼缘改造施工和体外预应力施工为该阶段的主要项目。中翼缘改造施工包含中翼缘凿除、模板安装、钢筋施工、混凝土浇筑和中翼缘钢护栏施工等。边翼缘与之类似,包含边翼缘凿除、模板安装、钢筋施工、混凝土浇筑和边翼缘钢护栏施工等。体外预应力施工则分别有开工作孔、箱梁顶和底板打磨、取孔、植筋、预埋件施工、混凝土锚固块施工、混凝土转向块施工、钢结构转向块施工、体外预应力束安装、预应力张拉、减振器安装和最后的封孔处理等。进岛侧引桥的分项工程为中翼缘改造、边翼缘改造施工和梁底安装钢板工程。其中,中翼缘改造和边翼缘改造施工的施工步骤与进岛侧主桥对应的翼缘改造类似。此外,桥面附属工程包含监控安装、照明安装、路面铣刨、沥青铺设、旧伸缩缝拆除、新伸缩缝安装和标志标线施工 7 项分项工程。

二期工程在进岛侧施工完毕后开始,主要包括出岛侧小桥、主桥、引桥和桥面附属工程的改造。二期工程的各项分部工程均与一期进岛部分相似,出岛侧小桥涵盖了小桥凿除施工、小桥改造盖梁、小桥改造桥台及支座和小桥新建空心板梁工程。二期工程中的出岛侧主桥施工、出岛侧引桥施工和桥面附属工程的施工步骤也与进岛侧的相同。

另外,厦门大桥一共有 47 对桥墩,拓宽改造工程包括对其中的 43 对桥墩的加固工程。根据桥墩几何尺寸和受损程度,针对性地采用了两种:玻璃钢模板+增大截面+安装牺牲阳极保护系统和玻璃钢模板+外包 RPC+安装牺牲阳极保护系统的加固方案进行施工。第一类增大截面的施工方案有围堰安装、堵漏封底、抽水补漏、墩身缺陷修复及表面处理、植筋及钢筋安装、玻璃钢模板安装、混凝土浇筑、墩身养护及围堰拆除工程。第二类外包 RPC 施工方案的 8 个步骤依次为围堰安装、堵漏封底、抽水补漏、墩身缺陷修复及表面处理、玻璃钢模板安装、RPC 灌浆、墩身养护及围堰拆除。

3.2.2 拓宽改造工程施工组织方案设计

根据厦门大桥桥面拓宽改造项目的两期工程划分及下部工程计划,即可根据工期安排及各个工程间的逻辑关系,制订相应的施工组织方案。按照工期要求,一期项目的改造起始时间为 2021 年 1 月 1 日,完成时间为 2021 年 8 月 4 日。二期项目开始于 2021 年 8 月 4 日,2022 年 2 月 28 日结束。此外,下部结构的改造加固起始和完成时间为 2021 年 3 月 1 日和 2022 年 2 月 28 日。

图 3.14 给出了厦门大桥一期工程施工组织方案网络图,其中红色线段表示施工组织的关键线路。可以看出,本阶段的进岛侧主桥和引桥的边翼缘改造均为关键线路。在桥面等附属工程项目中,路面铣刨和沥青铺设是对应的关键线路。但进岛侧小桥改造项目主要仅涉及高崎引道的 3 个人行天桥,整体工作量小于同期进行的主桥、引桥改造项目,因此小桥改造中没有关键线路。缩短关键线路的施工时间可以有效缩减整体项目的施工时间,因此一期的关键在于主桥、引桥的边翼缘改造。

图 3.15 所示为厦门大桥的二期工程施工组织方案网络图。二期工程主要包括出岛侧

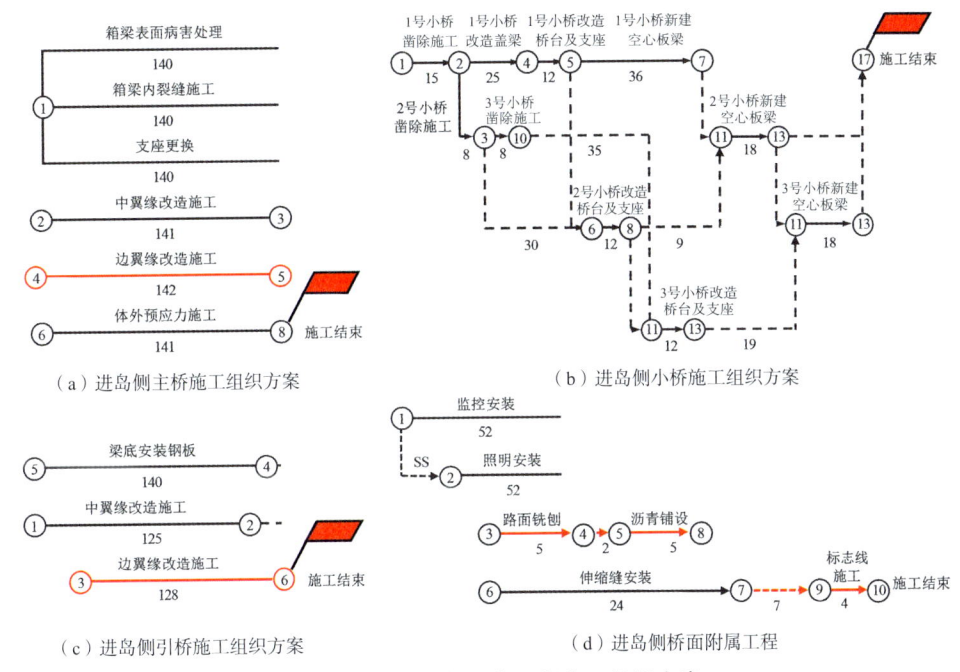

图 3.14 厦门大桥一期工程施工组织方案

注：组织网络图中，实线表示实际工程，虚线表示虚工程。下同。

的改造加固。其中使用红色线条表示的边翼缘改造施工是出岛侧立桥施组织的关键线路，与进岛侧的边翼缘一样需要 142 天的施工工期。对于出岛侧的桥面附属工程，路面铣刨和沥青铺设同样是对应的关键线路。

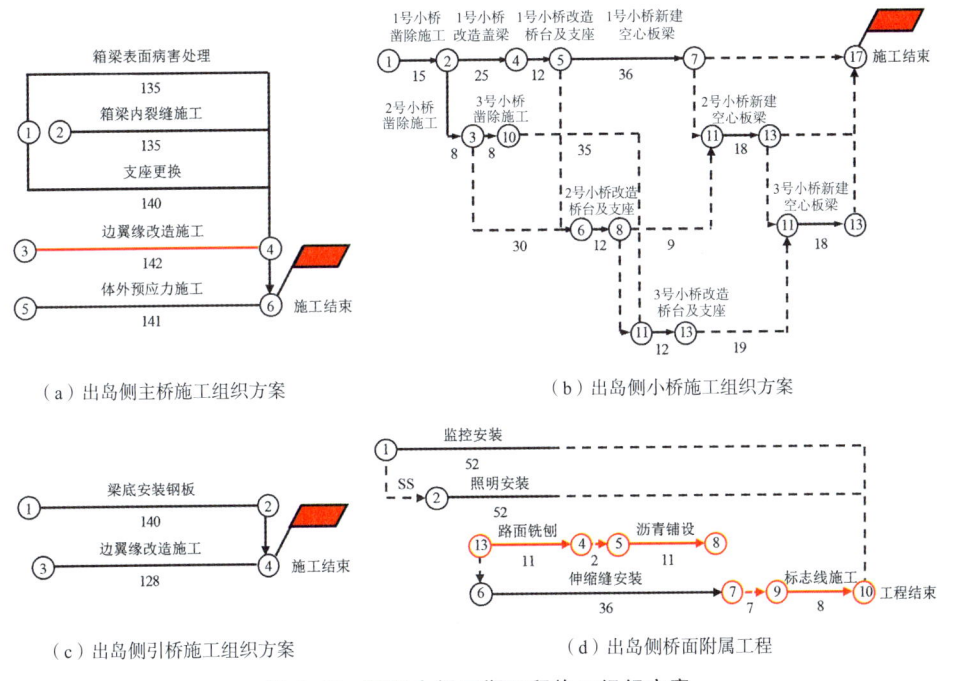

图 3.15 厦门大桥二期工程施工组织方案

3 拓宽改造工程交通与施工组织设计 | 35

此外，图 3.16 还给出了厦门大桥下部结构的改造加固施工组织方案。其中，图 3.16(b) 和(c)分别为对应的增大截面和外包 RPC 施工方案。下部结构改造加固中计划使用三套施工模板对 43 座桥墩进行加固，施工开始时间为 2021 年 3 月 1 日，结束时间为 2022 年 2 月 28 日。可见，图 3.16 中红色的下部结构关键线路包括 12 个外包 RPC 墩柱施工和 3 个增大截面墩柱施工。因此，厦门大桥下部结构的施工工期主要受限于施工模板的数量和外包 RPC 墩柱分项工程的施工进度。

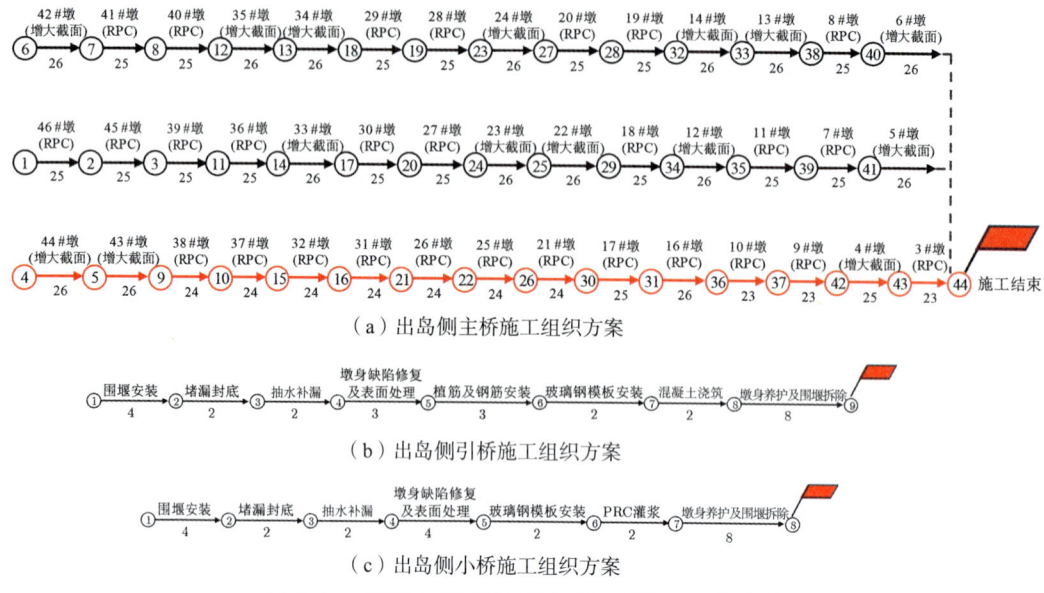

（a）出岛侧主桥施工组织方案

（b）出岛侧引桥施工组织方案

（c）出岛侧小桥施工组织方案

图 3.16 厦门大桥下部结构改造工程施工组织方案

3.2.3 拓宽改造工程施工组织方案优化

为保障高崎和集美之间的通车需求，应尽可能在保障施工质量的前提下加快大桥改造加固项目的进度。为了缩短工期，在详细调研的基础上调整了关键线路的施工时间，分别对一期、二期项目和下部结构改造项目的施工组织方案进行了优化。

一期项目的施工组织方案优化结果如图 3.17 所示。其中，主要对进岛侧主桥、引桥的边翼缘和中翼缘等各项分项工程的工期进行优化，缩短了关键线路的施工工期。需要注意的是，通过调整主桥、引桥施工工期，小桥部分分项工程也成为关键线路。在实际施工中，通过统筹各项工程的施工进度，确保了一期项目施工按照计划完成。

为缩短总体工期，二期项目同样进行了优化，优化的施工组织方案如图 3.18 所示。进出岛两侧施工较为类似，优化后的施工关键线路也基本一致。但需要注意的是，中翼缘位于进、出岛两幅的中间部位，其改造加固分项工程已于进岛侧的一期项目中施工完成。因此，二期项目仅主要调整优化边翼缘部分的改造施工，而桥面附属工程同样优化了路面铣刨和沥青铺设两项关键线路分项工程的施工工期。

（a）进岛侧主桥施工组织方案

（b）进岛侧小桥施工组织方案

（c）进岛侧引桥施工组织方案

（d）进岛侧桥面附属工程

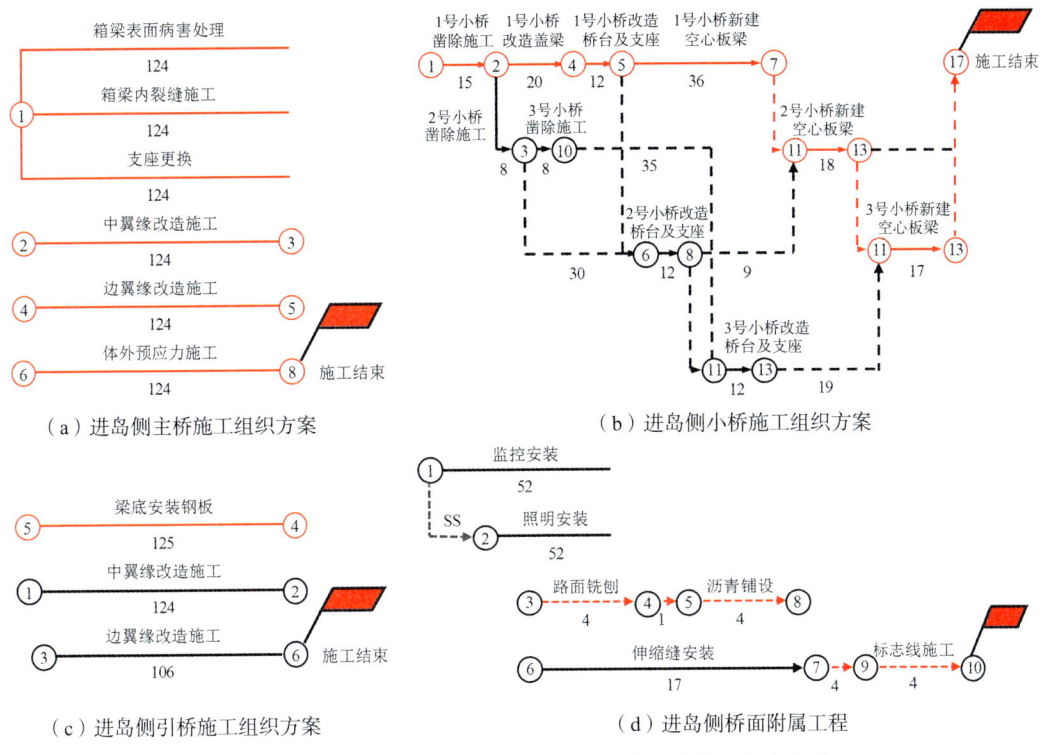

图 3.17 施工工期优化后的厦门大桥一期工程施工组织方案

（a）出岛侧主桥施工组织方案

（b）出岛侧小桥施工组织方案

（c）出岛侧引桥施工组织方案

（d）出岛侧桥面附属工程

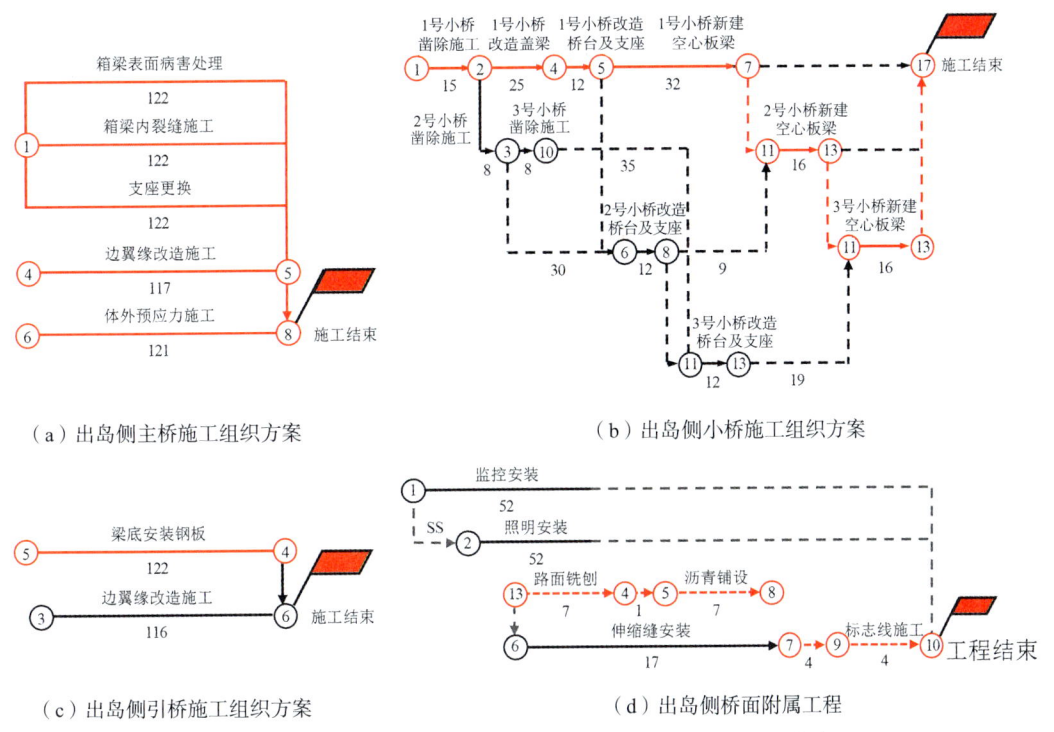

图 3.18 施工工期优化后的厦门大桥二期工程施工组织方案

3 拓宽改造工程交通与施工组织设计 | 37

通过上述施工方案的系统优化,大桥的施工开始时间仍为2021年1月1日,但完成时间提前至2021年12月19日,比计划施工工期节约了71天,占计划工期的16.7%。

对于厦门大桥下部结构改造加固项目,制约其施工工期的关键问题在于模板数量不足,而其中的增大截面和外包RPC施工方案两项分项工程施工工期难以有较大改变。针对该问题,图3.19中的优化方案采用了7套施工模板来缩短工期。其中,3套模板于2021年5月5日进场,在2021年12月19日前的228天工期内每套模板分别应用于8个墩柱的改造施工中。按优化方案,2021年7月26日将再引进2套施工模板,并分别应用至5个墩柱中。剩余的墩柱改造施工模板于2021年8月22日进场,并分别对应4个墩柱的改造加固。通过7套施工模板的分批次入场,下部结构改造加固项目的施工工期较为经济地从423天缩短至228天,工期节省46.1%,显著提升了施工效率。

(a)下部结构施工组织方案

(b)墩身RPC加固施工组织方案

(c)墩身增大截面加固施工组织方案

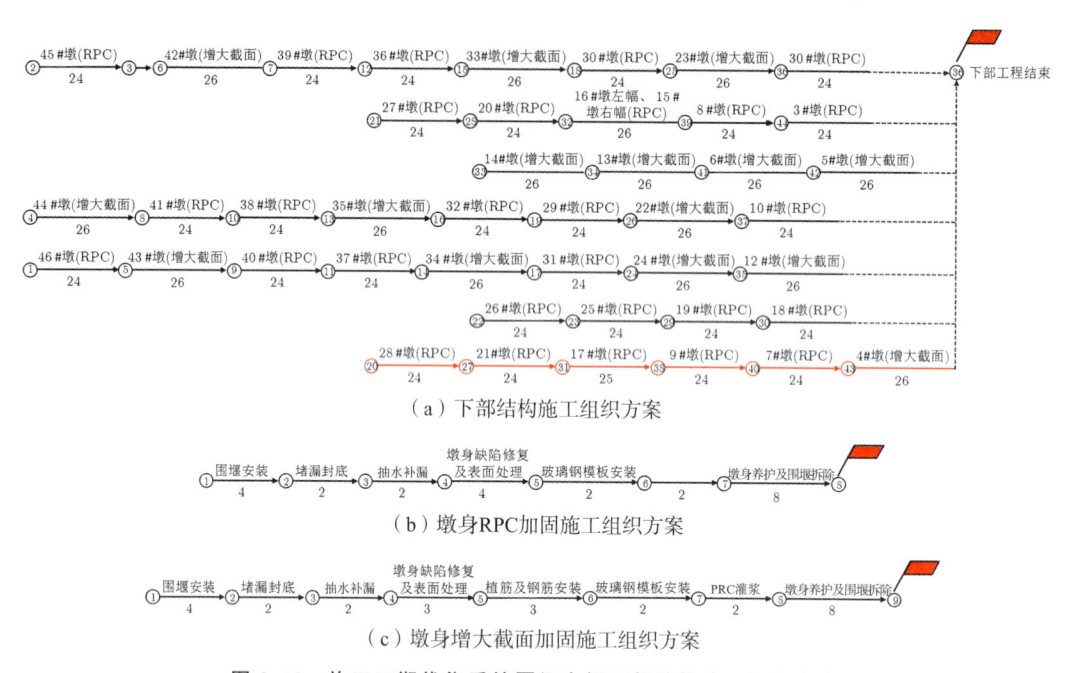

图3.19 施工工期优化后的厦门大桥下部结构施工组织方案

3.3 拓宽改造工程施工管理组织架构

厦门大桥拓宽加固项目管理组织机构由中交公路规划设计院有限公司和中交一公局联合组建,其联合体组织机构设主管总经理、专家顾问组和总承包项目部,下设设计部、健康监测部、工程技术部、综合事务部、计划合同部、安全环保部和施工部等业务部门。图3.20所示为项目的管理组织机构结构图,通过设立多个业务部门,可以充分发挥各自优势,保证了厦门大桥改造加固项目的高质量高效率完成。

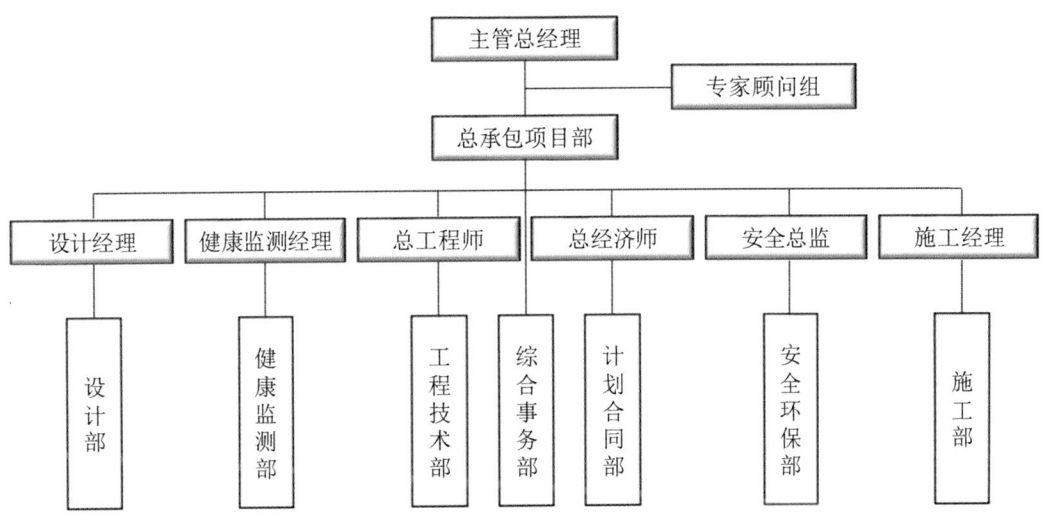

图 3.20　厦门大桥改造加固项目管理组织机构

厦门大桥改造加固项目的施工组织机构如图 3.21 所示。其中,主要施工管理人员包括施工经理、项目副书记、项目总会计师、总工程师、总经济师、安全总监以及两位项目副经理。施工管理人员负责施工过程中各项关键工序的施工进度和工程质量,以保证施工按照组织设计顺利推进。

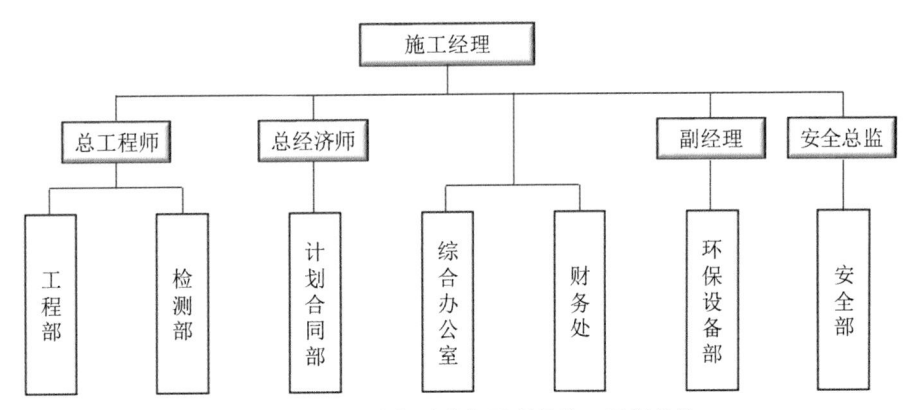

图 3.21　厦门大桥改造加固项目施工组织机构

图 3.22 给出了厦门大桥改造加固项目的设计组织机构结构图。其中,设计主要人员包括主管总经理、主管总工和设计负责人。设计组织涉及道路工程、桥梁工程、管线工程、交通安全和机电设备、健康监测、工程造价和测量勘察等项目,同时设立对应的业务部门,保证设计作业的正常进行。

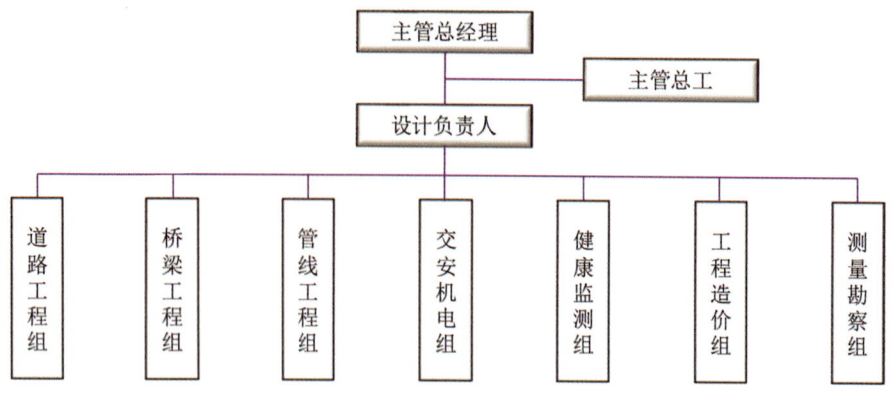

图 3.22　厦门大桥改造加固项目设计组织机构

3.4　小结

本章系统介绍了厦门大桥交通和施工的组织安排及施工管理架构。为有效缓解大桥施工给周边区域带来的通行压力,通过合理缩短关键线路的施工工期,并结合实际情况调整设备进场时间,对原设计交通和施工组织方案进行了优化。优化方案充分利用了厦门大桥施工期间的通行能力,在确保工程质量的同时,大幅缩短了厦门大桥拓宽改造项目的整体施工工期。具体而言,大桥上部结构改造加固的工期从 424 天减少至 353 天,下部结构改造加固项目的工期从 423 天缩短至 228 天,分别节省了 16.7% 和 46.1%,产生了显著的经济和社会效益。

4 桥梁病害与处治措施

研究桥梁病害可为结构的设计、施工和维护提供有效保障。本章通过分析厦门大桥混凝土病害,讨论了跨海大桥混凝土病害的主要成因。在此基础上,根据实时监测系统对混凝土病害的监测结果,并结合桥梁运营和维护情况提出了相应的病害治理方案。

4.1 桥梁混凝土病害概况

跨海大桥混凝土病害不仅影响了大桥结构的安全性和使用寿命,而且增加了维修和维护成本。因此,及时发现并采取有效措施进行病害修复和加固,对维护大桥的长期安全运行至关重要。

厦门大桥于 2018 年开展了特检,检查发现主桥箱梁和空心板主要病害为裂缝问题。裂缝的主要分布情况如图 4.1 所示,其中箱梁的裂缝主要存在于顶板内面,占全部裂缝数量的 79.98%,明确体现了这一区域的裂缝集中性。此外,腹板和横隔板中裂缝也有少量分布,分别占比 10.77% 和 9.07%。值得注意的是,底板中的裂缝数量相对较少,仅占 0.18%。至于空心板,裂缝的集中区域主要位于底板,占比高达 83.42%,而在腹板中裂缝的占比则为 12.44%,翼缘板部分的裂缝较少,仅占 4.14%。

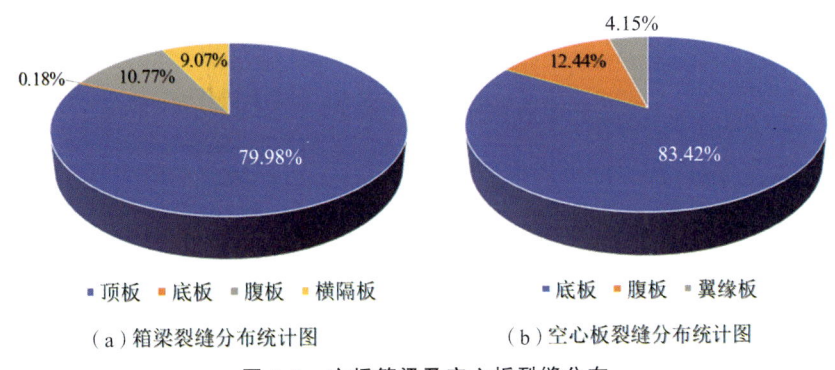

(a) 箱梁裂缝分布统计图　　(b) 空心板裂缝分布统计图

图 4.1　主桥箱梁及空心板裂缝分布

同时,全桥箱的内底板仅在个别跨发现横向裂缝和纵向裂缝,其中横向裂缝宽度在

0.1～0.2 mm 之间,长度在 1～2 m 之间,位置多数距墩顶 10 m 以内;纵向裂缝分布无明显规律,长度在 1～6 m 之间,宽度在 0.08～0.20 mm 之间。此外,箱内左右腹板存在斜向裂缝,其中 93.8% 的斜向裂缝走向与弯起钢筋走向一致,4.2% 呈剪切裂缝形态,出现位置集中在支点至 1/4 跨中范围内,宽度以 0.06～0.15 mm 为主。腹板存在少量纵向和竖向裂缝,长度和宽度都较小,其中竖向裂缝多数集中在支点至 1/4 跨范围内。

4.1.1 上部结构混凝土常规病害概况

为了进一步深入分析厦门大桥上部结构的混凝土病害,依据桥梁的具体位置,将病害情况按照左、右幅分别进行调查归类。大桥左幅为集美区进岛至高崎区的主要通道,其左幅病害在上部结构和支座等处均有出现。

对于主桥箱梁的顶板、腹板等上部承重构件,表 4.1 给出了相应部位内表面不同类型裂缝的诱因。其中,内表面裂缝总计 4433 条,总长度达到 8661.3 m。图 4.2 所示为主桥箱梁内表面裂缝的数量分布和总长度分布情况。可以看出,顶板裂缝占据主导地位,共有 4045 条,占比高达 91.25%。其中,纵向裂缝占据绝大部分,数量为 3991 条,总长度 8160.4 m;斜向裂缝相对较少,为 54 条,总长度 66.4 m。腹板裂缝紧随其后,共计 385 条,占比 8.68%,包括纵向裂缝 243 条,总长度 233.8 m;斜向裂缝 135 条,总长度 185.0 m;竖向裂缝 7 条,总长度 5.5 m。而底板裂缝数量极少,仅有 3 条,占比 0.07%。从裂缝总长度来看,顶板裂缝占比最大,高达 94.98%,腹板裂缝和底板裂缝分别占比 4.90% 和 0.12%。

表 4.1　承重构件内表面主要病害成因分析

病害类型	病害成因
顶板纵向裂缝	1. 顶板横向弯矩主要受活载影响,在桥梁营运期间,超载易导致顶板沿纵向开裂; 2. 顶板未设置横向预应力筋; 3. 顶板纵向预应力过大,横向拉应力超过混凝土抗拉强度,引起顶板沿纵向开裂
底板纵向裂缝	1. 泊松比效应引起的底板纵向开裂,在纵向预应力作用下,底板混凝土产生横向拉应变,当横向拉应变过大时产生纵向裂缝; 2. 箱梁内外温差应力
底板横向裂缝	1. 波纹管走形; 2. 预应力张拉不到位或损失过大,导致主梁抗弯承载力不足,产生底板横向裂缝,呈 U 形或 L 形,底板裂缝延伸至腹板; 3. 超载严重,超过设计标准值; 4. 受温度影响
腹板斜向裂缝	1. 呈剪切形态斜向裂缝,此种斜向裂缝属于受力裂缝,是由主拉应力较大,超过混凝土抗拉强度引起,腹板竖向预应力粗钢筋的损失较大; 2. 与弯起钢筋或波纹管走向一致的斜向裂缝,腹板此种斜向裂缝为非受力裂缝,混凝土沿波纹管开裂

续表

病害类型	病害成因
腹板竖向裂缝	1. 预应力张拉不到位或者损失过大,主梁抗弯承载不足,产生底板横向裂缝,呈 U 形或 L 形,延伸至腹板; 2. 受温度影响
网状裂缝	温缩、干缩等
锈胀、剥落掉角、混凝土破损、露筋	钢筋保护层厚度较薄或潮湿环境等因素造成钢筋锈蚀,导致混凝土剥落
泛碱	施工预留孔进水,混凝土结构内的碱性物质被水溶解,在混凝土表面与空气中的二氧化碳反应生成碳酸钙结晶体,产生泛碱现象
蜂窝、麻面;空洞、孔洞	1. 混凝土未分层下料,振捣不实,漏振,振捣时间不够; 2. 木模板在浇筑混凝土前未湿润或湿润不够,模板缝隙过大

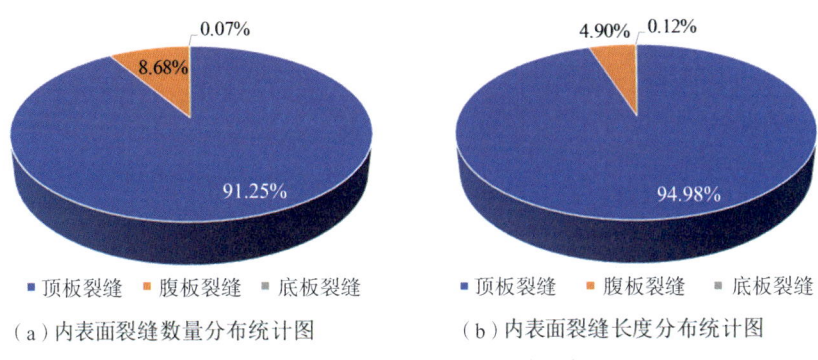

(a)内表面裂缝数量分布统计图　　(b)内表面裂缝长度分布统计图

图 4.2　主桥左幅内表面裂缝分布

除了裂缝,内表面还存在其他面状病害。如图 4.3 所示,全桥共发现 9 处网状裂缝,总面积 3.67 m²;3 处蜂窝、麻面,总面积 0.78 m²;4 处剥落掉角,总面积 0.24 m²;3 处空洞、孔洞,总面积 0.4 m²;6 处锈胀、露筋,总面积 0.21 m²;4 处泛碱,总面积 1.015 m²;1 处混凝土破损,面积 0.037 5 m²。

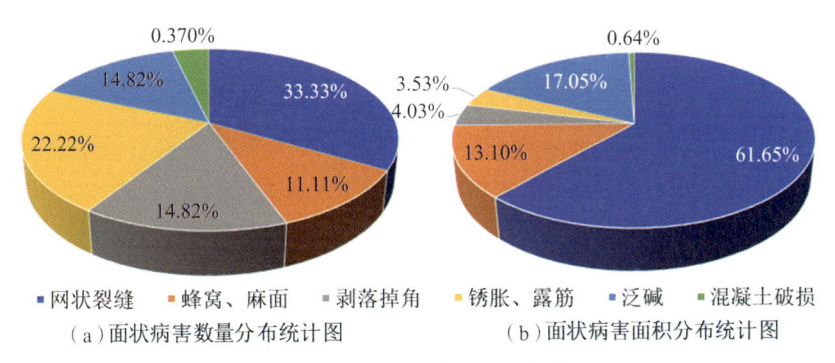

(a)面状病害数量分布统计图　　(b)面状病害面积分布统计图

图 4.3　主桥左幅内表面面状病害分布

与此同时，外表面病害也不容忽视。表 4.2 列出了承重构件外表面不同类型裂缝的诱因。外表面裂缝的具体情况：总计裂缝 337 条，总长度 269.4 m。图 4.4 给出了外表面裂缝的分布情况，其中翼缘板纵向裂缝 8 条，总长度 6.7 m；底板裂缝占比最多，共有 289 条，总长度 228.7 m（包括纵向裂缝 136 条，总长度 90.8 m；斜向裂缝 100 条，总长度 75.9 m；横向裂缝 53 条，总长度 62.0 m）；腹板裂缝 40 条，总长度 34.0 m（包括纵向裂缝 20 条，总长度 14.9 m；斜向裂缝 13 条，总长度 14.6 m；竖向裂缝 7 条，总长度 4.5 m）。

表 4.2 承重构件外表面主要病害成因分析表

病害类型	病害成因
网状裂缝	温缩、干缩
腹板竖向裂缝	温度影响
底板横向裂缝	1. 波纹管走形； 2. 预应力张拉不到位或者损失过大； 3. 超载严重，超过设计标准值； 4. 受温度影响
底板纵向裂缝	1. 横向刚度不足，横向挠度过大； 2. 泊松比效应引起的底板纵向开裂； 3. 内外温差应力； 4. 箍筋薄弱

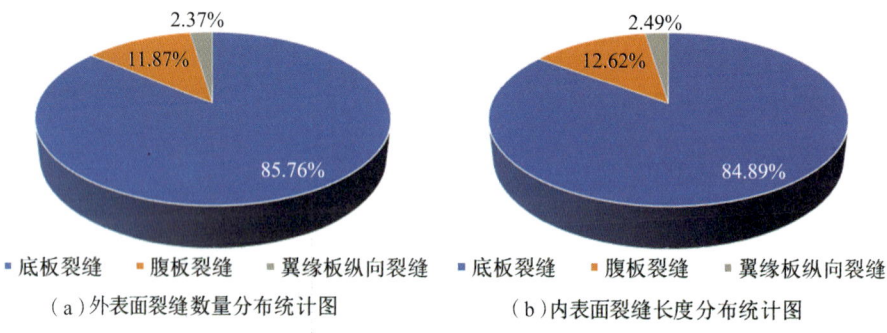

（a）外表面裂缝数量分布统计图　　（b）内表面裂缝长度分布统计图

图 4.4 主桥左幅外表面裂缝分布

除裂缝病害外，全桥左幅外表面还存在着面状病害，其数量和面积的分布情况如图 4.5 所示。其中，外表面存在的剥落掉角情况较多，达到 39 处，占比 52.70%。数量排在第二的病害为锈胀、露筋，共有 16 处，占比 21.62%。之后依次为网状裂缝 16 处、蜂窝和麻面 7 处和混凝土破损 1 处。从面积分布统计情况来看，病害面积最大的是网状裂缝，达到了 4.6 m²，占比 58.12%；其次是蜂窝、麻面，占比 33.61%；其他面状病害分布较少。

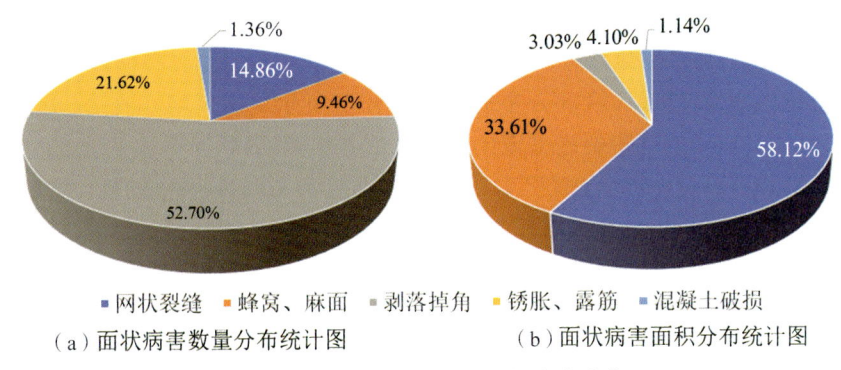

(a) 面状病害数量分布统计图 网状裂缝 14.86%，蜂窝、麻面 9.46%，剥落掉角 52.70%，锈胀、露筋 21.62%，混凝土破损 1.36%

(b) 面状病害面积分布统计图 网状裂缝 58.12%，蜂窝、麻面 33.61%，剥落掉角 3.03%，锈胀、露筋 4.10%，混凝土破损 1.14%

图 4.5 主桥左幅外表面面状病害分布

大桥左幅的上部一般构件中，也发现较多病害。其中，横隔板竖向裂缝共计 328 条，累积长度达 208.85 m；斜向裂缝有 33 条，总长度 30.9 m；横向裂缝则有 22 条，总长度 14.45 m。值得注意的是，人孔处纵向裂缝数量较多，共有 129 条，累积长度 105.37 m。此外，全桥范围内还发现了 10 处网状裂缝，总面积 2.1275 m²；55 处空洞和孔洞，总体积达到 0.0342 m³；1 处泛碱现象，面积 0.15 m²。

与此同时，大桥左幅支座处亦暴露出显著的病害问题，具体包括：102 个支座的上下钢构件均出现了锈蚀现象，对应的硅脂油均已老化失效；49 个支座的限位钢筋尚未进行切割处理，2 个支座的垫石混凝土出现破损；另有 4 处螺栓发生松动。另在大桥左幅支座处共检测到 59 条裂缝，总长度达 70.25 m。其中，横向裂缝占据了较大比例，共计 28 条，总长度 46.8 m；竖向裂缝次之，有 23 条，总长度 17.95 m；斜向裂缝较少，仅 6 条，总长度 3.9 m；纵向裂缝最少，仅 2 条，总长度 1.6 m。

主桥右幅是厦门岛出岛的主要路线，是厦门高崎区通向集美区的直接通道。其右幅的病害位置与左幅相似，分别从上部承重构件、上部一般构件和支座位置进行归类。主桥右幅内表面的病害情况及成因与左幅相似，其上表面共计 6574 条裂缝，总长度达到 13303.6 m。图 4.6 所示为内表面裂缝的数量和长度的分布情况。从裂缝的数量分析，顶板裂缝占据主导地位，共有 5694 条，占比达 85.75%。腹板裂缝共有 927 条，占 13.96%。这些腹板裂缝中，纵向裂缝 683 条，总长度 721.2 m；斜向裂缝 228 条，总长度 375.6 m；竖向裂缝则相对较少，仅有 16 条，总长度 12 m。底板裂缝数量最少，仅 19 条，

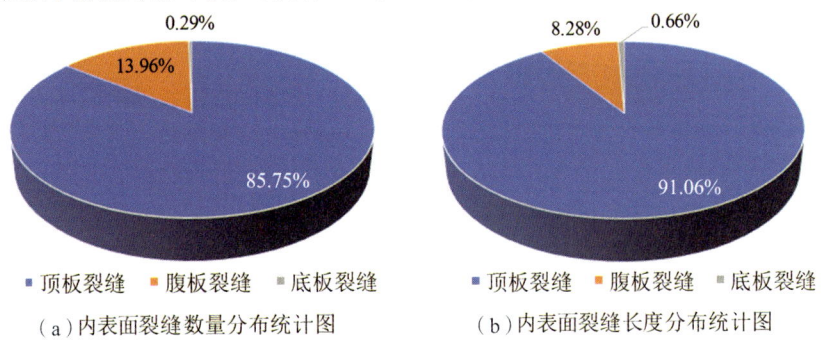

(a) 内表面裂缝数量分布统计图 顶板裂缝 85.75%，腹板裂缝 13.96%，底板裂缝 0.29%

(b) 内表面裂缝长度分布统计图 顶板裂缝 91.06%，腹板裂缝 8.28%，底板裂缝 0.66%

图 4.6 主桥右幅内表面裂缝分布

4 桥梁病害与处治措施

占比 0.29%。从裂缝的总长度角度分析，顶板裂缝依然占相当大的数量，其占比高达 91.06%，腹板裂缝和底板裂缝则分别占比 8.28% 和 0.66%。

主桥右幅内表面的面状病害分布情况如图 4.7 所示。该区域存在 27 处网状裂缝，总面积达到 14.38 m²。这些裂缝呈现出复杂的网状结构，对桥梁结构的完整性造成了一定影响。蜂窝和麻面有 4 处，总面积 0.96 m²，这些病害主要由混凝土施工质量不佳或养护不当导致。另外，10 处剥落掉角现象也较为显著，总面积 0.5979 m²，该处裂缝与桥梁材料老化或外力作用有关。再者，6 处泛碱现象也值得注意，总面积 0.714 m²。

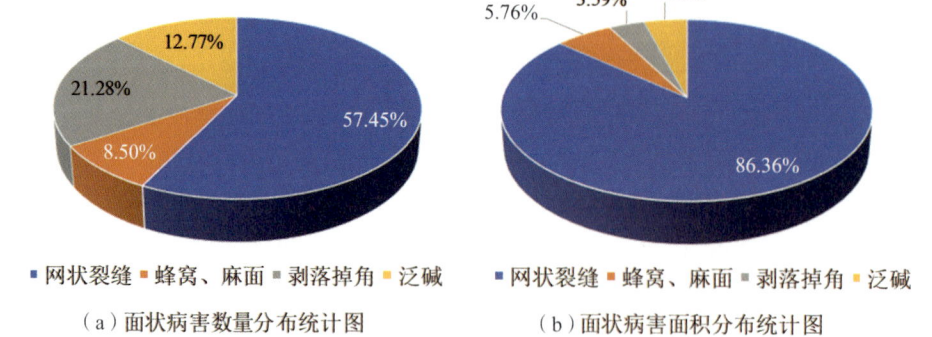

(a) 面状病害数量分布统计图　　(b) 面状病害面积分布统计图

图 4.7　主桥右幅内表面面状病害分布

图 4.8 给出了主桥右幅外表面的裂缝情况分布。主桥右幅外表面总计裂缝 435 条，总长度达到 379.2 m。其中底板裂缝数量最多，共有 355 条，占比高达 81.61%，占据裂缝总面积的 86.32%。紧随其后的是腹板裂缝，共计 56 条，总长度 44.3 m。其中，纵向裂缝 31 条，总长度 18.2 m；斜向裂缝 16 条，总长度 13.2 m；竖向裂缝 9 条，总长度 12.9 m。另外，翼缘板纵向裂缝也有 24 条，总长度 7.7 m。对于底板裂缝总长度达到 327.6 m，其纵向裂缝数量最多，达到 283 条，总长度 203.6 m；斜向裂缝 30 条，总长度 21.8 m；横向裂缝 42 条，总长度 102.2 m。

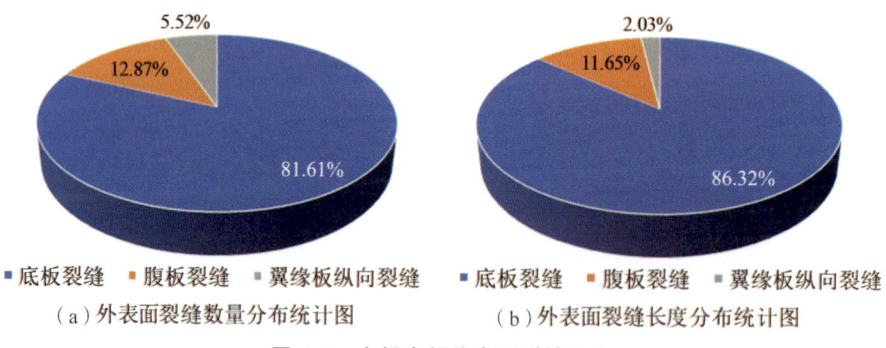

(a) 外表面裂缝数量分布统计图　　(b) 外表面裂缝长度分布统计图

图 4.8　主桥右幅外表面裂缝分布

主桥右幅外表面的面状病害分布情况如图 4.9 所示。全桥范围内共有 7 处网状裂缝，总面积为 3.81 m²；8 处表现为蜂窝、麻面，总面积达到 2.69 m²；22 处出现剥落掉角，总面积为 3.14 m²；148 处空洞、孔洞，总体积为 0.14 m³；锈胀、露筋现象较为严重，共计 34 处，总面积为 1.13 m²；泛碱现象相对较少，仅有 2 处，总面积为 0.185 m²；2 处混凝土破损，总面积达到 0.88 m²，这些破损在面状病害中面积占比最大，为 31.92%；检测到 3 处渗水现象，总面积为 0.1 m²；1 处出现了植被生长的情况。从数量上看，锈胀、露筋的占比最高，达到了 43.59%，这表明桥梁在防锈和钢筋保护方面需要重点关注。

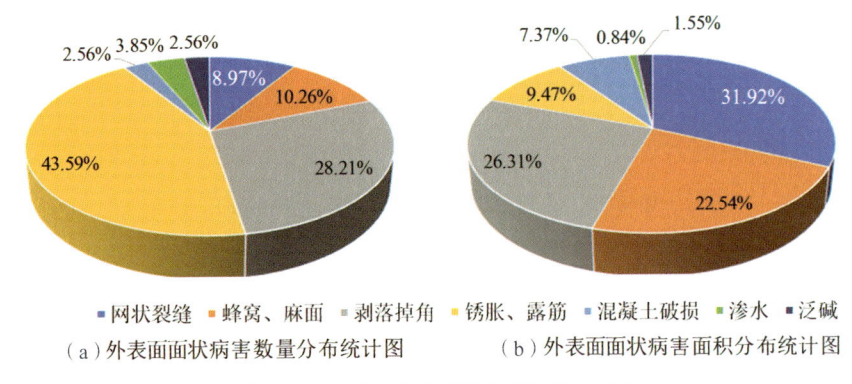

(a) 外表面面状病害数量分布统计图　　(b) 外表面面状病害面积分布统计图

图 4.9　主桥右幅外表面面状病害分布

主桥右幅的上部一般构件中，人孔处纵向裂缝共计 441 条，总长度达到 300.2 m。横隔板方面，竖向裂缝数量较多，共计 101 条，总长度为 56.1 m；斜向裂缝 28 条，总长度为 17.58 m；横向裂缝则为 22 条，总长度为 20.7 m。此外，全桥范围内还发现了 21 处网状裂缝，总面积达到 10.2 m²；另有 1 处空洞或孔洞，面积较小，仅为 0.01 m²，以及 1 处锈胀、露筋问题，面积为 0.015 m²。

与主桥左幅情况类似，右幅支座处病害的具体情况：102 个支座上下钢构件锈蚀，对应的支座硅脂油均已老化，60 个支座限位钢筋未割，28 个垫石混凝土露筋，1 个支座临时支撑未拆。

4.1.2　下部结构混凝土常规病害概况

在长期服役中，厦门大桥的桥墩多处出现了不同程度的质量问题，包括桥墩锈胀开裂和墩身混凝土竖向裂缝等劣化现象，而病害位置主要集中在墩身和基础等部位。

大桥左幅桥墩处共计 59 条裂缝，总长度达 70.25 m。其中，横向裂缝数量最多，有 28 条，总长度达到 46.8 m；纵向裂缝 2 条，总长度为 1.6 m；竖向裂缝 23 条，总长度为 17.95 m；斜向裂缝 6 条，总长度为 3.9 m。除了裂缝，大桥左幅的病害还表现在以下几个方面：69 处锈胀开裂现象，总长度达到 92.7 m，其中 7 处伴有泛碱现象；29 处出现剥落掉角，总面积为 9.3 m²，其中 5 处伴有露筋现象；29 处网状裂缝，总面积为 48.34 m²；14 处锈胀、露筋，总面积为 0.85 m²；3 处混凝土破损，总面积为 0.29 m²；1 处空洞、孔洞，总体积为 0.0003 m³。同时，调查发现该桥左幅共有 6 座承台存在混凝土破损，7 处承台存在冲刷掏空现象，5 根桩基外露，其他未提及的桩基础被掩埋。对于翼墙、耳墙等部位，经检查未见明显病害。

大桥左幅病害情况的整体位置分布如图 4.10～图 4.17 所示。从这些图中可以看出，裂缝的分布相对均匀，但上部结构的病害位置明显多于下部结构，在后续的维修和加固工作中需要重点关注上部结构。

图 4.10　左幅立面病害总体示意(1 至 6 段)

图 4.11　左幅立面病害总体示意(7 至 11 段)

图 4.12　左幅立面病害总体示意(12 至 17 段)

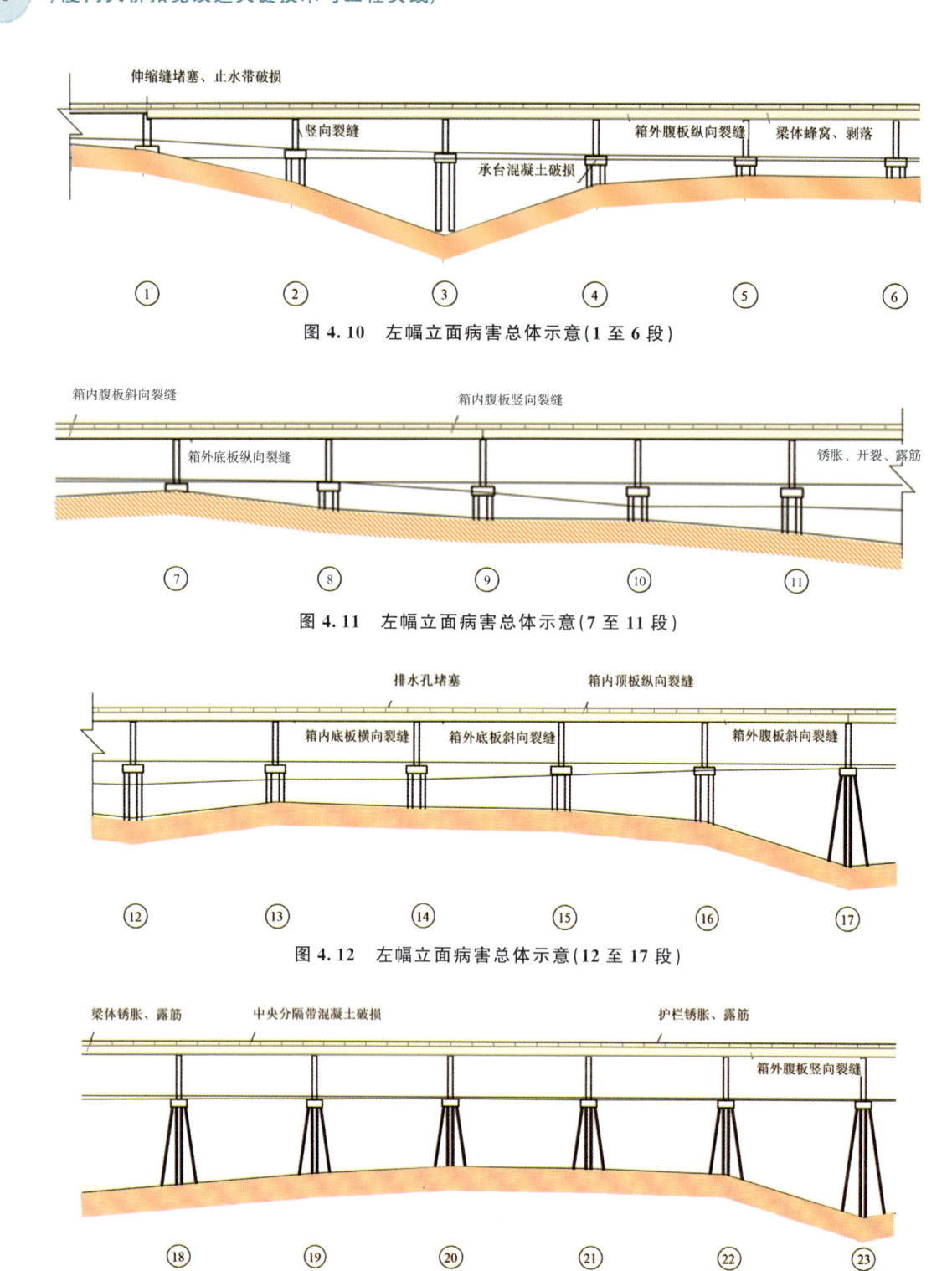

图 4.13　左幅立面病害总体示意(18 至 23 段)

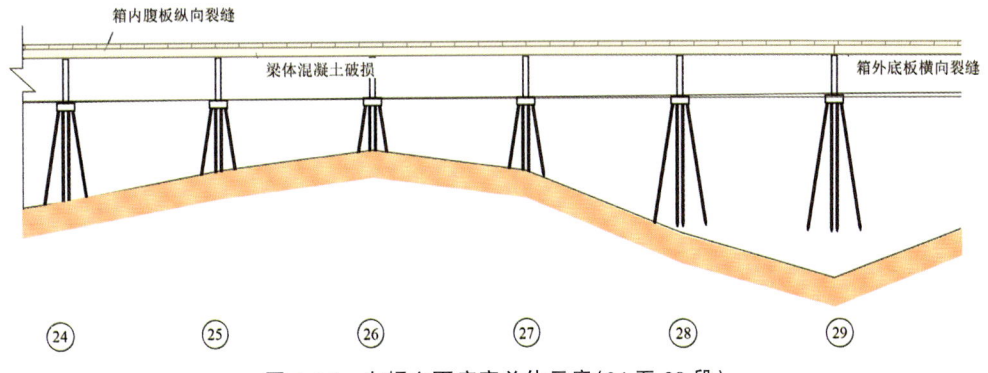

图 4.14　左幅立面病害总体示意(24 至 29 段)

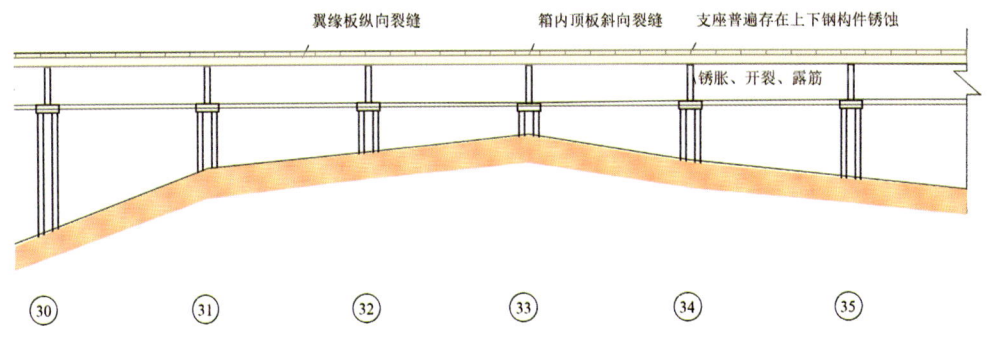

图 4.15　左幅立面病害总体示意(30 至 35 段)

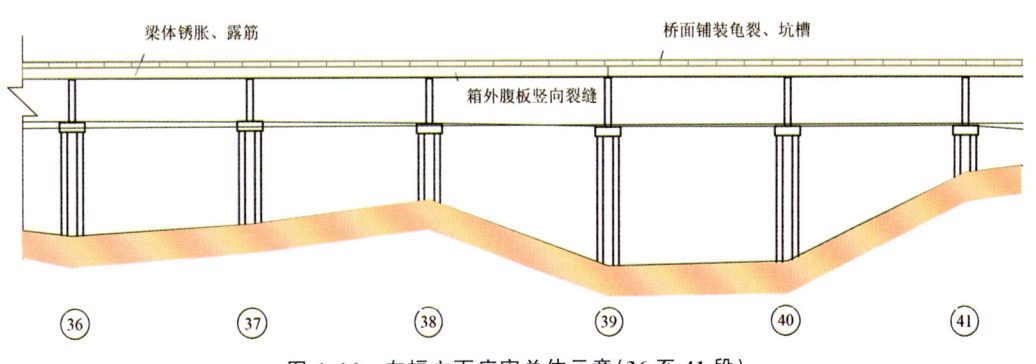

图 4.16　左幅立面病害总体示意(36 至 41 段)

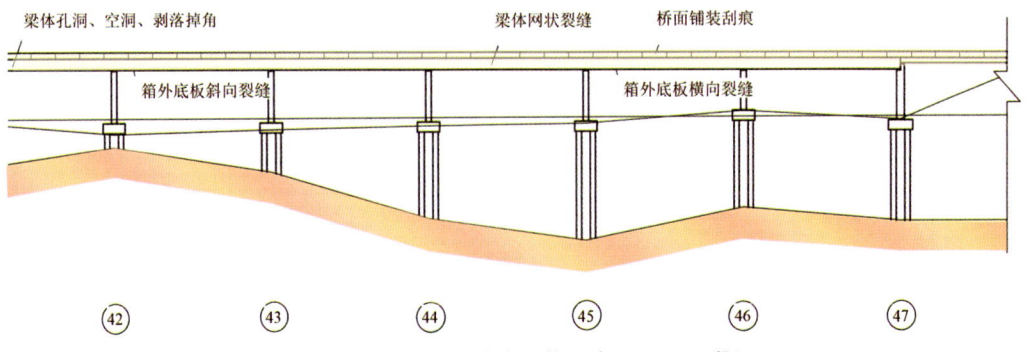

图 4.17　左幅立面病害总体示意(42 至 47 段)

跨海主桥右幅同样长期受到环境侵蚀和荷载作用,其墩身和基础等部位的混凝土也出现了大量竖向裂缝,影响到桥墩的整体稳定性。现场检测表明,大桥左、右幅的劣化程度基本相当。

大桥右幅桥墩处共计发现 59 条裂缝,总长度达 70.25m。这些裂缝中,纵向裂缝 2 条,总长度为 1.6 m;竖向裂缝 23 条,总长度为 17.95 m;横向裂缝数量最多,达到 28 条,总长度为 46.8 m;斜向裂缝 6 条,总长度为 3.9 m。除了裂缝,锈胀开裂现象共有 69 处,总长度达 92.7 m,其中 7 处伴有泛碱现象。剥落掉角现象也较为普遍,共有29 处,总面积为 9.3 m², 其中 5 处还伴有露筋现象。网状裂缝数量共计 29 处,总面积为 48.34 m²。此外,还有 14 处锈胀、露筋现象,总面积为 0.85 m²;3 处混凝土破损,总面积为 0.29 m²;1 处空洞、孔洞,总体积为 0.0003 m³。大桥右幅基础部分则有 6 座承台存在混凝土破损,7 处承台存在冲刷掏空现象,5 根桩基外露,其他未提及的桩基础被掩埋。右幅的翼墙、耳墙、河床及调制构造物等结构则未发现明显病害。结合上部及下部结构,大桥右幅的整体病害位置分布情况如图 4.18～图 4.25 所示。

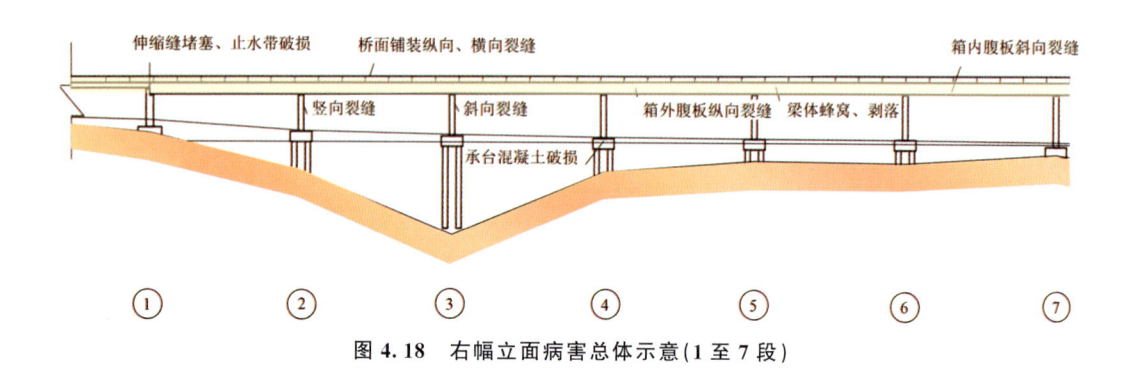

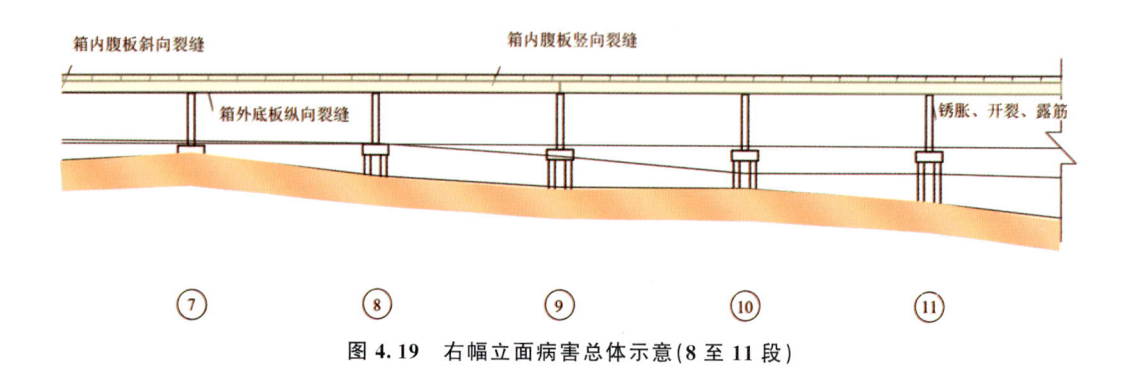

图 4.18 右幅立面病害总体示意(1 至 7 段)

图 4.19 右幅立面病害总体示意(8 至 11 段)

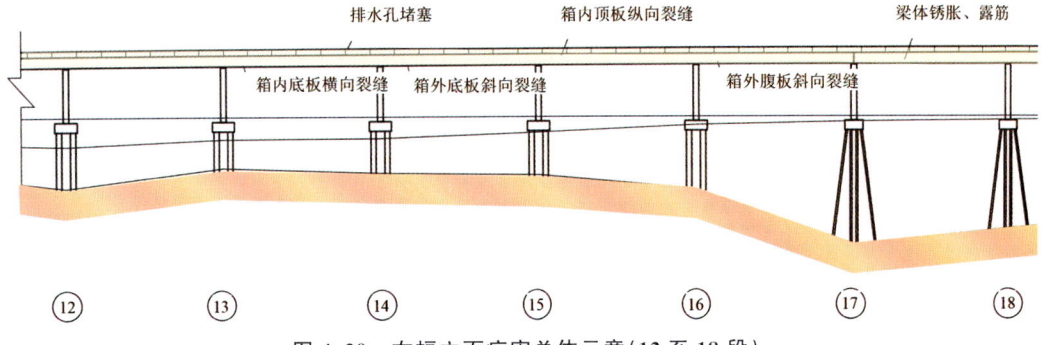

图 4.20　右幅立面病害总体示意(12 至 18 段)

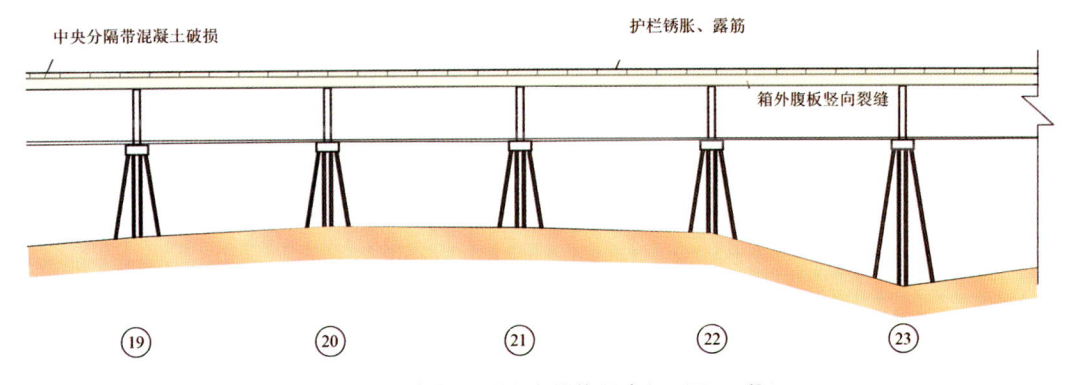

图 4.21　右幅立面病害总体示意(19 至 23 段)

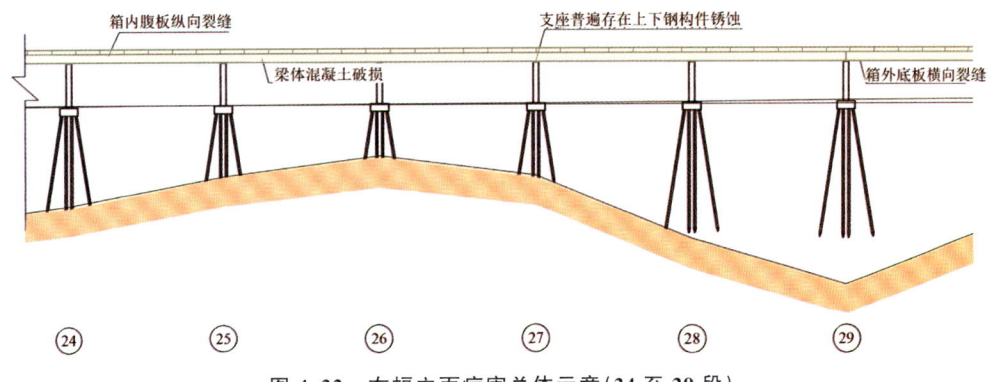

图 4.22　右幅立面病害总体示意(24 至 29 段)

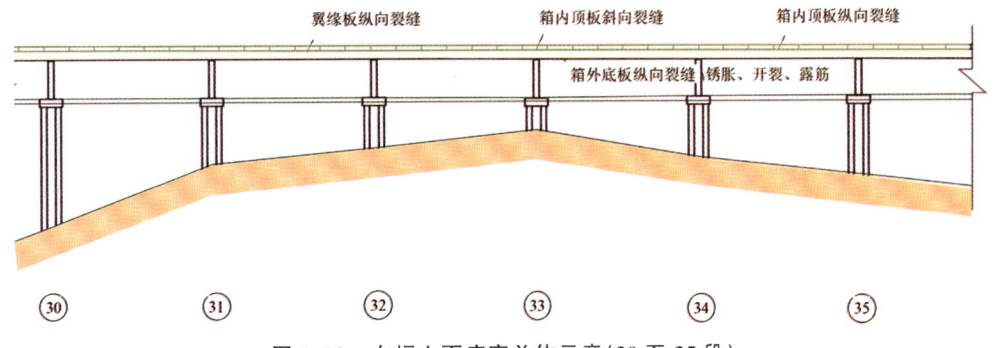

图 4.23　右幅立面病害总体示意(30 至 35 段)

4　桥梁病害与处治措施 | 51

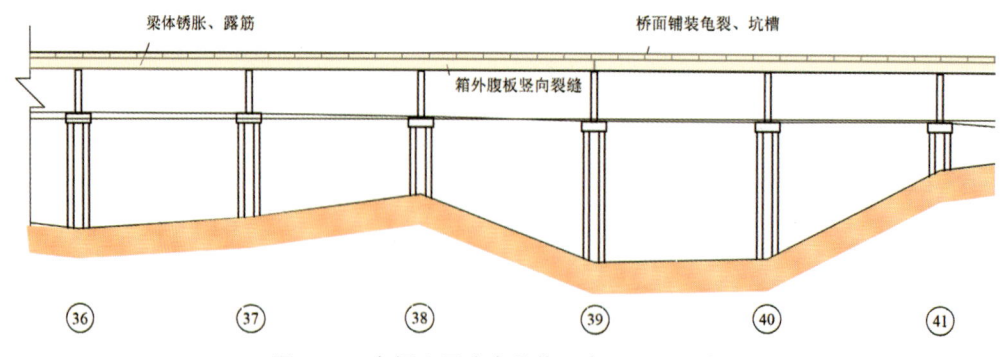

图 4.24　右幅立面病害总体示意(36 至 41 段)

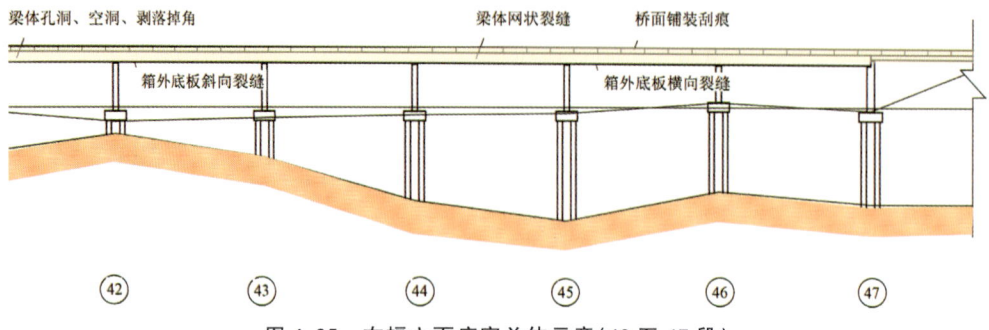

图 4.25　右幅立面病害总体示意(42 至 47 段)

4.1.3　跨海主桥典型病害

图 4.26～图 4.28 给出了厦门大桥上部结构主梁内表面的典型病害。其中,图 4.26 所示为顶板内表面的纵向裂缝和斜向裂缝,图 4.27 所示为腹板内表面的 3 种裂缝形式,图 4.28 列举了梁体内表面 6 种常见的病害,即蜂窝麻面、剥落掉角、空洞与孔洞、锈胀与露筋、泛碱和混凝土破损。上部结构主梁外表面的常见病害和内表面相类似,具体如图 4.29～图 4.31 所示。

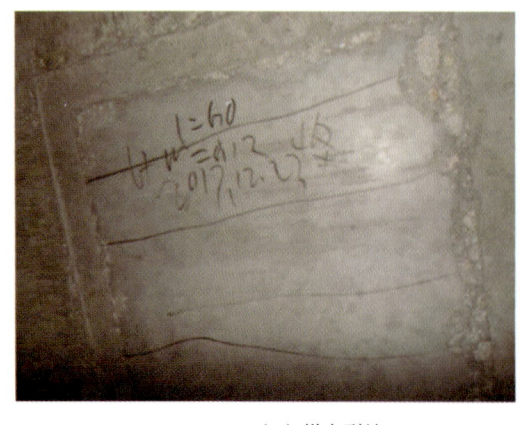

(a)纵向裂缝　　　　　　　　　(b)斜向裂缝

图 4.26　顶板内表面裂缝

（a）近边跨端斜裂缝1　　　　　　　　　　（b）近边跨端斜裂缝2

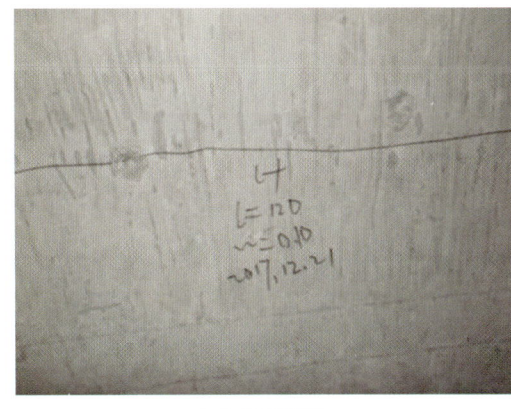

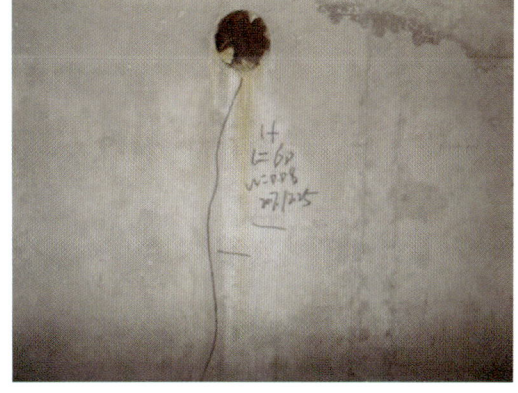

（c）纵向裂缝　　　　　　　　　　　　　　（d）竖向裂缝

图 4.27　腹板内表面裂缝

（a）蜂窝麻面　　　　　　　　　　　　　　（b）剥落掉角

(c)空洞与孔洞　　　　　　　　　　　　(d)锈胀与露筋

(e)泛碱　　　　　　　　　　　　　　(f)混凝土破损

图 4.28　梁体内表面典型病害

(a)纵向裂缝　　　　　　　　　　　　(b)竖向裂缝

图 4.29　腹板外表面裂缝

(a)翼缘板纵向裂缝  (b)底板纵向裂缝

(c)底板斜向裂缝 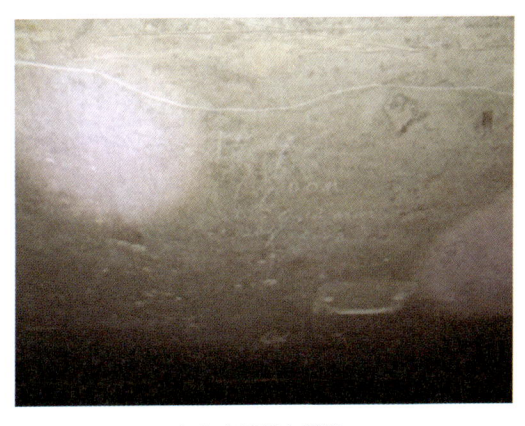 (d)底板横向裂缝

图 4.30 翼缘板和底板外表面裂缝

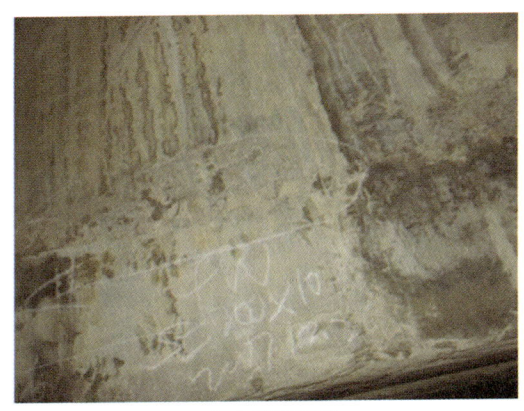

(a)蜂窝麻面  (b)剥落掉角

(c) 空洞与孔洞　　　　　　　　　　　　(d) 锈胀与露筋

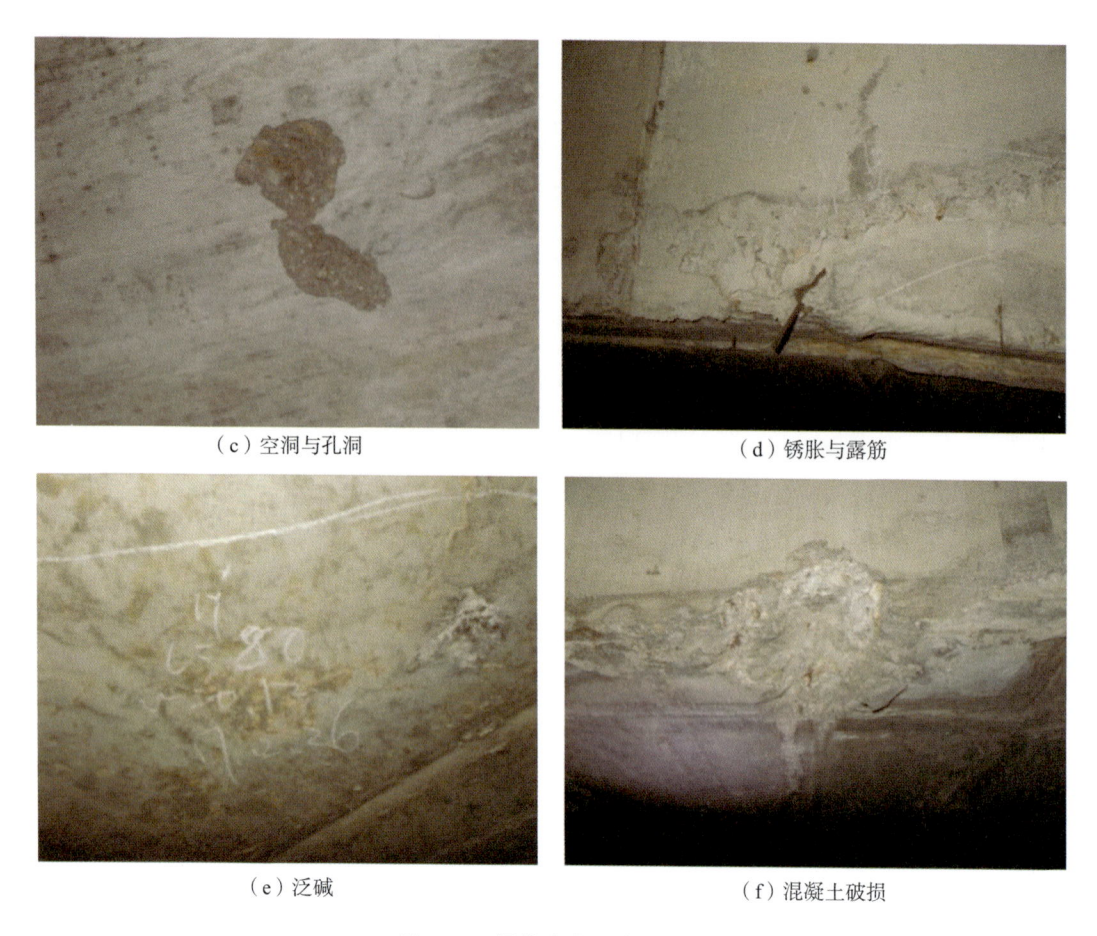

(e) 泛碱　　　　　　　　　　　　　　(f) 混凝土破损

图 4.31　梁体外表面典型病害

需要指出的是，上部结构的主梁横隔板也存在多种类型病害，主要以裂缝为主，如图 4.32 所示的竖向裂缝和斜向裂缝，图 4.33 所示的横向、纵向和网状裂缝，以及存在局部的泛碱情况。

(a) 竖向裂缝 　　　　　　　　　　　　(b) 斜向裂缝

图 4.32　横隔板裂缝

（a）横向裂缝　　　　　　　　　　　（b）纵向裂缝

（c）网状裂缝　　　　　　　　　　　（d）泛碱

图 4.33　横隔板裂缝和泛碱

图 4.34 所示为支座的典型病害现场情况，从中可以看出支座处主要出现了上下钢构件锈蚀、硅脂油老化、限位钢筋未割除和垫石混凝土破损等病害，这些病害会在一定程度上影响大桥的使用安全。

（a）上下钢构件锈蚀　　　　　　　　　（b）硅脂油老化

(c) 限位钢筋未割除 　　　　　　　　　(d) 垫石混凝土破损

图 4.34　支座典型病害

下部结构(桥墩)的典型病害现场情况如图 4.35 所示,主要包括:墩顶纵向裂缝、墩身竖向裂缝、墩身横向裂缝、墩身斜向裂缝、桥墩锈胀开裂、桥墩剥落掉角、桥墩网状裂缝和桥墩混凝土破损等。

(a) 墩顶纵向裂缝 　　　　　　　　　(b) 墩身竖向裂缝

(c) 墩身横向裂缝 　　　　　　　　　(d) 墩身斜向裂缝

(e)桥墩锈胀开裂 　　　　　　　　(f)桥墩剥落掉角

(g)桥墩网状裂缝 　　　　　　　　(h)桥墩混凝土破损

图 4.35　桥墩典型病害

4.2　混凝土典型病害处治措施

本节从桥梁混凝土病害耐久性处治措施、混凝土裂缝修补措施、混凝土破损及缺陷修补措施、混凝土病害健康监测措施和混凝土病害处治结果 5 个方面进行分析,提出一套跨海大桥混凝土病害处治的有效方法。

4.2.1　混凝土病害耐久性处治措施

根据裂缝宽度,混凝土裂缝处治方法分为表面涂抹封闭和压力灌浆两种方法。表面涂抹封闭法采用裂缝修补胶对裂缝表面进行封闭,适用于裂缝宽度 $w<0.15$ mm 的裂缝。压力灌浆法则采用裂缝修补胶或环氧树脂类灌浆材料进行压力灌浆,适用于裂缝宽度 $w\geqslant0.15$ mm 的裂缝。

对于外观缺陷、钢筋锈胀、露筋、混凝土破损、空洞等常见病害,可采用聚合物改性水泥砂浆修补、钢筋除锈阻锈等处治方法,阻止或减缓桥梁结构劣化趋势。此外,还可通过对箱梁外表面进行涂装处理,从而提高其耐久性,相应涂层体系的具体细节列于表4.3。

表 4.3 箱梁外表面涂层方案

涂层	配套涂料	涂层干膜最小平均厚度/μm
底涂层	环氧树脂封闭漆	50
中间涂层	环氧树脂漆	250
面涂层	氟碳面漆	80
总干膜厚度		380

对主梁箱内体外束钢转向块、桥墩检修通道、右幅中翼缘改造下缘钢板等钢板、型钢的外露表面均须进行涂装处理,涂装施工应满足《公路桥梁钢结构防腐涂装技术条件》(JT/T 722—2008)[42]的要求,相应涂层体系见表4.4。面漆颜色根据业主要求确定,右幅中翼缘改造下缘钢板的面漆颜色宜尽量与混凝土箱梁的涂装颜色一致。

表 4.4 钢结构表面涂层方案

涂层	涂料品种	道数/最低干膜厚/μm
底涂层	无机富锌底漆	1/75
封闭涂层	环氧封闭漆	1/25
中间涂层	环氧(云铁)漆	(1~2)/150
面涂层(第一道)	氟碳树脂漆	1/40
面涂层(第二道)	氟碳面漆	1/40
总干膜厚度		330

4.2.2 混凝土裂缝修补措施

施工时需要对原结构表面进行打磨除尘工作,原来被掩盖的裂缝在该项工作完成后明显外露,同样需要进行处理。裂缝数量的确定需综合考虑检测报告、近 3 年裂缝开展及部分由于客观条件限制未检测到的混凝土裂缝数量。对于宽度小于 0.15 mm 的裂缝,需进行表面封闭处理;宽度达到或超过 0.15 mm 的裂缝,需进行灌浆及封闭处理。

对于裂缝封闭施工工艺,图 4.36 给出了对应的施工工艺流程。首先,对混凝土表面进行彻底清理,确保裂缝周围 30~50 mm 的范围内呈现出坚实且平整的混凝土表面。随后,进一步扩大清理范围,以裂缝位置为中心,向外拓宽 10~25 mm,清除表面浮尘及裂缝内部的灰尘等杂物。之后,使用工业酒精试剂对清理后的表面进行擦洗,确保表面干燥。在彻底清理并干燥的表面上,需用漆刷均匀地涂刷一层封闭底胶,确保涂刷的厚度不小于 2 mm。待封闭底胶完全固化后,使用密封胶对清理过的表面进行密封和修平处理,确保裂缝得到有效封闭且表面恢复平整。

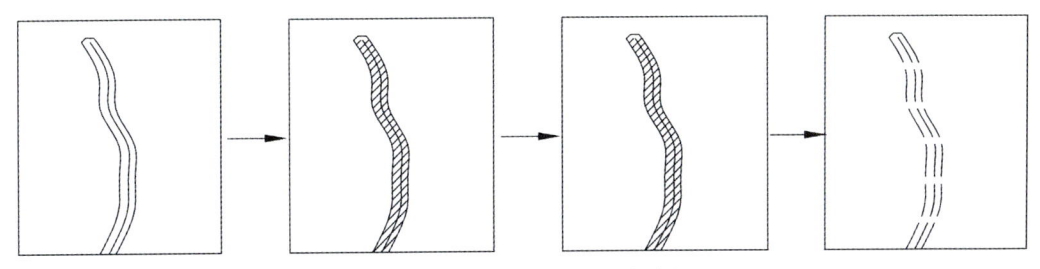

图 4.36 裂缝封闭施工工艺流程

裂缝灌浆施工工艺流程如图 4.37～图 4.39 所示。首先,使用钢丝刷对裂缝两侧的混凝土表面进行仔细刷洗,确保左右 3～5 cm 范围内的浮浆被彻底清除。随后,依次使用无油压缩空气进行除尘,再以工业酒精对清洁后的表面进行擦洗,确保无油污和杂质残留。

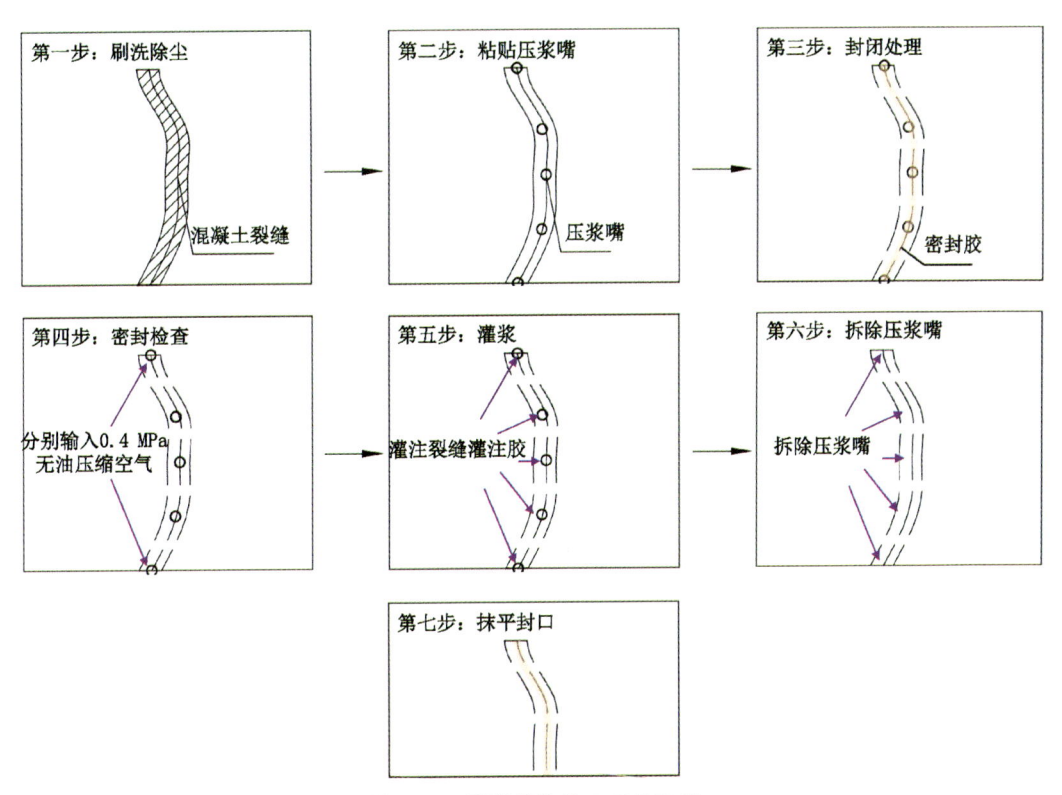

图 4.37 裂缝灌浆施工工艺流程

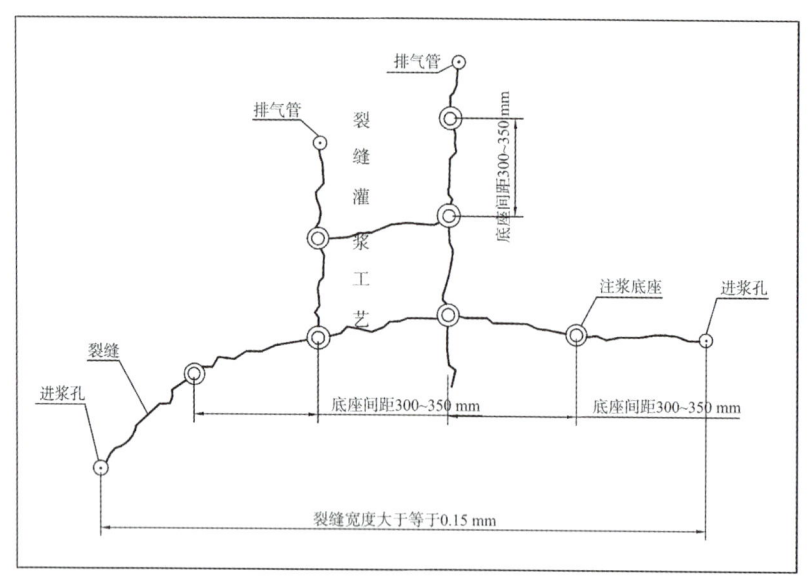

图 4.38 裂缝灌浆工艺

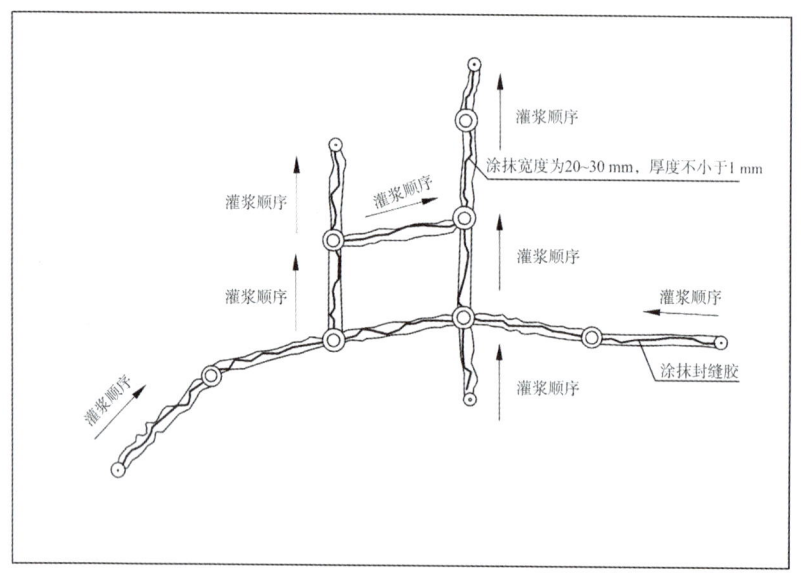

图 4.39 灌浆顺序

接着是粘贴压浆嘴步骤,需根据裂缝的宽度,在裂缝的首尾各粘贴一个压浆嘴,中间部分根据缝宽进行适当布置,确保分布稀疏适中。压浆嘴的最大间距应控制在 20~40 cm 之间。每条裂缝上必须包含进浆嘴、排气嘴和出浆嘴,以确保灌浆过程的顺利进行。

之后,使用密封胶对裂缝表面进行封闭处理,确保胶泥的厚度不小于 1 mm,宽度控制在 2~3 cm 之间,以达到良好的密封效果。然后,通过从最低或最左侧的压浆嘴输入 0.4 MPa 的无油压缩空气,观察相邻或右侧的压浆嘴排气情况。关闭所有阀门后,沿裂缝附近涂刷肥皂水进行检漏。若发现有气泡冒出,表示该处存在漏气现象,需用裂缝表面封闭胶对漏气区域进行再次封闭,直至无漏气现象。密封检查完毕后,需按照供应商提供的产品说明书,准确配制灌注胶。将主剂与固化剂按照要求的比例称量后,倒入容器中,使用低速搅拌器搅拌均匀,确保胶液质量。

下一步用配置的裂缝灌注胶进行灌浆。具体来说,利用压力为 0.1~0.4 MPa 的无油压缩空气作为动力,缓慢开始灌浆。当相邻的压浆嘴不再夹带气体并冒出胶液时,关闭该阀门。逐一进行排气和冒胶操作,直至最后一个阀门关闭。对于连通缝的灌浆,应在内侧进行灌胶,外侧观测出胶情况。在灌胶过程中,当外侧压浆嘴开始出胶时,按照从低到高的顺序逐个关闭阀门。当缝内浆液达到初凝状态且不外流时,可拆下灌浆嘴,并使用密封胶对拆下的灌浆嘴位置进行抹平封口处理。

图 4.40 给出了裂缝灌胶器的结构布局。针对裂缝的特性和需求,注胶底座的设置显得尤为重要。关键位置布局主要在裂缝的端部、裂缝交叉处以及裂缝宽度较大的区域,以确保灌胶效果均匀且充分。同时,对于贯穿性的裂缝,必须进行开槽处理,并在其两端埋设注胶底座,这样能够有效引导灌胶剂渗入裂缝内部,实现全面填充。为了保障灌胶过程的顺畅和效率,每条裂缝至少需要设置一个进浆孔和一个排气孔。进浆孔用于灌入灌胶剂,而排气孔则确保在灌胶过程中能够排出裂缝内的空气,防止气泡形成,从而保证灌胶质量。对裂缝的实际修补效果如图 4.41 所示,修补后结构表面较为完整,有效防止了裂缝病害的发展,并阻止了锈蚀物质的侵入。

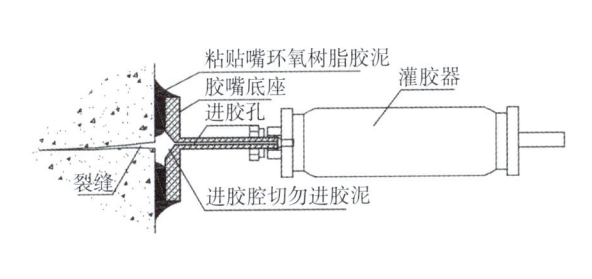

图 4.40 裂缝灌胶器　　　　图 4.41 裂缝修补效果

4.2.3　混凝土破损及缺陷修补措施

混凝土破损及缺陷数量的确定需要综合考虑已有的检测报告、近 3 年来的破损及缺陷发生情况以及部分由于客观条件限制而未能检测到的混凝土破损及缺陷。在实际工程项目中,常会遇到如图 4.42 所示的混凝土非受力破损情况,这些破损可能由多种因素导致。

图 4.43 给出了混凝土非受力破损修补流程。首先,彻底清理脱落和松散的混凝土块,直至露出钢筋。在清理过程中,需确保钢筋与剩余混凝土之间的距离大于 15 mm,以便后续处理。随后,对裸露的钢筋进行细致的除锈和防锈处理。对于锈蚀严重的钢筋,需在原钢筋上绑扎相同直径的补强钢筋,以增强其承载能力和耐久性。最后,在已清理好的钢筋和混凝土表面上,均匀涂抹聚合物改性水泥砂浆,以有效填补裂缝和空隙,提高结构的整体性和密封性。

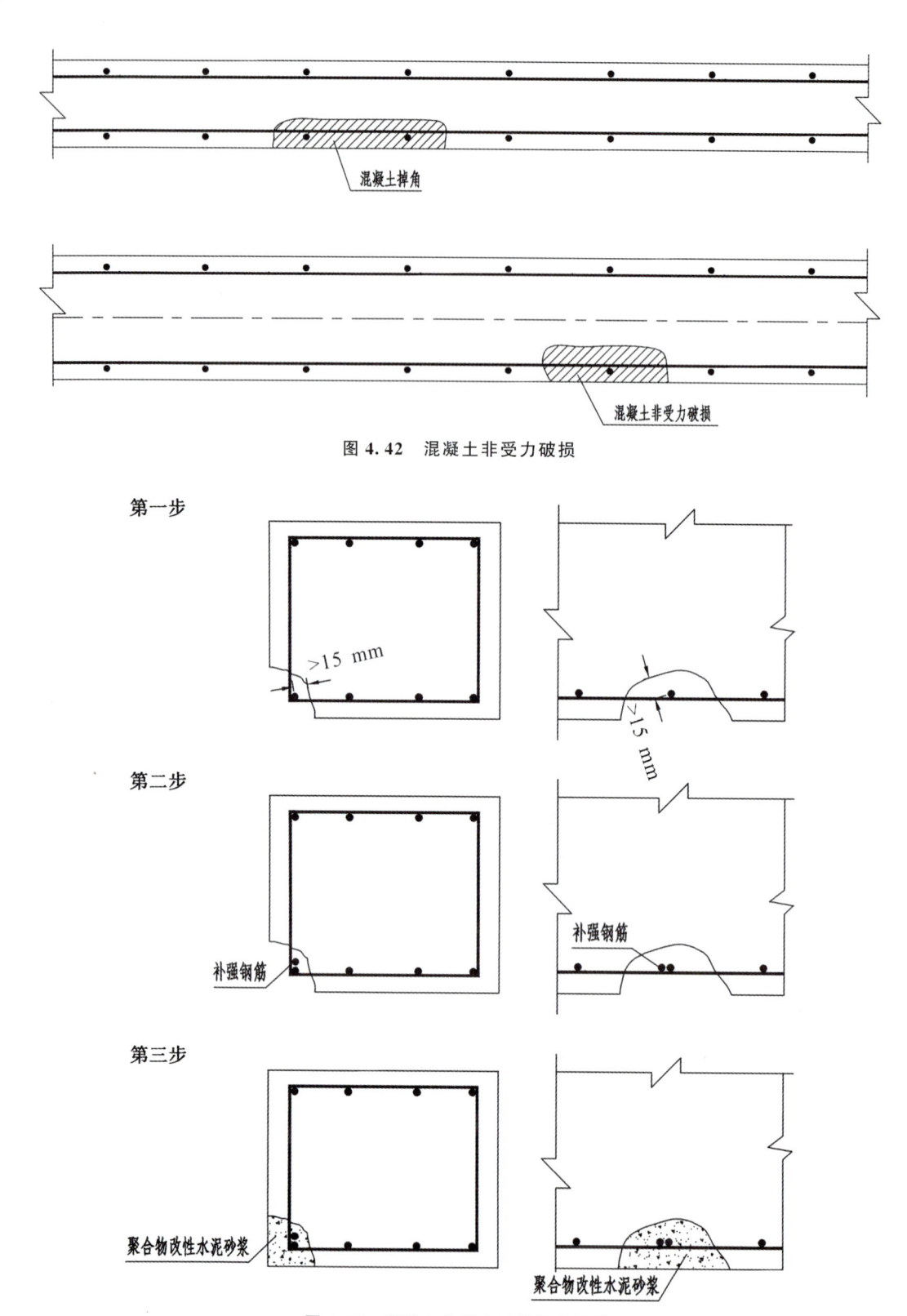

图 4.42　混凝土非受力破损

图 4.43　混凝土非受力破损修补流程

对于混凝土非受力破损的修复,首先,在涂抹聚合物砂浆前 2 小时,用水冲洗待修补部位的混凝土表面,使混凝土表面处于充分湿润状态,但表面不能有明水。对于人工修补,需要修补的厚度将决定涂抹的方式。若修补层厚度在 2 cm 以下,可以一次性涂抹完成修复;若厚度超过 2 cm,则需要分多次进行修复,每次涂抹的间隔时间大约为 34 小时。此外,二次涂抹的操作必须在上层砂浆初凝之前进行,以确保两层砂浆能够良好地结合,形成坚固的整体。修复工作完成后,必须立即进行养护保养。对于暴露在强烈阳光或风干环境中的部位,建议使用表面封闭材料,如湿布、塑料薄膜或专用的养护剂,以代替传统的人工养护方式。对于采取人工养护的构件,养护时间不得少于 13 天,以确保混凝土能够充分硬化和达到预期的强度。

图 4.44 展示了裂缝修补与破损及缺陷修复的实际效果。注意到在针对破损及缺陷的修复过程中,首要步骤是彻底清除脱落和松散的混凝土块,直至钢筋裸露。随后,对裸露的钢筋进行细致的除锈和防锈处理,并根据需要绑扎补强钢筋,以增强其结构强度。完成这些准备工作后,便可在清理好的钢筋和混凝土表面涂抹聚合物改性水泥砂浆,以实现高效且耐久的修补效果。

图 4.44 破损及缺陷修补效果

对于混凝土麻面或空洞等缺陷的修补,如图 4.45 所示。首先,需使用专业工具仔细凿除蜂窝、麻面表面的疏松层,直至露出坚实、新鲜的混凝土基底。接着,用清水彻底刷洗处理过的表面,确保无浮渣、粉尘和油污残留,并对裸露的钢筋进行细致的除锈和防锈处理。若钢筋锈蚀严重,需在原钢筋上绑扎与之直径相同的补强钢筋,以增强其结构强度。最后,使用高质量的聚合物改性水泥砂浆,精确填补已清除的缺陷部位。这种材料不仅能有效填补空隙,还能与原有混凝土良好结合,确保修补后的表面平整、牢固。

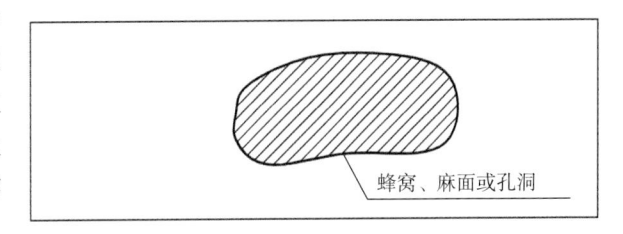

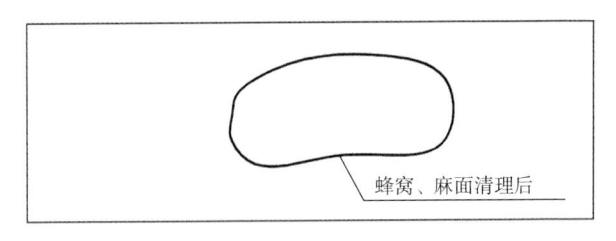

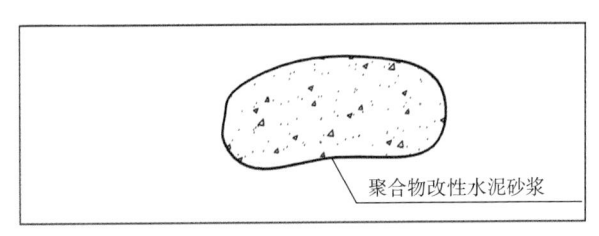

图 4.45 混凝土表层缺陷修补方法

4.2.4 混凝土病害健康监测措施

在大桥全寿命期内，随着时间的推移和区域交通经济的快速增长，桥梁将不可避免地出现因设计、材料、建造缺陷以及运营、养护与维修中不可预见的单体或耦合作用所导致的缺陷或病害。究其原因，主要包括：

(1)设计过程中，对桥梁使用的建设材料、新体系、新结构性能状态了解和创新经验不足，或者是所采用的计算分析理论方法和实际情况存在偏差，导致先天缺陷。

(2)施工过程中，对材料、质量控制等把控不严，导致结构可能出现各种原生缺陷，如裂缝、渗漏、空鼓等，这些缺陷严重影响结构的正常使用和耐久性。

(3)对结构施工、运营面临的危险性分析不足，养护维修技术人员缺乏相关经验，对施工过程中的质量控制未能严格执行相关标准和规范，缺乏有效的监督与检测机制，导致施工质量不达标。

(4)管养制度或体制存在不完善之处或执行不力，导致管理混乱、责任不清，进而影响到工程的正常运行和维护，同时合格人员、机具设备甚至养护维修资金的匮乏也加剧了这一问题。

(5)对国家、区域交通经济增长预期不足，所采用的设计数据与运行后的实际荷载相差较远，导致交通量超过设计荷载，大量区域长期存在超载车辆的影响。

(6)长期风雨作用和车辆荷载累积对桥梁的结构造成了不可忽视的影响，导致结构疲劳损伤与裂纹扩展，这些裂纹与损伤在风雨和车辆荷载的进一步作用下不断扩大。

(7)钢材腐蚀与疲劳损伤导致原有的强度和韧性逐渐丧失，混凝土开裂与剥离降低了混凝土的承载能力并加速了钢筋腐蚀，支座破坏影响了桥梁的整体稳定性受损，使得结构抗力严重退化。

(8)超大地震，车、船撞击等或极端荷载突发事故对于桥梁而言，是极具挑战性和破坏性的风险因素，不仅会对结构造成直接的物理损伤，还可能引发连锁反应，导致更广泛的破坏和损失。

桥梁工程结构因运营时间的不断增加，其危险性也将逐渐增大。本次厦门大桥改造加固项目在改造扩建的基础上对已知病害进行了系统处理。后续运行过程中，桥梁管养单位将通过健康监测系统实时掌握桥梁的工作状态，从而为下一步管养工作提供切实可靠的依据。

健康监测系统的设计目标是及时"感知桥梁"，尽早发现桥梁结构及行车所面临的危险状况，并在结构危险萌芽阶段发出预警；有效监测运营期桥梁的结构使用状态，预测其发展趋势，及时对桥梁的损伤及病害进行有针对性的养护维修。结合改造加固方案以及项目检测报告中的病害，从结构状态评估的需要和运营养护管理需求出发，健康监测系统主要包括对结构应变和结构温度进行监测，据此获取相关数据，并利用监测数据生成报表，以便桥梁管理人员实时了解桥梁的工作状态，为桥梁养护工作提供依据。

健康监测的主要设备包括应变监测设备和结构温度监测设备。根据大桥结构特点、改造加固方案和既有病害，选取主桥和引桥代表性截面布设应变计，对结构整体和局部应力进行监测，具体布设位置见表4.5，相应的主要技术指标见表4.6。

表 4.5 应变监测设备布设位置及数量

布设位置	数量/个
主桥 17 号墩和 18 号墩跨中混凝土底板(进岛、出岛方向各 2 个)	4
主桥 18 号墩顶箱梁混凝土顶板(进岛、出岛方向各 2 个)	4
主桥 22 号墩和 23 号墩之间施工接缝截面(进岛、出岛方向各 3 个)	6
22 号墩和 23 号墩箱梁跨中截面(进岛、出岛方向各 3 个)	6
主桥 22 号墩和 23 号墩箱梁体外索转向块处混凝土底板(进岛、出岛方向各 2 个)	4
主桥 23 号墩顶箱梁混凝土顶板(进岛、出岛方向各 2 个)	4
主桥 28 号墩顶箱梁混凝土顶板(进岛、出岛方向各 2 个)	4
主桥 28 号墩和 29 号墩跨中混凝土底板(进岛、出岛方向各 2 个)	4
引桥 2 号墩至引桥 3 号墩跨中空心板梁底面	2

表 4.6 应变计技术指标

项目	技术指标
应变量程	$\pm 1500\ \mu\varepsilon$
分辨率	0.1%F.S
精度	0.3%F.S
工作温度范围	$-20 \sim +80\ ℃$

对于应变监测设备而言,其功能核心在于根据本桥特有的结构特性、既有病害状况以及相应的改造加固策略,对主桥和引桥的关键截面进行整体应力和局部应力的精准监测。这一监测工作的主要目的在于全面评估加固后结构的受力状态,确保桥梁的安全性和稳定性。具体而言,应变监测的目标在于提供结构状态分析的重要参考信息,以便更好地理解和掌握桥梁的当前状态。同时,实时监测裂缝宽度的变化,及时发现并预警潜在的结构问题。另外,还需要为大桥混凝土裂缝损伤维修和管养措施的制定提供科学依据,确保修复措施的有效性和针对性。特别地,需要对预应力体外索锚固区和转向块锚固区进行细致的应力应变监控,确保这些关键区域的稳定性和安全性。

为了更加精准地测量,本项目选用的定制型温度计需在测量范围、分辨率、精度和使用寿命上满足表 4.7 的技术指标。构件温度的分布状况对于结构的整体性能具有显著影响,它直接关系到结构的变形程度和内力分布,进而影响到整个结构的稳定性和安全性。在复杂的工程实践中,构件的温度可能受到多种因素的共同作用,如日照强度、环境温度波动、内部热源等,这些因素导致的温差效应会显著影响构件的力学性能和变形行为。

表 4.7 温度计的技术指标

项目	技术指标
测量范围	$-40 \sim +120\ ℃$
分辨率	$0.1\ ℃$
精度	$0.3\ ℃$
使用寿命	现行国家或行业设备标准

从以上实际情况可以看出,无论是对于构件本身还是对于结构整体性能而言,温度的分布状况都具有重要影响。因此,构件温度场中的温差效应实际分布情况也成为设计单位高度关注的一个重要结构参数。进行温度监测的核心目的在于深入剖析结构温度对结构静力响应的细微影响,从而确保基于静力测试的识别方法能够更精确地反映出结构的基准状态。

图 4.46~图 4.60 给出了应变及结构温度监测设备布置图和原理图。温度监测还有助于提升结构的承载能力,显著减少因温差效应导致的结构损伤和潜在的失效风险。它还可以作为部分传感器的温度补偿措施,以修正环境温度变化对监测数据的影响。更为关键的是,通过温度监测,能够提前预测可能出现的极端环境温度荷载,为结构的安全性和耐久性提供有力的保障。

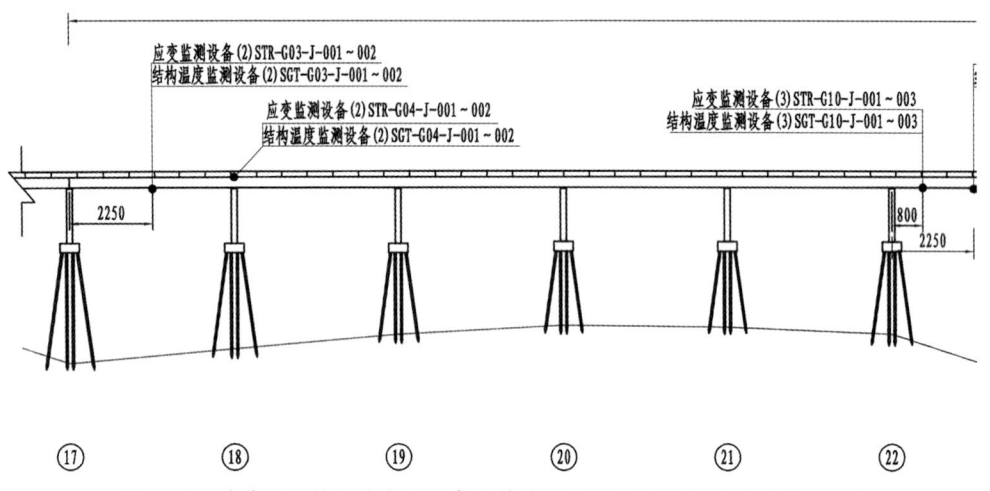

图 4.46 应变及结构温度监测设备总体布置(主桥 17 至 22 段)(单位:mm)

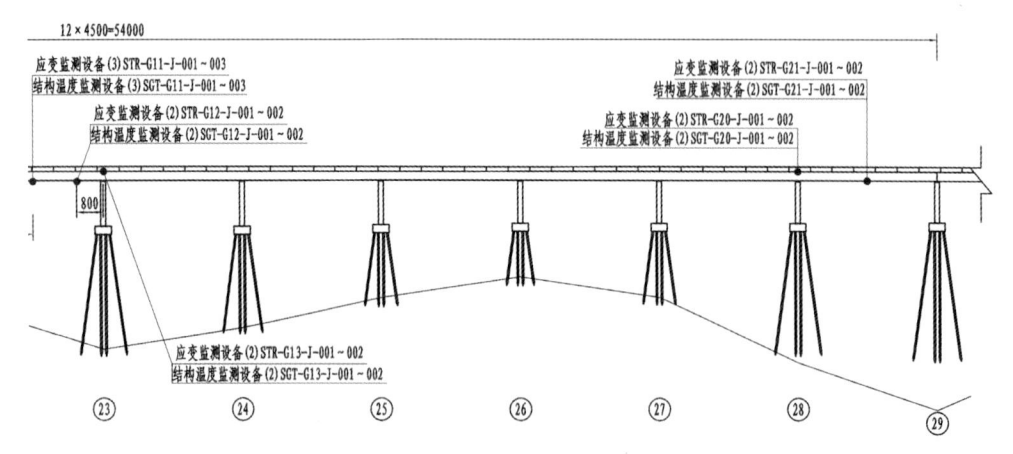

图 4.47 应变及结构温度监测设备总体布置(主桥 23 至 29 段)(单位:mm)

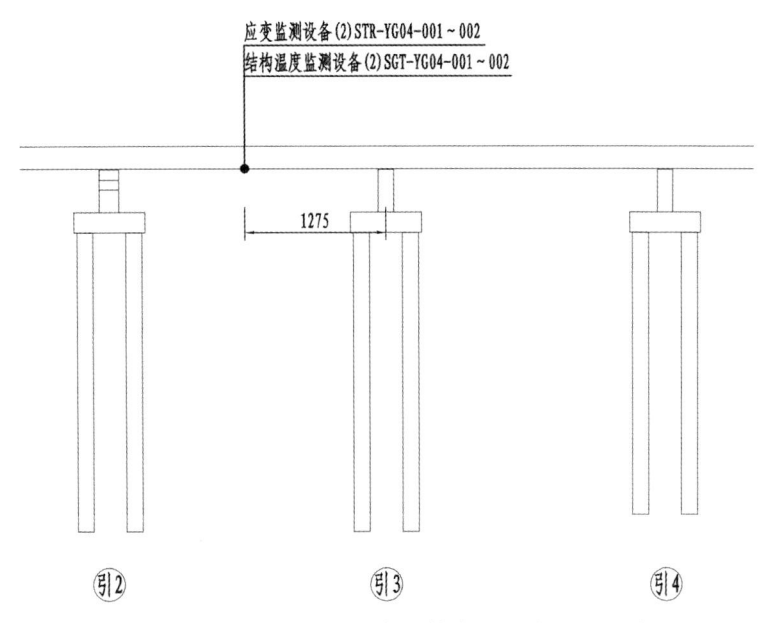

图 4.48 应变及结构温度监测设备总体布置(引桥立面)(单位:mm)

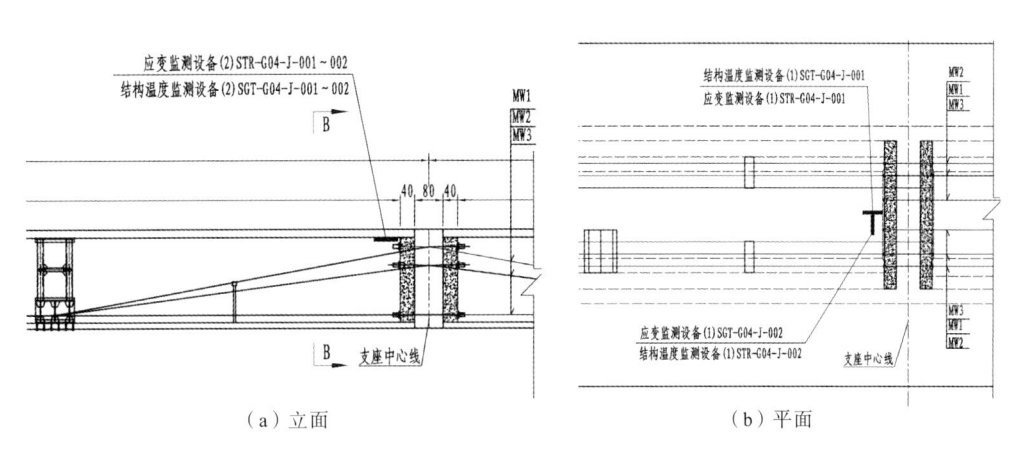

图 4.49 边跨应变及结构温度监测设备布置(单位:mm)

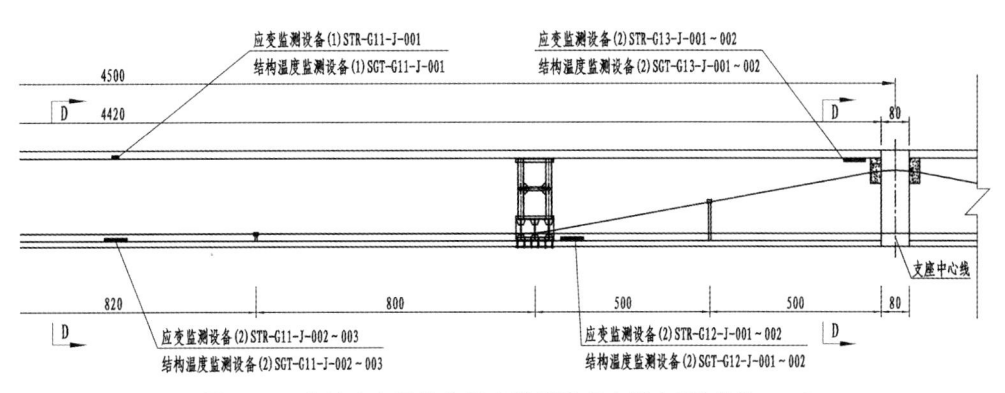

（a）立面　　（b）平面

图 4.50 中跨应变及结构温度监测设备布置立面(单位:mm)

4　桥梁病害与处治措施 | 69

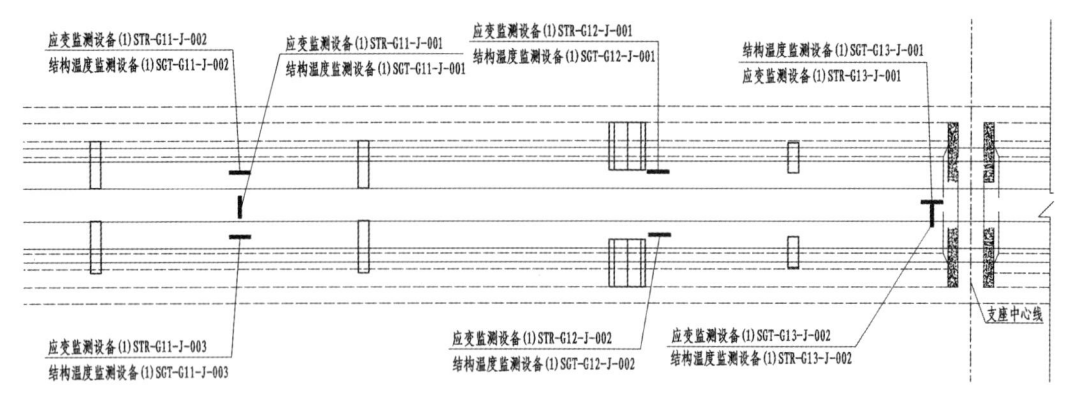

图 4.51 中跨应变及结构温度监测设备布置平面

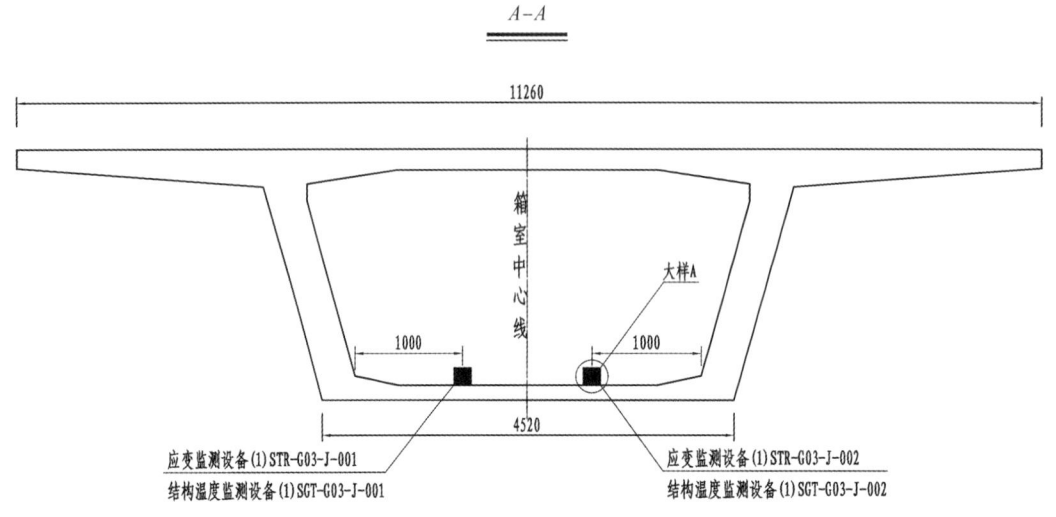

图 4.52 A-A 截面应变及结构温度监测设备布置(单位:mm)

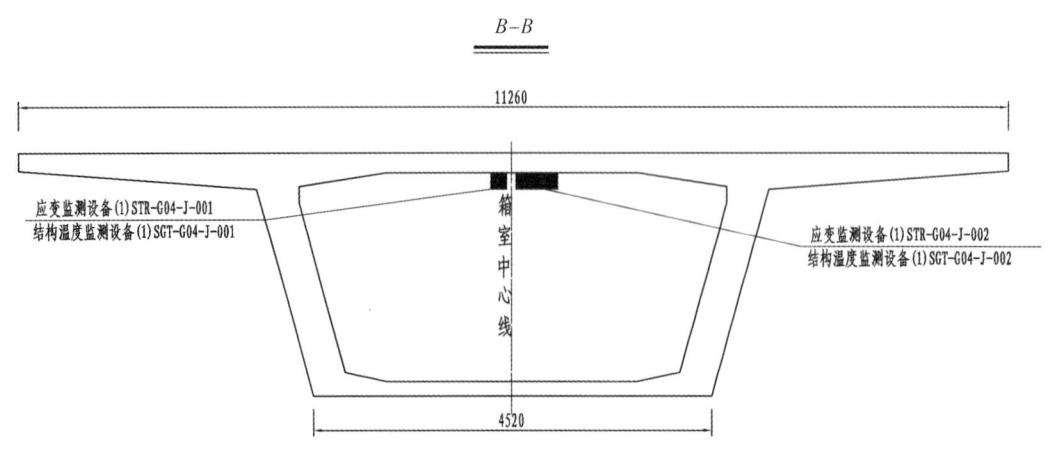

图 4.53 B-B 截面应变及结构温度监测设备布置(单位:mm)

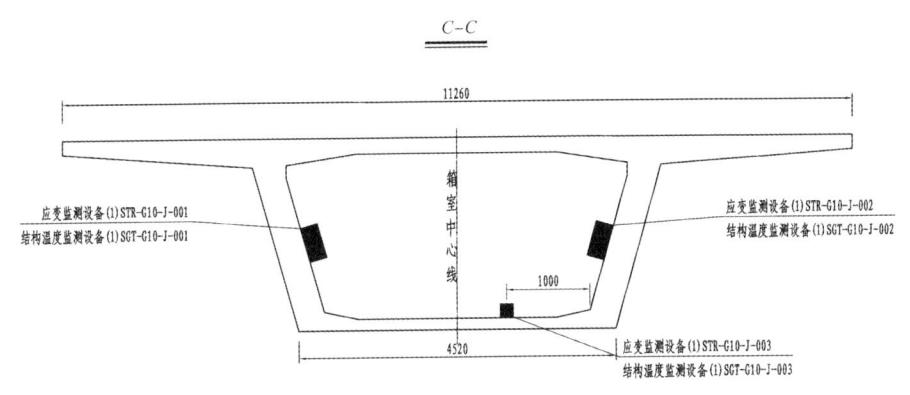

图 4.54 C-C 截面应变及结构温度监测设备布置(单位:mm)

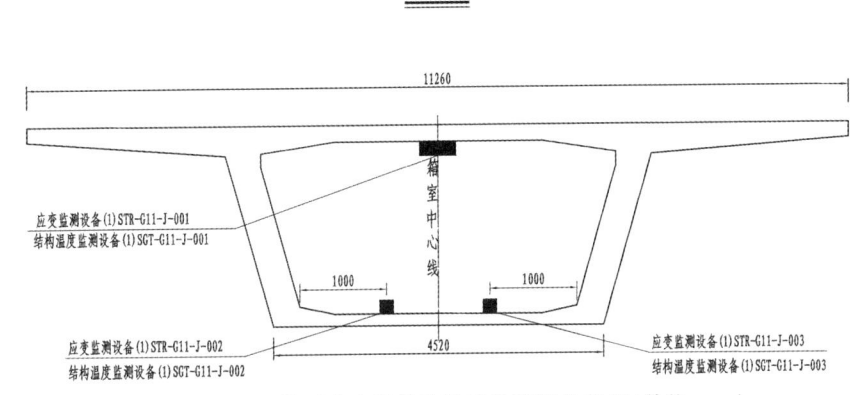

图 4.55 D-D 截面应变及结构温度监测设备布置(单位:mm)

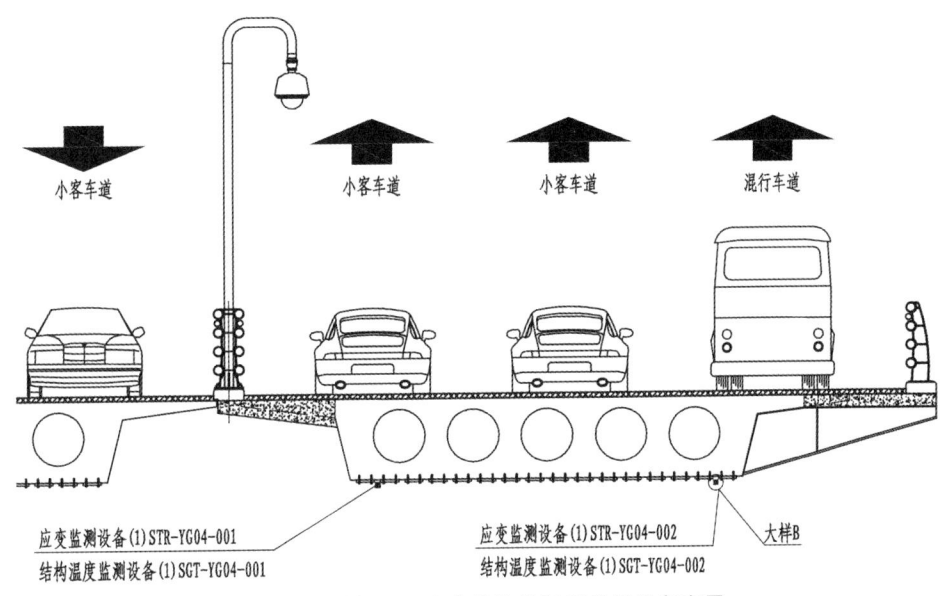

图 4.56 引桥立面应变及结构温度监测设备布置

4 桥梁病害与处治措施 | 71

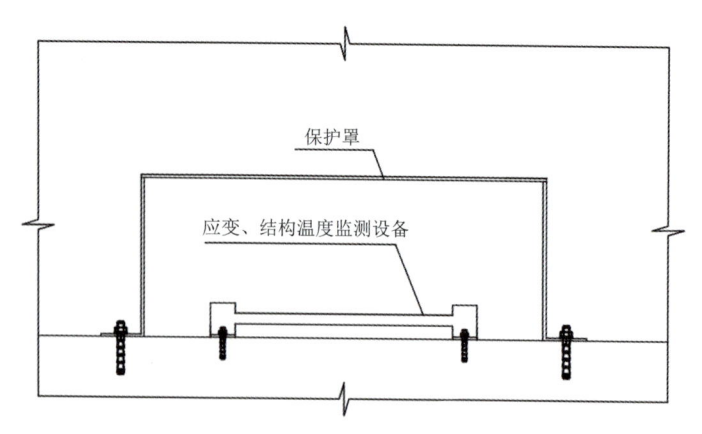

图 4.57 应变及结构温度监测设备布置平面示意

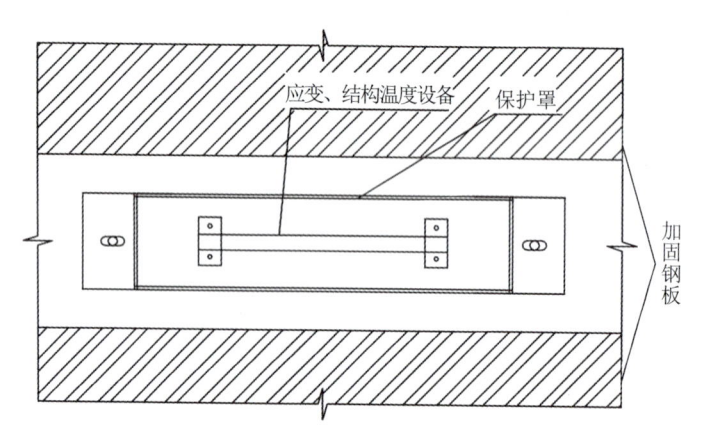

图 4.58 应变及结构温度监测设备布置立面示意

图 4.59 应变及结构温度监测设备电气原理(单股光纤)

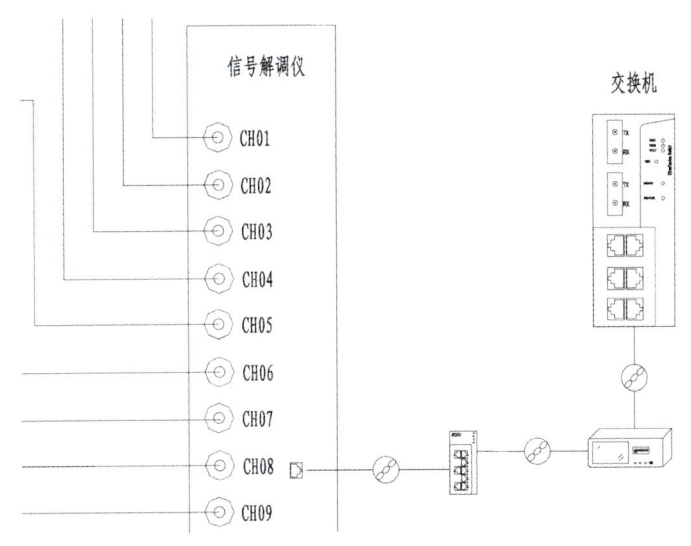

图 4.60　应变及结构温度监测设备电气原理(集成电路)

如图 4.61 所示,完成主要设备布置后,通过定制型的应变计和温度计获取和传输关键部位的相关数据,反映桥梁的实时工作状态,利用高效的数据处理和实时分析工具,对监测数据进行整合和整理,用以评估桥梁的安全性和耐久性,全面掌握桥梁的实时工作状态,及时调整养护策略,预防潜在的安全风险。

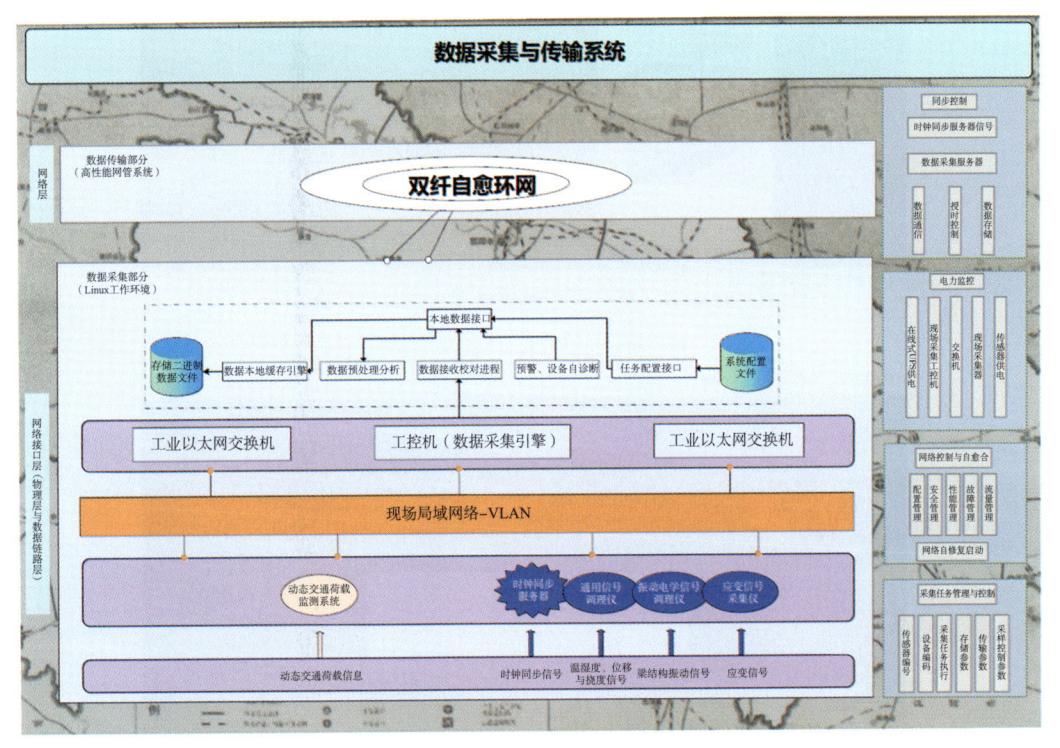

图 4.61　数据采集与传输模块示意

4　桥梁病害与处治措施 | 73

本项目搭建的健康监测软件平台是基于 B/S(Browser/Server)架构。软件系统平台包括后端服务器和前端浏览器。用户可直接通过浏览器访问使用系统，无须安装额外软件，实现了用户端的轻量性、通用性和兼容性。同时软件平台使用统一的编码标准(UTF-8)、数据交换协议(JSON)、前后台通信协议(HTTP/HTTPS)。除此之外，该平台操作方便，具有开放性和可扩展性，在设计时充分考虑了系统后续的扩展、升级、优化需求及相应的预留接口。该平台的另一大特点是具有自诊断监管功能，能够对软件系统的运行状况进行监控、识别、日志记录，并发出提醒。此外，利用该平台，用户还可以建立和遵循标准化管理制度和多层次的信息安全体系，包含物理安全、数据安全、访问控制及流量控制等。

图 4.62 所示为厦门大桥健康检测系统的首页示意图。该系统具有在线实时监测功能，可以实时进行数据采集，然后通过接收数据采集和传输子模块上送的数据，实现实时分析和评估。系统的输出结果主要包括实时数据的图形化展示，比如振动频谱分析、变形监测、应力分布等，该部分功能通过实时数据处理扩展模块实现。厦门大桥健康检测系统同时提供与模型的接口，在模型上可以直接提取到实时数据处理模块解算的数据。图 4.63 和图 4.64 分别展示了系统的监测总览界面和实时在线监测界面。

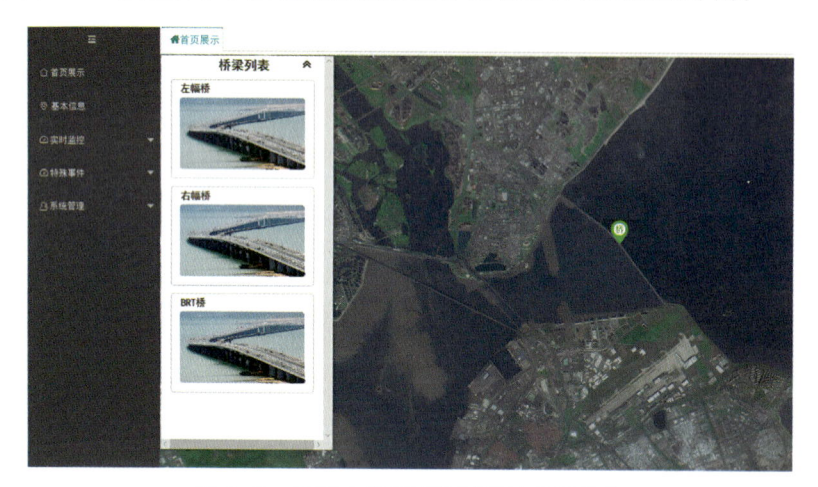

图 4.62　厦门大桥健康检测系统首页示意

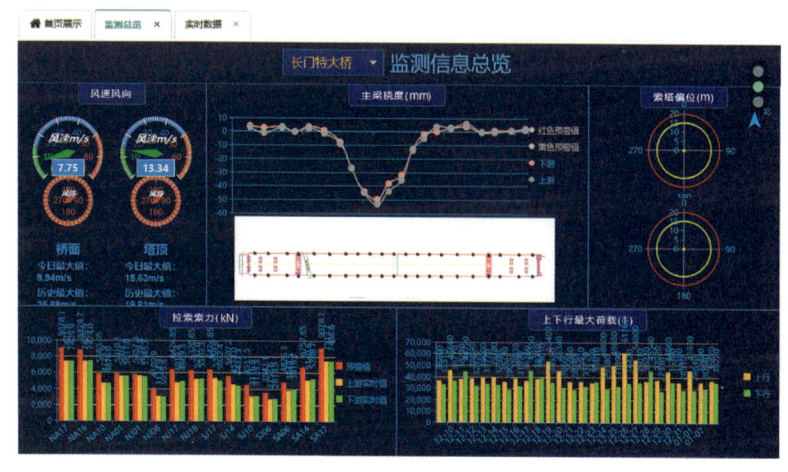

图 4.63　监测总览界面示意

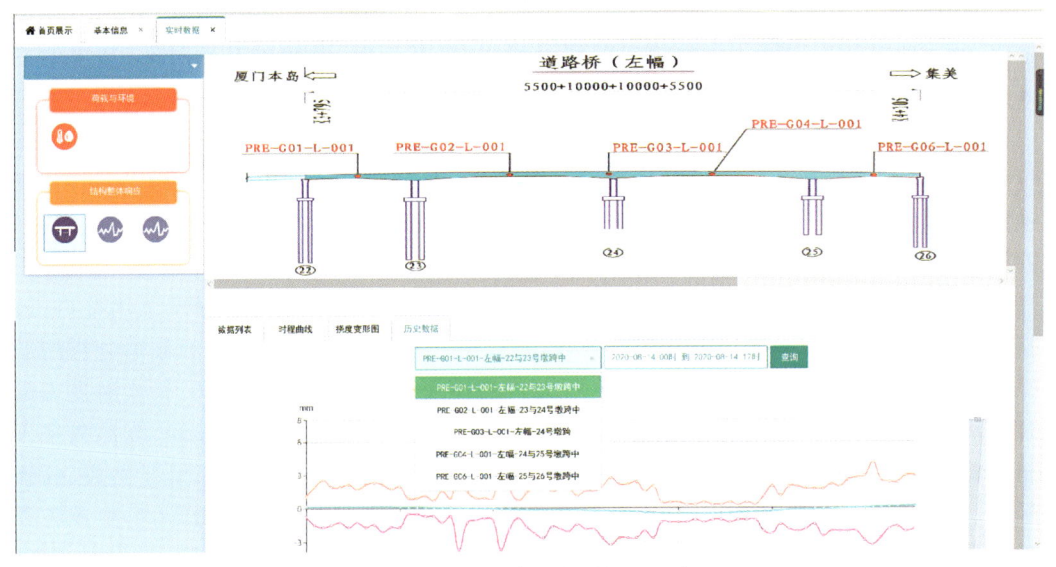

图 4.64 实时在线监测界面示意

厦门大桥健康检测系统通过多种方式提供监测数据的超限预警功能,当某个监测点实时数据值超出设定的预警阈值时,系统会即时弹出相应的预警信息以提示用户。这些预警信息被自动记录至数据库中的预警信息表,包括传感器编号、超限等级、超限时间、恢复时间等。系统根据预先设置的分级预警策略对超限数据进行分析,并输出预警分析结果,如图 4.65 所示,同时采用多种方式向用户发送预警信息。

图 4.65 实时预警界面示意

在软件界面设计上,厦门大桥健康监测系统遵循从整体到局部、从简单到复杂的设计理念,共分为监测信息总览、实时预警卡片、历史预警信息查询、可视化报警 4 个页面。监测信息总览页面通过图形化分块,直观展示所监测桥梁所有监测项的全部监测点的预警状态,便于监控人员整体把握桥梁的安全态势。页面采用红、黄、绿 3 种颜色分别标识红色预警、黄色预警和绿色正常状态,颜色下方的数字显示相应预警状态的监测点数量。

4 桥梁病害与处治措施 | 75

通过实时预警卡片模块,用户可以关注某一个监测项的具体预警情况。用户点击卡片后,通过曲线和列表展示该预警的监测点编号、具体位置、预警的开始时间、预警的发展过程、预警上下限值等信息。此外,用户可通过历史预警信息查询模块,基于监测项名称、开始和结束时间段等条件快速查询数据库中记录的全部预警信息,以便回溯预警的整个过程。健康检测系统的可视化报警模块提供实时视频查看业务,有助于用户更准确地判断现场情况。当报警事件发生时,能够精准确定报警位置,便于迅速启动响应机制,并为后续的分析和调查提供重要依据。

与此同时,健康检测系统提供了专门用于查看和管理报表的应用程序调用接口,该接口能够定期生成数据统计分析报告报表,并以图表的形式直观呈现监测数据分析的结果,供桥梁管养人员使用。该系统包含两大核心模块:历史数据查询模块和监测报表管理模块。系统根据厦门大桥未来实际管理需求,定制开发了桥梁信息查询、统计和报告报表输出模块。输出报告的内容包括结构的静动力基本信息、结构病害情况列表、病害照片、局部结构和全桥评分等,并可方便地添加和设置报表模板,按照年、月、日生成各类统计报表。

4.3 小结

本章系统分析了厦门大桥存在的病害以及相应的修复措施。针对各类典型病害,从混凝土耐久性处理、裂缝修补、破损及缺陷修补等方面提出了一套病害解决方案。此外,为确保厦门大桥的长期安全运行,建立了一套实时健康监测系统。该系统能够高效、便捷地对大桥的应变和温度进行实时监测,及时给出结构局部和全桥的安全评估。健康监测系统和病害处治措施的有机结合为厦门大桥的安全运营提供了有力的技术支撑。

5 桥面拓宽加固工程关键技术

厦门大桥通过合理设计并实施桥面拓宽方案,在确保拓宽前后的结构、材料、承载能力等方面相协调的前提下,将原有双向四车道扩展至双向六车道。本章基于三维有限元法,对大桥引桥和主桥的桥面拓宽方案进行了数值仿真分析,探讨了引桥和主桥主梁拓宽的优化措施。同时,结合现场监测数据,对施工过程中主梁的挠度、应变和温度等关键因素进行了实时分析,保障了桥面拓宽工程的顺利施工。

5.1 桥面拓宽改造方案

5.1.1 引桥桥面拓宽方案

为提高厦门大桥的通行能力,大桥的主桥和引桥均相继实施了"四改六"改造加固工程。其中,引桥部分每侧需进行 2.5 m 的外延拓宽处理。由于该部分的拓宽宽度较大,相应的结构设计与改造施工是本次加固项目的重要环节。关于引桥基本设计数据和拓宽方案,已在第二章中详细介绍,在此不再赘述。

在确定引桥桥面的拓宽宽度后,对拓宽方案进行了比选。常见的桥面拓宽方法包括斜撑杆加宽法、钢-混凝土组合梁加宽法、正交异性钢悬臂板加宽法等[43-45]。斜撑杆加宽法通过在桥梁两侧增设斜撑杆来增大桥梁宽度,虽然能实现较大的加宽幅度,但其撑杆与腹板的连接质量不易保证,容易出现连接处开裂或松动等问题。此外,斜撑杆的施工难度较大,涉及高空作业和临时支撑等复杂施工工序。而钢-混凝土组合梁加宽法主要针对 T 形梁桥的加宽设计。该方法将钢板与混凝土梁结合,形成组合梁结构,以增大桥梁的宽度。然而,这种方法通常对腹板的强度有较高的要求,需要在施工中严格控制混凝土的质量和浇筑工艺。此外,钢-混凝土组合梁的施工周期较长,需要等待混凝土达到设计强度后才能进行后续施工。正交异性钢悬臂板加宽法主要是针对箱梁梁桥的加宽设计。该方法通过在桥梁两侧增设正交异性钢悬臂板,以增大桥梁的宽度。但是,这种方法需要进行预应力横向张拉等复杂施工工序,增加了施工难度和成本,而且正交异性钢悬臂板的稳定性也需要进行严格控制。综上所述,常见的桥面拓宽方法均存在一定的局限性。在实际应用中,需要根据具体情况进行评估和选择桥面拓宽方法,并结合相关的施工技术进行设计优化和施工,以确保改造后的桥梁能够满足实际需求。

值得注意的是,厦门大桥引桥采用的宽幅空心板梁桥是应用较为广泛的一类桥梁形式。该类桥梁通常由于其结构本身缺乏足够的受力点,难以进行斜撑杆加宽;若采用钢-混凝土组合梁加宽法,则空心板梁没有可靠的高强度腹板承担新增荷载;若采用正交异性钢悬臂板加宽法,则需要横向张拉预应力筋,施工步骤比较烦琐。因此,前述的常见桥梁拓宽方法均不能很好地满足空心板梁桥的拓宽改造要求。针对这些问题,本次引桥拓宽工程提出了一种新的拓宽方法,即外延加肋钢悬臂支撑-底部钢板组合桥面拓宽方法,用于空心板梁桥的桥面拓宽改造[46]。该方法通过在空心板梁的腹板和底部设置外延钢悬臂支撑和加固底板,并在适当凿除旧桥翼缘后,采用混凝土现浇板作为桥面板。桥面板与外延钢悬臂梁结构则通过剪力钉连接,保证了改造后的桥梁具有良好的整体性。

桥面拓宽加固构件主要由加肋钢悬臂支撑和底部加固钢板两部分组成,具体布置如图 5.1 所示。其中,每个钢悬臂支撑构件宽 2 m,由顶托板、中肋板、底缘板、竖加劲和锚固钢板构成。底部加固钢板为宽 25 cm、厚度 0.8 cm 的长条形钢板。拓宽桥面与原桥的连接主要由内部搭接钢筋和外延钢悬臂支撑组成。在该拓宽方案中,钢悬臂支撑将拓宽部分与原桥紧密结合成一个整体,其顶托板在浇筑新混凝土桥面时也起到了底模的作用。此外,设置底部加固钢板不仅能够避免混凝土受拉区域应力过大而开裂,还能防止桥面拓宽之后整体挠度过大而影响行车。

(a) 加肋钢悬臂支撑布置　　(b) 底部加固钢板布置

图 5.1　桥面拓宽加固构件

5.1.2　主桥桥面拓宽方案

厦门大桥主桥全长 2070 m,由 46 跨组成,上部结构采用 45 m 等跨等截面预应力混凝土连续箱梁。主桥改造后横断面总宽仍维持原设计 23.5 m 不变,上下行分幅设置。在主桥改造中,上部结构全断面总宽由原 23 m 加宽至 23.5 m,为此桥面布置进行了相应调整。改造后的桥面布置充分考虑了行车的安全性和舒适性,并通过合理的车道划分和安全设施的设置,确保了车辆的有序通行和行人的安全。同时,桥面宽度的适当增加也有效缓解了交通压力。

跨海主桥原设计中,左右两幅桥边侧均为悬挑式人行道栏杆。为拓宽旧桥面,原人行道及护栏被全部拆除。在拆除箱梁桥翼缘板混凝土后,还需进行翼缘钢模板的安装和拓宽浇筑施工。经改造后,原有的双向四车道可以升级为双向六车道。

5.2 引桥桥面拓宽改造方案仿真分析

5.2.1 仿真模型

为了研究钢悬臂间距的变化和底部钢板的添加对桥梁挠度以及混凝土应力产生的影响,利用 Midas 软件建立了引桥的三维有限元模型,对相邻钢悬臂支撑结构间距的变化和底部钢板加固对厦门大桥挠度及混凝土应力产生的影响进行了系统研究。在有限元模型中,根据厦门大桥引桥的实际情况,利用对称性,以桥墩支座处为中心,顺桥向延伸到相邻跨中位置,桥墩支座处为简支支座,跨中为对称竖向滑动支座。模型的计算跨径为 25.5 m,桥面宽度为 11.5 m,其中包括了 1.45 m 的拓宽宽度,及 10.05 m 的原桥宽度。为了保证桥面拓宽部分与原有部分的整体性,在拓宽过程中需要凿除原桥翼缘 0.775 m,用于原桥钢筋与拓宽部分钢筋的构造连接,因此桥面实际拓宽宽度为 2.225 m。

同时,还基于有限元仿真技术,分析了相邻钢悬臂支撑结构间距的改变对厦门大桥挠度及混凝土应力的影响。注意到钢悬臂支撑结构间距的变化直接影响支撑结构的受力性能,进而改变大桥的整体受力性能。此外,加固底部钢板可以增强桥墩的承载能力,减小挠度和混凝土应力。因此,研究底部钢板加固对厦门大桥的性能影响具有重要意义。图 5.2 所示为桥面拓宽后改造模型。其中,桥梁构件采用四面体单元进行划分,每个四面体单元边最大长度为 50 cm。主桥部分包括 18690 个单元,每个钢悬臂包括 977 个单元,每个加固钢板包括 432 个单元,加宽部分共分为 1390 个单元。图 5.3 给出了模型的边界条件和荷载情况,桥面在沿桥向两端采用了对称约束,桥墩处为固定支座,桥面满布车道荷载和铺装荷载,具体的材料与荷载条件分别列于表 5.1 和表 5.2 中。

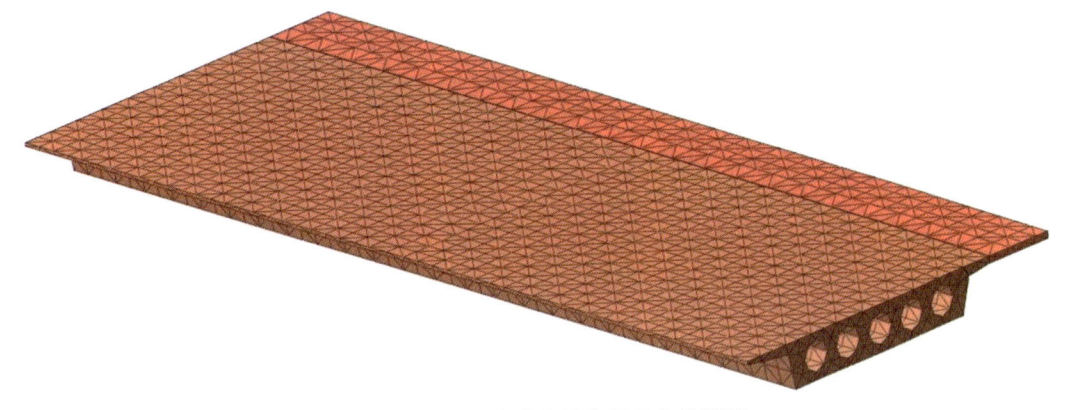

图 5.2 引桥拓宽改造的有限元离散模型

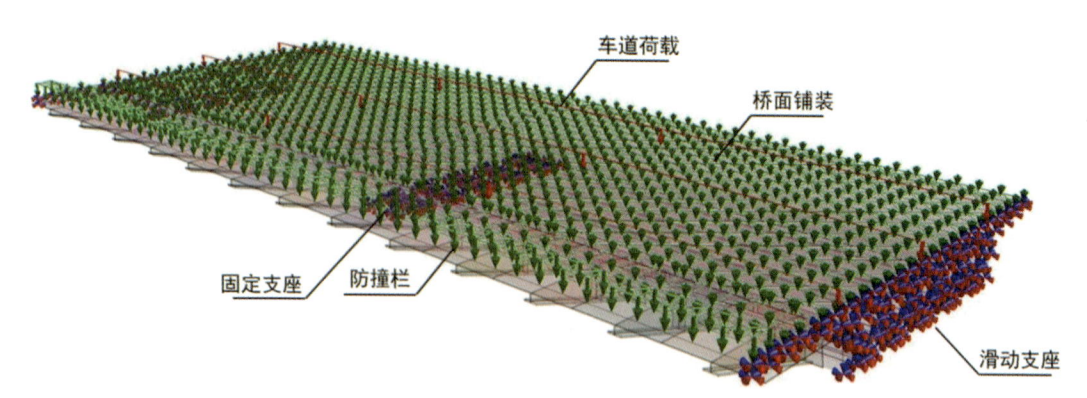

图 5.3　引桥拓宽改造模型的边界条件和荷载

表 5.1　引桥拓宽改造模型的材料参数

材料	混凝土	钢绞线	构造钢筋	箍筋	钢悬臂支撑	底部钢板
原桥桥体	C40	7ϕ4 1860	ϕ12 HRB300	ϕ12 HRB335	—	Q335
拓宽桥体	C45	—	ϕ16 HRB400	ϕ16 HRB400	Q335	—

表 5.2　引桥拓宽改造模型的荷载条件

荷载	车道荷载（公路Ⅰ级）	预应力张拉	沥青混凝土铺装	防撞栏
原桥与拓宽桥	10.5 kN/m	1100 MPa	4.8 kN/m²	27.4 kN/m²

为了探究外延钢悬臂支撑对于桥梁的影响，如图 5.4 所示，有限元仿真分析中共考虑了 6 种不同的等间距布置方案，即间距分别为 0 m、0.1 m、0.2 m、0.3 m、0.4 m、0.5 m 的钢悬臂。同时，为了确保分析的全面性和准确性，模型底部布置了 10 道宽 25 cm 的纵向加固钢板。相邻钢板之间的间距采用了交替排列的方式，具体为 9 cm 和 63 cm 两种间距交替出现，用于分析结构在自重、二期荷载和车辆荷载作用下拓宽部分混凝土与钢筋的受力性能。

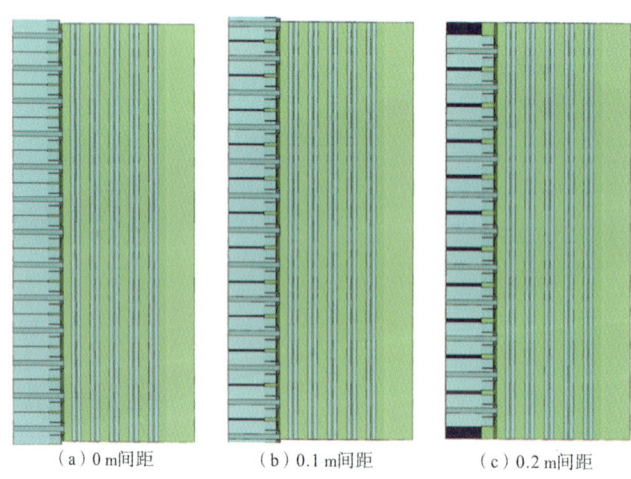

(a) 0 m间距　　(b) 0.1 m间距　　(c) 0.2 m间距

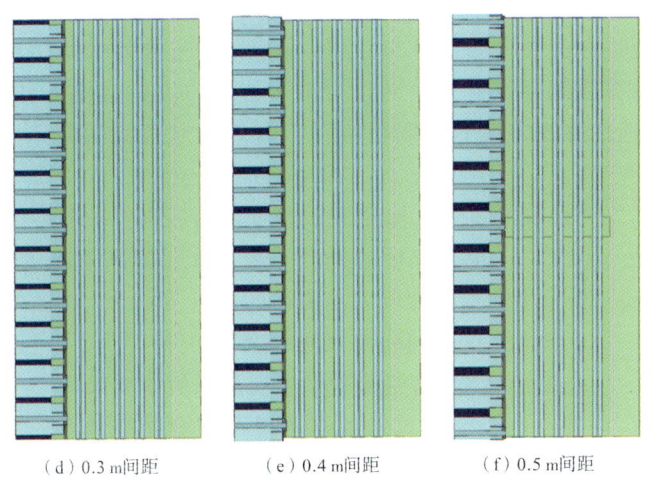

(d) 0.3 m间距　　　　(e) 0.4 m间距　　　　(f) 0.5 m间距

图 5.4　钢悬臂支撑与底部钢板布置方案

简便起见,下文将单独采用外延加肋钢悬臂支撑的拓宽加固方案简称为外延钢悬臂方案,而将采用外延加肋钢悬臂支撑和底部钢板的组合拓宽加固方案称为钢悬臂底板组合方案。图 5.5 给出了厦门大桥拓宽改造现场与有限元仿真离散模型的对比。通过对不同方案的有限元仿真计算结果进行比较和分析,可以深入了解不同加固措施对桥梁性能的影响,进而优化设计方案,提高桥梁的承载能力和稳定性。

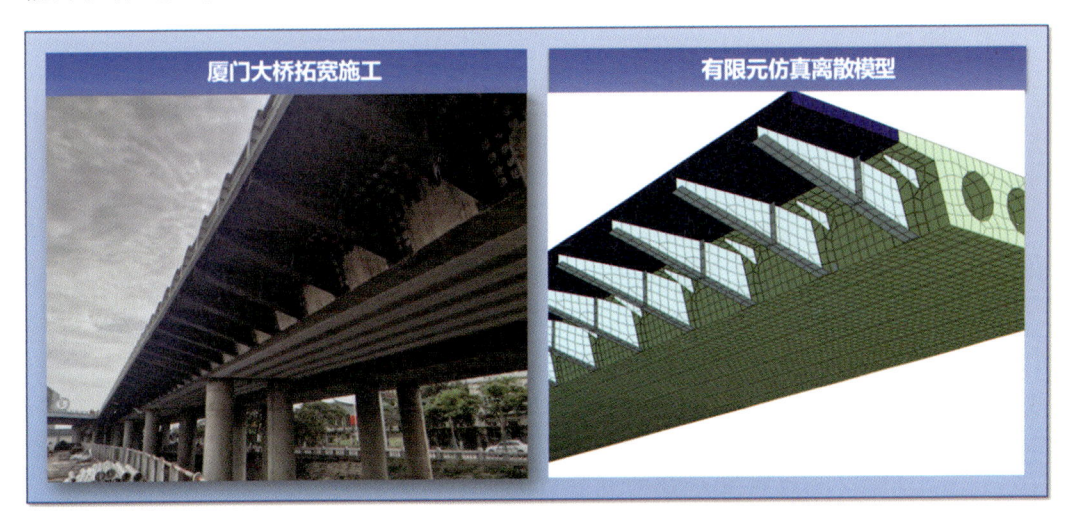

图 5.5　厦门大桥拓宽改造现场与有限元仿真离散模型

5.2.2　结果分析

在有限元模型的结果中,桥梁的整体位移、混凝土和钢筋的应力以及拓宽结构中钢支撑的应力分布情况是评价结构安全性的关键控制指标。因此,本节分别分析了在不同引桥改造加固方案下,整体挠度、钢筋应力、混凝土应力、钢支撑体系应力的分布情况,并据此比选最优的引桥拓宽加固方案。

5.2.2.1 桥梁整体挠度分析

桥梁整体挠度过大会导致底部开裂,且影响行车的安全性和舒适性,因此需要保证改造后的桥梁挠度在规范容许范围。通过对不同施工方案的有限元仿真计算结果进行比较,发现采用合适的施工方案和加固措施可以有效控制桥梁的整体挠度,使其满足规范要求。

为了确保行车安全性和舒适性需要对大桥挠度进行控制。根据《公路桥梁加固设计规范》(JTG/T J22—2008)[47],简支梁桥的挠度需要小于计算跨度的1/500,厦门大桥的挠度限值为 51 mm。表 5.3 列出了有限元仿真的位移计算结果,可见外延钢悬臂支撑结构的布置间距在 0~0.5 m 时,布置间距与桥面挠度呈正相关关系。随着钢悬臂支撑间距的增加,桥梁的跨中挠度随之增大,但都远小于规范限值所要求的 51 mm。同时,增加底部加固钢板之后,桥梁的整体挠度较外延钢悬臂方案有明显减小。由此可见,底部加固钢板对于桥梁的整体刚度提升较大,能够有效减轻钢悬臂支撑分担的荷载,并对桥梁竖向位移有较好的控制效果。另外,随着钢悬臂的间距增大,桥梁整体挠度从 3.737 mm 增大到 3.897 mm,均满足规范的挠度要求。

由有限元仿真位移计算结果可知,采用不含空隙的外延钢悬臂支撑与底部加固钢板同时添加的加固方案能够有效减小厦门大桥的整体挠度,使其满足规范要求。

表 5.3 桥面挠度有限元计算结果

单位:mm

拓宽加固方案	相邻钢悬臂支撑间距					
	0 m	0.1 m	0.2 m	0.3 m	0.4 m	0.5 m
外延钢悬臂方案	3.842	3.975	4.021	4.375	4.000	4.005
钢悬臂底板组合方案	3.737	3.871	3.917	4.261	3.895	3.897

5.2.2.2 桥梁内部钢筋应力分析

钢筋是桥梁的核心骨架,其应力状态直接影响桥梁的安全性和稳定性。图 5.6 和图 5.7 分别给出了外延钢悬臂方案在间距 0 m 情况下的桥梁纵向钢筋及箍筋的应力有限元计算结果。结果显示,拓宽部分的纵筋在支座处主要受拉应力作用,在跨中则主要受压应力作用,而结构中的箍筋均主要受到拉应力作用。与此同时,表 5.4 列出了不同间距情况下钢筋应力的幅值差异。计算结果表明,当采用外延钢悬臂方案时,钢筋的应力极值为 28.021 MPa,出现在支座处的受压区域,其小于 HRB300 的抗压强度标准值 300 MPa,满足《混凝土结构设计规范》(GB 50010—2010)[48]的规范要求。

表 5.4 还进一步给出了采用钢悬臂底板组合方案的计算结果。该方案的受力钢筋应力极值较外延钢悬臂方案有所降低。因此,采用密集布置外延钢悬臂支撑可以有效减小桥梁内部钢筋的应力大小。此外,底部加固钢板的存在还提高了上部结构整体的刚度,使受力钢筋发生了应力重分布,缓解了桥梁结构内部构造钢筋应力,对改善改造后桥梁的应力状态具有积极作用。

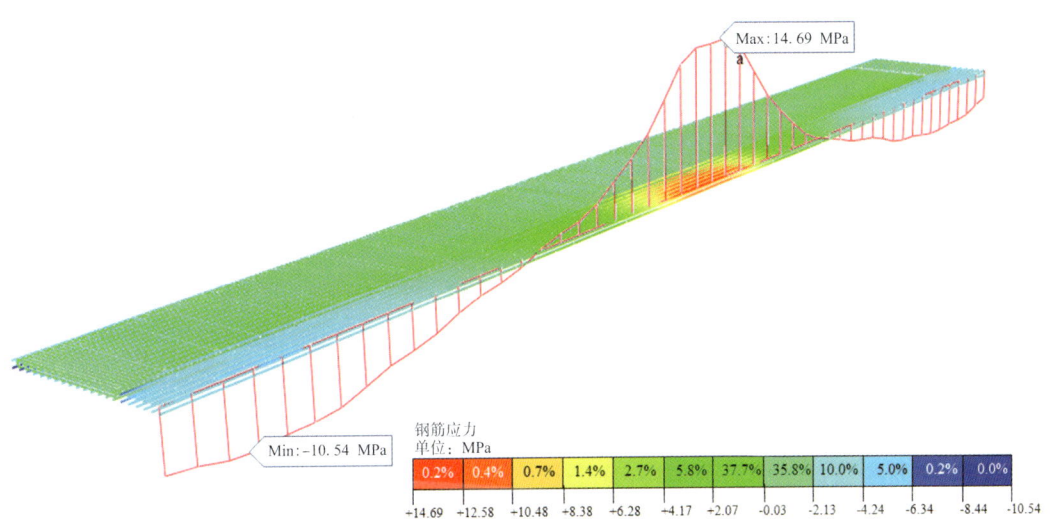

图 5.6　桥面拓宽部分钢筋应力云图

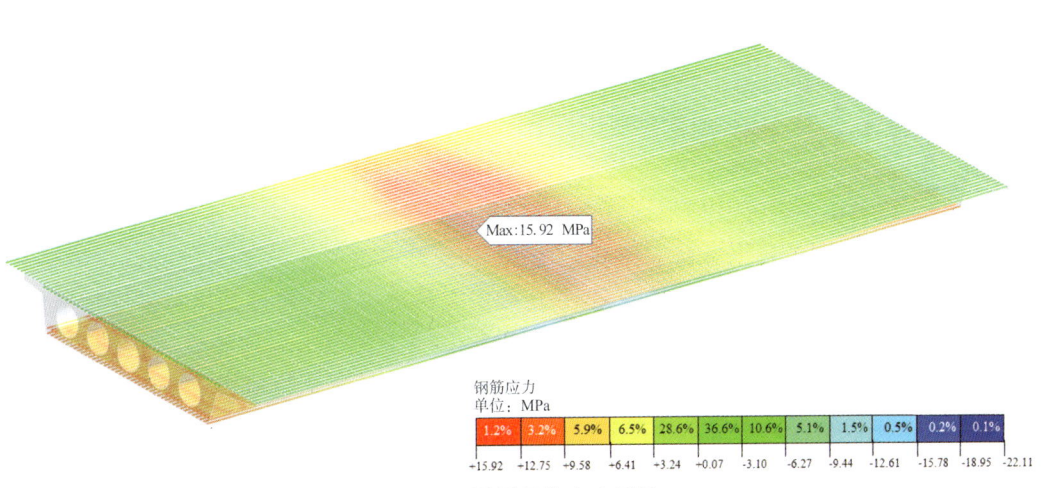

图 5.7　原桥钢筋应力云图

表 5.4　钢筋应力有限元计算结果

单位：MPa

拓宽加固方案	构件	最大拉/压应力	相邻钢悬臂支撑间距					
			0 m	0.1 m	0.2 m	0.3 m	0.4 m	0.5 m
外延钢悬臂方案	原桥部分	拉应力	16.285	16.964	16.952	18.175	16.986	20.324
		压应力	23.395	23.426	23.052	28.021	22.798	21.694
	拓宽部分	拉应力	14.901	15.011	14.857	15.027	14.921	14.952
		压应力	10.582	10.900	9.895	9.978	10.485	9.543

续表

拓宽加固方案	构件	最大拉/压应力	相邻钢悬臂支撑间距					
			0 m	0.1 m	0.2 m	0.3 m	0.4 m	0.5 m
钢悬臂底板组合方案	原桥部分	拉应力	15.918	16.721	16.907	17.932	16.744	18.690
		压应力	22.114	22.135	21.780	26.644	21.523	22.335
	拓宽部分	拉应力	14.685	14.791	14.643	14.818	14.706	14.741
		压应力	10.543	10.880	9.856	9.971	10.446	9.522

5.2.2.3 混凝土应力分析

混凝土是桥梁的主要承载材料，其应力状态直接影响桥梁的安全性和稳定性。通过对不同施工方案的有限元仿真计算结果进行比较，发现采用合适的施工方案和加固措施可以有效控制混凝土的应力，使其满足规范要求。同时，对于桥梁改造中新浇筑的混凝土，也需要通过构造措施来控制裂缝的发生和发展，如合理设置施工缝、加强养护等。

混凝土开裂的主要原因是混凝土拉应力超过其抗拉强度标准值，根据《混凝土结构设计规范》(GB 50010—2010)[48]，该工程中使用的 C40、C45 混凝土的抗拉强度标准值分别为 2.39 MPa、2.51 MPa，故需要分析桥梁混凝土的拉应力是否会超过其抗拉强度标准值进而产生裂缝[49,50]。

厦门大桥引桥在所提两种加固方案下的混凝土拉应力幅值列于表 5.5 中。有限元计算结果表明，随着外延钢悬臂支撑间距的加大，受拉区混凝土的最大应力值总体呈上升趋势。特别地，对于外延钢悬臂方案，原桥的最大拉应力值均超过其抗拉强度标准值，从裂缝防控的角度出发，此方案无法满足工程实际需求。当采用钢悬臂底板组合方案时，在钢悬臂支撑的布置间距大于 2.2 m 之后，原桥的混凝土拉应力会超出其安全阈值。这些超标区域主要集中在钢悬臂支撑与原桥腹板的连接处，以及位于原桥支座上部的受拉区域。综合分析结果以及实际工程操作与混凝土浇筑的便捷性，选取采用不含空隙的外延钢悬臂支撑，并同时添加底部加固钢板的加固方案。该方案相应拓宽部位和原桥结构的混凝土应力分布分别如图 5.8 和图 5.9 所示。对比起见，图 5.10 给出了大桥试验段的桥面小幅拓宽改造试验现场。值得注意的是，该试验段未采用外延悬臂钢支撑与底部钢板加固，导致混凝土部分的拉应力偏大，在支座处的受拉区域出现明显裂缝。

表 5.5 桥梁混凝土应力有限元计算结果

单位：MPa

方案	构件	相邻钢悬臂支撑间距					
		0 m	0.1 m	0.2 m	0.3 m	0.4 m	0.5 m
外延钢悬臂方案	原桥部分	2.500	2.509	2.539	2.773	2.732	2.946
	拓宽部分	1.707	2.160	2.058	2.691	2.748	2.797

续表

方案	构件	相邻钢悬臂支撑间距					
		0 m	0.1 m	0.2 m	0.3 m	0.4 m	0.5 m
钢悬臂底板组合方案	原桥部分	2.384	2.483	2.519	2.686	2.604	2.610
	拓宽部分	1.688	2..132	2.032	2.659	2.719	2.767

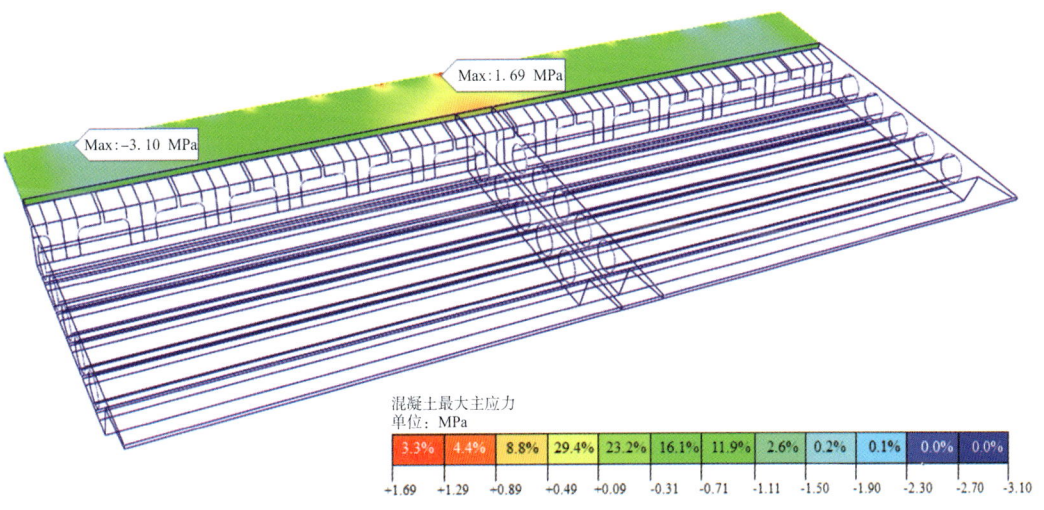

图 5.8 拓宽部分混凝土应力云图

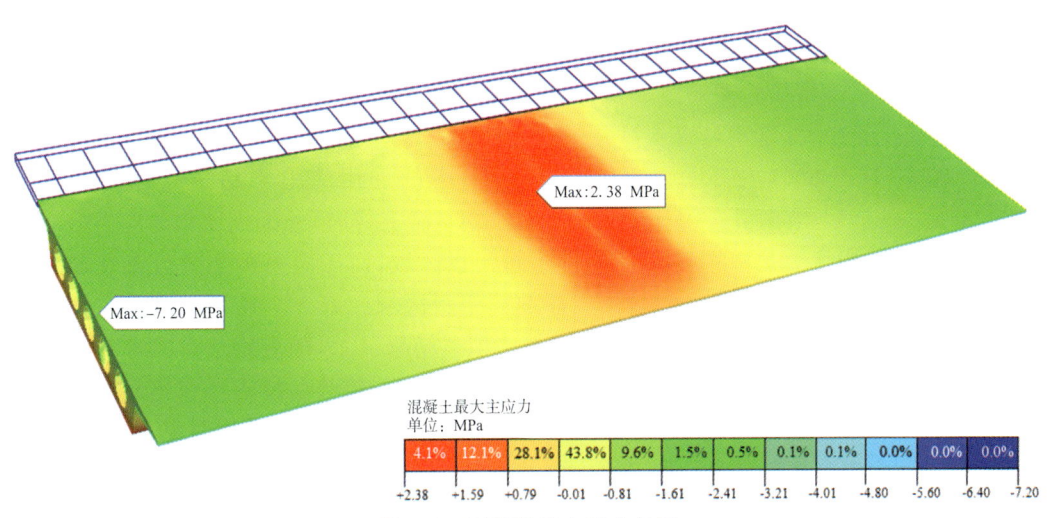

图 5.9 原桥混凝土应力云图

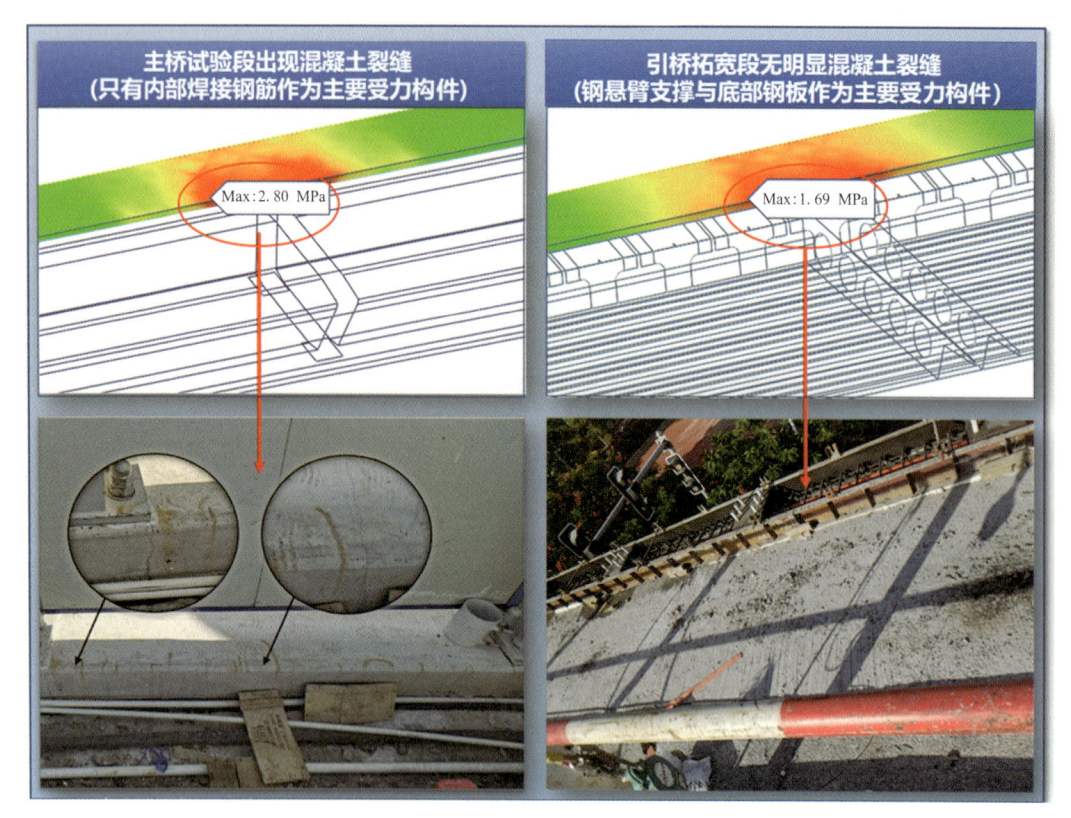

图 5.10　不同桥面拓宽方案产生的混凝土裂缝情况对比

5.2.2.4　钢支撑体系应力分析

钢支撑体系是桥梁的重要组成部分,其应力状态直接影响桥梁的安全性和稳定性。在本次拓宽工程中,外延钢悬臂支撑及底部加固钢板均选用 Q335 钢材。根据《混凝土结构设计规范》(GB 50010—2010)[48],钢支撑结构中的许用应力不超过其标准强度值 335 MPa。图 5.11 给出了采用不含空隙的外延钢悬臂支撑时,外部钢结构的应力分布情况。其中,拉应力主要集中在跨中的底部加固钢板区域,而压应力则主要分布在靠近跨中的钢悬臂支撑区域以及靠近支座的底部加固钢板区域。表 5.6 还列出了采用不同加固方案时钢悬臂支撑及底部加固钢板的应力幅值。结果显示,随着钢悬臂支撑布置间距的增加,支撑结构中的应力极值总体也呈现出逐渐增大的趋势。特别是在钢悬臂底板组合方案中,钢悬臂支撑的压应力最大值为 51.819 MPa,这远低于钢材的强度标准值 335 MPa,完全符合规范要求。研究表明,一方面,底部加固钢板的加入有效减小了钢悬臂支撑的压应力,确保了在整个拓宽工程中,钢悬臂支撑的应力范围始终保持在材料标准强度以下。另一方面,从混凝土应力分析的结果来看,不留间隔的外延钢悬臂支撑衔接方式对减少混凝土裂缝至关重要。

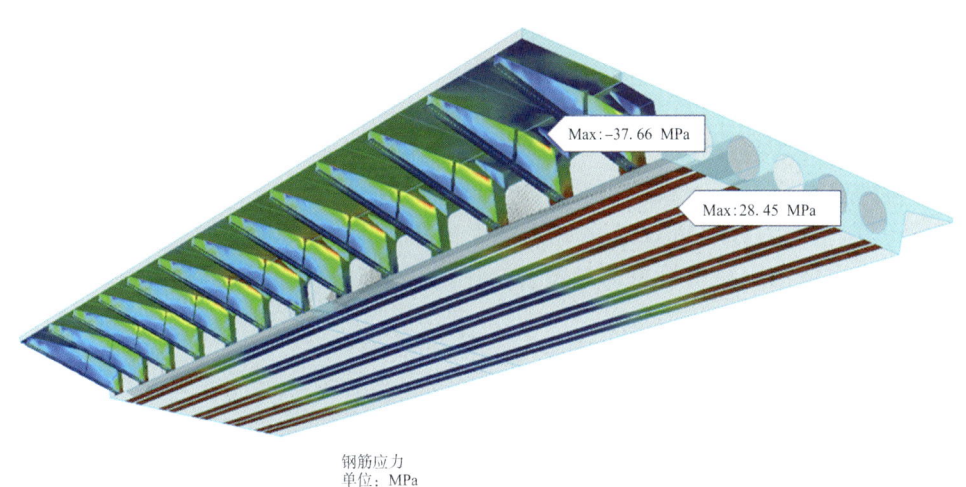

图 5.11　钢支撑应力云图

表 5.6　钢支撑体系有限元计算结果

单位：MPa

方案	构件	主应力	相邻钢悬臂支撑间距					
			0 m	0.1 m	0.2 m	0.3 m	0.4 m	0.5 m
外延钢悬臂方案	钢悬臂支撑	拉应力	24.470	29.479	29.483	28.100	31.429	34.917
		压应力	37.755	47.837	49.052	43.001	51.935	44.043
钢悬臂底板组合方案	钢悬臂支撑	拉应力	24.484	28.009	29.513	28.165	31.456	32.761
		压应力	37.655	47.722	48.936	42.848	51.819	43.922
	底部钢板	拉应力	28.454	27.715	28.038	29.398	28.261	31.022
		压应力	16.797	16.743	16.599	15.741	16.613	16.634

综合上述方案比选结果和实际情况，厦门大桥引桥拓宽改造工程选择了钢悬臂底板组合的优化拓宽方案。在进行方案选取时，主要考虑以下方面：外延钢悬臂方案基于仅使用外延钢悬臂支撑的加固策略，通过增加钢悬臂支撑的刚度和布置间距，以增加桥梁的整体刚度和抵抗变形的能力。这种方案的优点是施工相对简单，只需增加钢悬臂支撑并适当调整其位置；但缺点是可能存在应力分布不均的情况，尤其是在支座等关键区域。同时，该方案可能会导致拓宽部分的混凝土产生裂缝，这是因为它主要依赖于增加钢悬臂支撑来增加桥梁的整体刚度，而钢悬臂支撑与混凝土部分的衔接可能因为材料属性的差异导致应力集中，从而诱发裂缝。

相比之下，所提的钢悬臂底板组合方案引入了底部加固钢板受力构件，在提高桥梁整体刚度的同时，重新分布主桥和拓宽桥面的钢筋应力。这种方案考虑了更全面的力学性能，通过增强底部刚度，改善了钢筋的应力状态，使桥梁在承受载荷的过程中更为均匀、合理地受力。仿真计算结果表明，采用密布外延钢悬臂支撑和底部钢板的组合加固方法，不仅可以有效控制拓宽部分混凝土桥面板的挠度，而且可以从整体上改善拓宽改造后桥梁的内力分布，降低桥梁拓宽部分混凝土中的拉应力，从而预防混凝土裂缝的产生和扩展。该方法很好地满足了拓宽部分混凝土桥面板的强度和刚度要求，同时也提高了桥梁的整体承载能力和稳定性。此外，外延加肋钢悬臂支撑-底部钢板组合支撑体系轻质美观，不会对原有桥梁结构造成过大的附加荷载，同时也增加了桥梁整体观赏性。该方案在厦门大桥引桥桥面拓宽改造中的成功运用，对同类桥梁改造工程有重要的借鉴价值。

5.3 主桥桥面拓宽改造方案仿真分析

5.3.1 仿真模型

为确保厦门大桥主桥箱梁拓宽改造后的承载能力，并有效应对长期运营过程中产生的裂缝病害，结合工程的实际情况，采用了如图 5.12 所示的体外预应力加固技术来对结构进行补强。体外预应力加固技术在桥梁工程中因其高效性而得到广泛应用，它通过在桥梁结构外部施加预应力，增加结构的受力性能，提高桥梁的承载能力和稳定性。

图 5.12 箱内体外预应力张拉

根据《公路钢筋混凝土及预应力混凝土桥涵设计规范》(JTG 3362—2018)[51]，考虑持久状况和短暂状况构件的应力，并针对荷载效应组合，分别考虑承载力能力极限状态下的基本组合及正常使用极限状态下的短期组合。表 5.7 所列为主桥原结构的混凝土材料性能指标。主梁改造加固采用 C55 补偿收缩自密实混凝土，选用的预应力钢绞线标准抗拉强度 $f_{pk}=1860$ MPa，弹性模量 $E_c=1.95\times10^5$ MPa，计算模型分别采用 HPB300、HRB400 两类钢筋。

表 5.7　混凝土材料性能指标

强度等级	弹性模量 E_c/MPa	强度标准值/MPa		强度设计值/MPa	
C55	3.55×10^4	f_{ck} 35.5	f_{tk} 2.74	f_{cd} 23.5	f_{td} 1.96

基于 Midas 有限元软件，并利用主桥箱梁的对称性对其进行有限元离散建模。在建模过程中，采用梁单元对桥梁构件进行划分，全桥共划分为 96 个单元和 113 个节点，具体模型如图 5.13 所示，箱梁的体外束模型如图 5.14 所示。图 5.15 给出了计算模型的边界条件，其中综合考虑了桥面铺装施工阶段的影响、人行道及栏杆的荷载效应，并分别分析了持久状况承载能力极限状态下箱梁控制截面抗弯承载力和体外束施工阶段的应力状态。

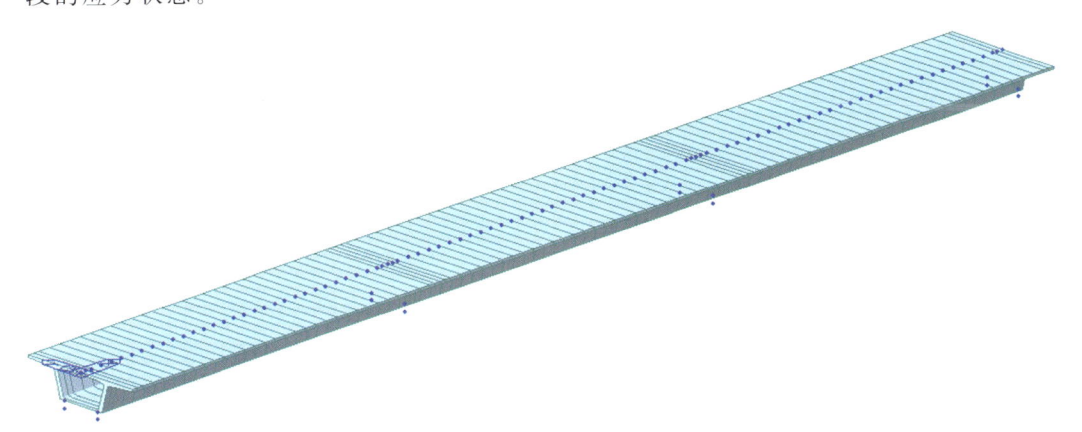

图 5.13　厦门大桥拓宽改造模型

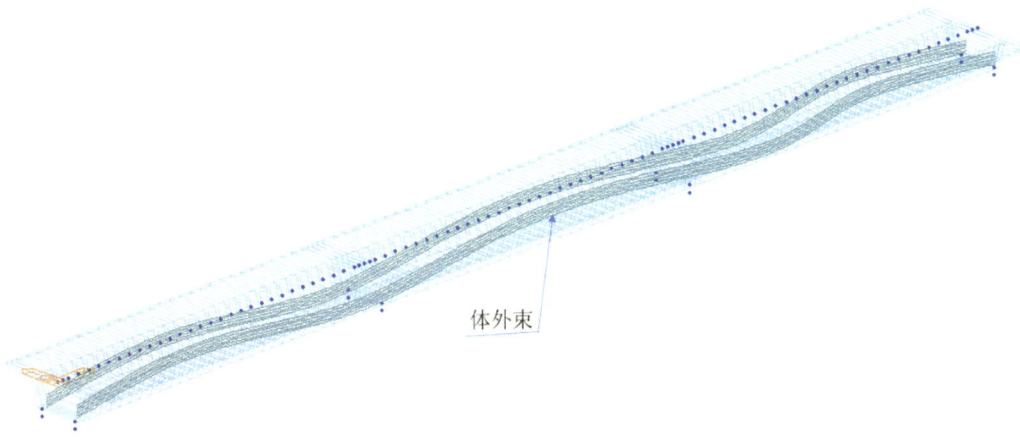

图 5.14　箱梁体外束模型

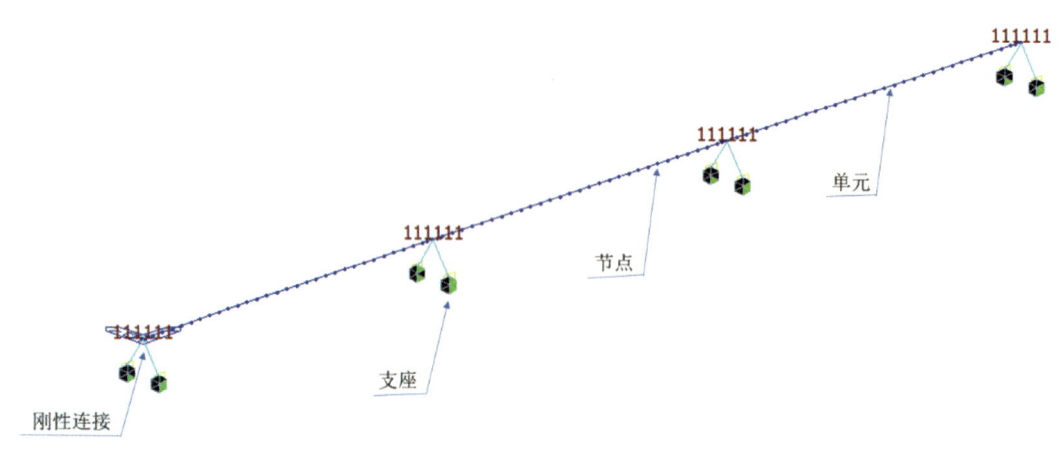

图 5.15　箱梁边界条件

5.3.2　结果分析

图 5.16 和图 5.17 分别为预应力混凝土箱梁在自重作用下的弯矩和剪力分布情况。从图 5.16 中可以看出,在自重荷载作用下,箱梁跨中处出现了最大正弯矩,其值为 12671.2 kN·m,而在支座处则出现了 16258.2 kN·m 的最大负弯矩。从图 5.17 中可以看出,在自重作用下,最大正、负剪力出现在中间支撑点,大小分别为 33010.7 kN 和 32498.1 kN。这些计算结果表明加固措施可以有效提高箱梁的承载能力。

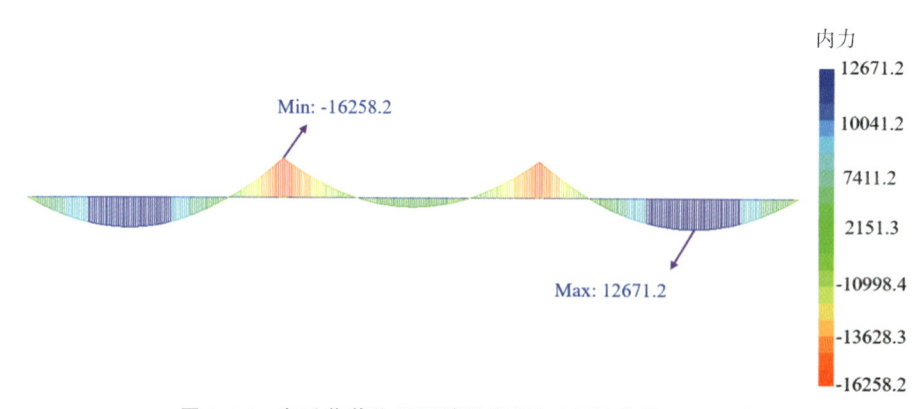

图 5.16　自重荷载作用下箱梁弯矩加固后(单位:kN·m)

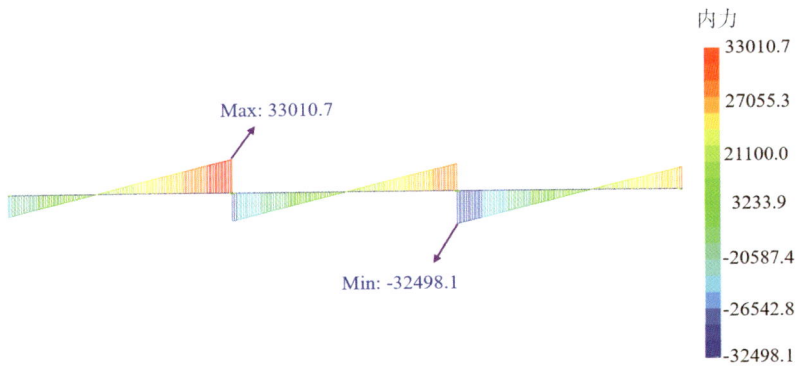

图 5.17　自重荷载作用下箱梁剪力加固后(单位:kN)

在车辆荷载作用下,预应力混凝土箱梁桥的弯矩和剪力分别如图 5.18 和图 5.19 所示。箱梁在车辆荷载工况下,中支点处最大负弯矩为 6652.2 kN·m;跨中处最大正弯矩为 9359.2 kN·m。同时,在此工况下,最大正、负剪力同样出现在中支点处,其值分别为 893.1 kN 和 897.5 kN。加固前,中支点处最大正弯矩为 7147.8 kN·m,跨中处最大负弯矩为 5111.1 kN·m。最大正剪力和最大负剪力均出现在中支点处,分别为 446.6 kN 和 448.3 kN。

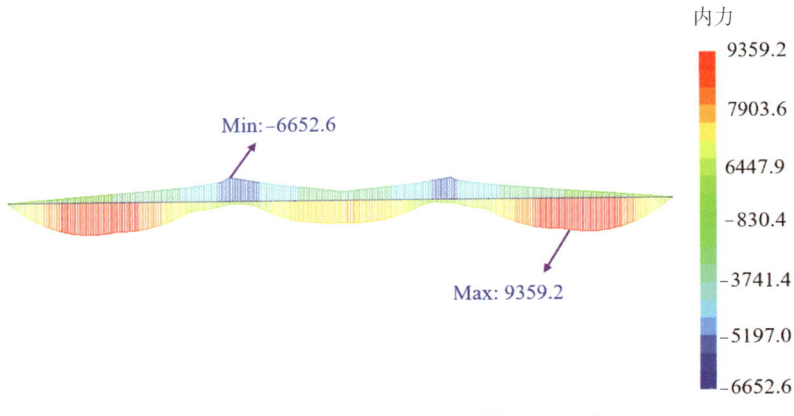

图 5.18　箱梁弯矩加固后(单位:kN·m)

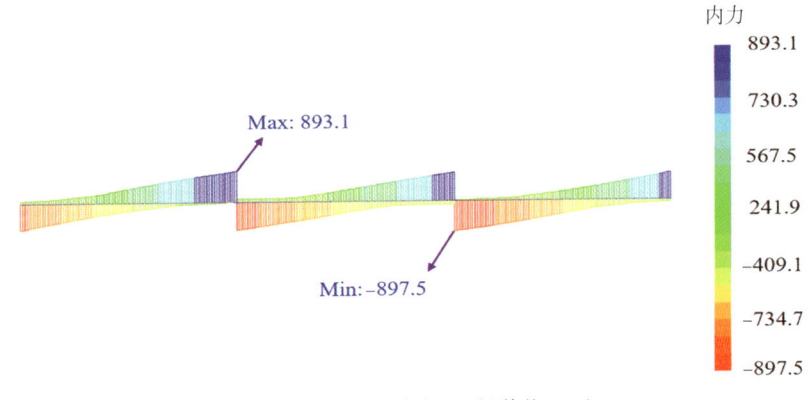

图 5.19　箱梁剪力加固后(单位:kN)

根据规范《公路桥涵设计通用规范》(JTG D60—2015)[52]第5.2和5.15条规定,对结构的承载能力极限状态进行了验算,要求结构内力小于结构抗力。表5.8分别给出了承载能力极限状态下的基本组合和正常使用极限状态下的短期组合对应的荷载效应组合。下面通过所给的组合方式进行有限元仿真,分析相应的结构内力分布。

表5.8 荷载效应组合作用下的计算表

组合形式	荷载效应组合
承载能力极限状态下的基本组合	1.1×[(1.2×恒载+1.2×预应力+1.0×收缩徐变+0.5×基础变位)+1.4×汽车(含汽车冲击力)+0.8×1.4×温度影响]
正常使用极限状态下的短期组合	恒载+预应力+基础变位+收缩徐变+0.7×汽车(不含冲击力)+0.8×温度影响

5.3.2.1 持久工况应力验算

图5.20～图5.23分别为标准组合下截面加固前后的应力分布情况。其中,图5.20所示为加固前主桥箱梁下截面上缘的最大正应力变化,图5.21所示为加固后对应的值。可以看出,加固前下截面上缘的最大压应力为8.65 MPa。经过加固处理后,最大压应力增加至12.96 MPa,相较于加固前增加了4.31 MPa。此外,图5.22给出了下截面下缘的最大正应力变化情况,加固前下截面下缘的最大压应力为7.86 MPa。从图5.23中可见,加固后,压应力提升至10.65 MPa,增加了2.79 MPa。综合上述计算结果,表明加固措施对截面应力产生了一定影响。虽然加固后截面的最大正应力有所增加,但其下截面上缘最大正应力仍然小于规定值,满足设计要求。这表明厦门大桥主桥加固措施在提高截面承载力的同时,确保了结构的安全性。

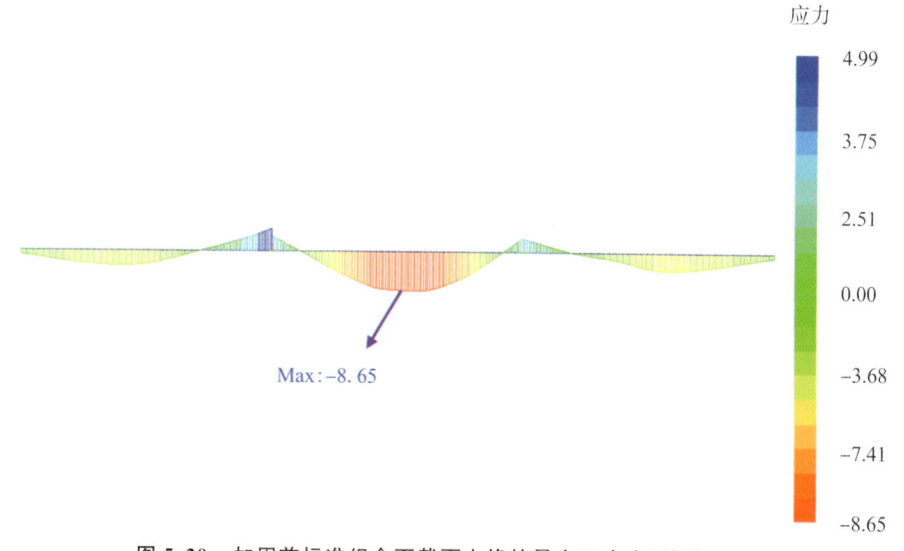

图5.20 加固前标准组合下截面上缘的最大正应力(单位:MPa)

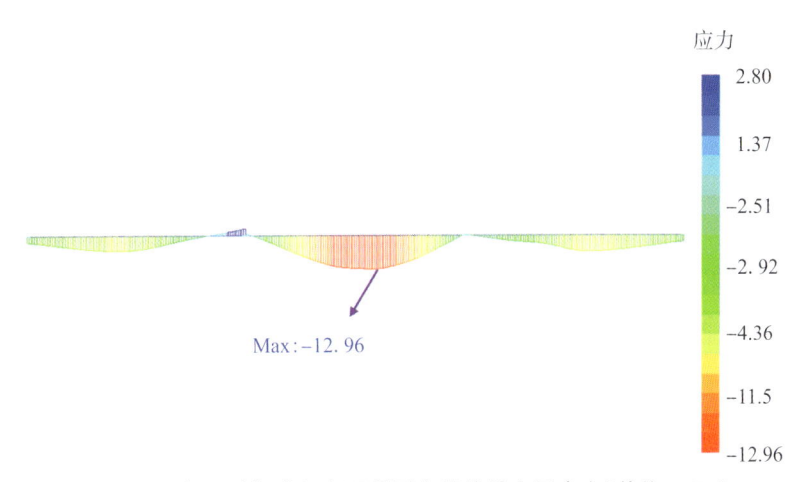

图 5.21　加固后标准组合下截面上缘的最大正应力（单位：MPa）

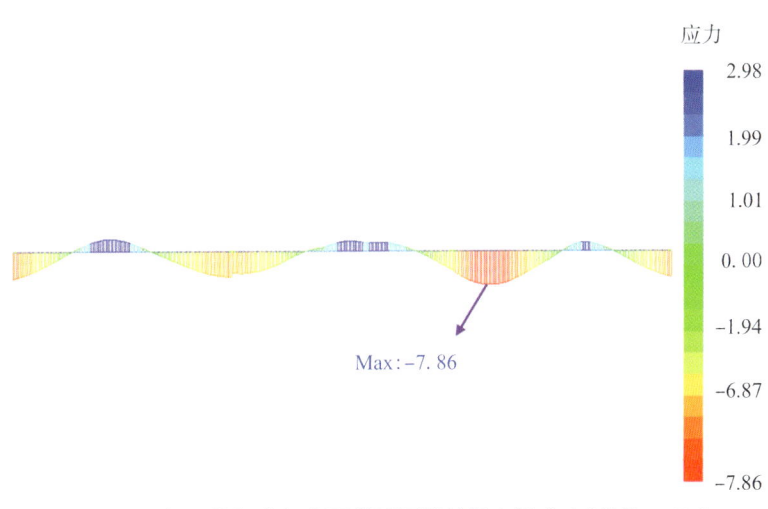

图 5.22　加固前标准组合下截面下缘的最大正应力（单位：MPa）

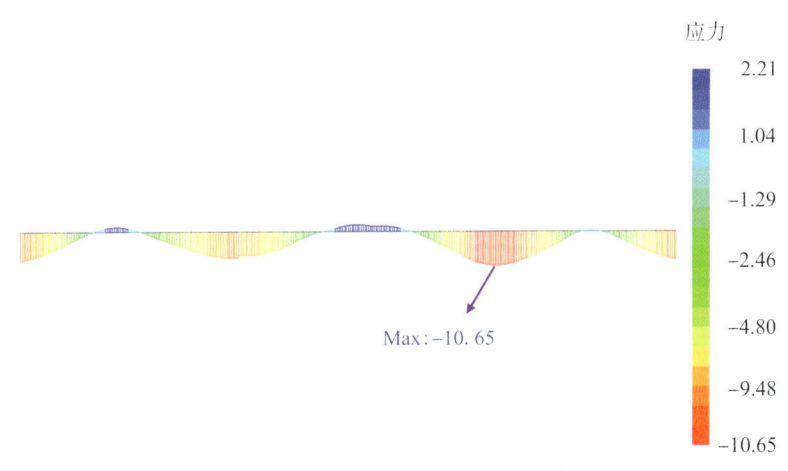

图 5.23　加固后标准组合下截面下缘的最大正应力（单位：MPa）

5.3.2.2 短暂工况应力验算

根据《公路钢筋混凝土及预应力混凝土桥涵设计规范》(JTG 3362—2018)[51],本小节验算了截面边缘混凝土的法向应力。图5.24～图5.27分别为预应力张拉施工阶段主梁上下边缘法向应力加固前后的计算结果。对于箱梁上缘正应力,其加固前的截面最大压应力为8.19 MPa,加固后最大压应力为12.38 MPa。另外,加固前下截面最大压应力为9.60 MPa,加固后相应的最大压应力增加了4.46 MPa。值得注意的是,在施工阶段,尽管加固后的截面下缘最大正应力达到14.06 MPa,有所增加,但其仍然小于规范规定的限值,满足设计要求。

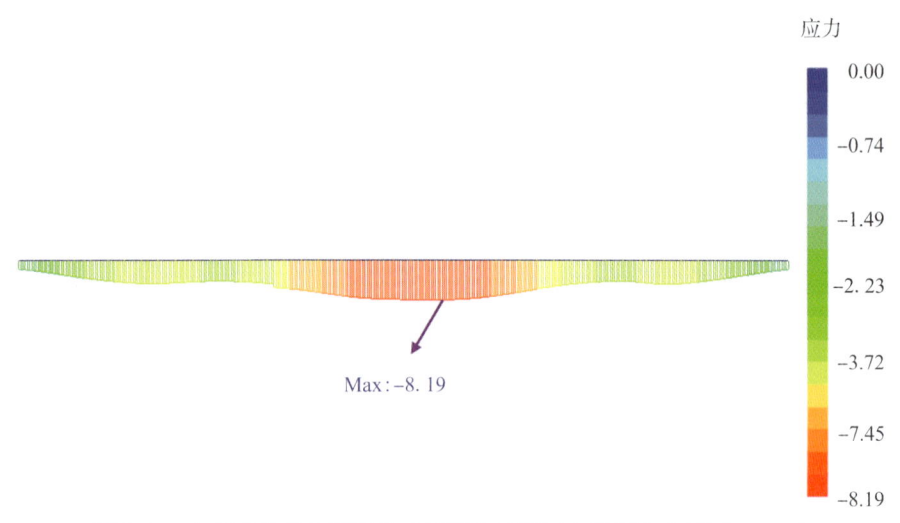

图5.24 加固前体外束张拉施工过程中的截面上缘正应力(单位:MPa)

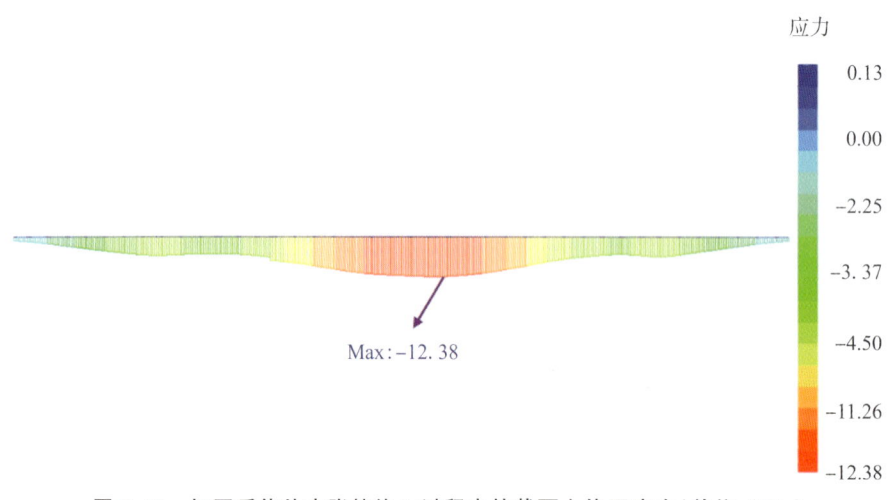

图5.25 加固后体外束张拉施工过程中的截面上缘正应力(单位:MPa)

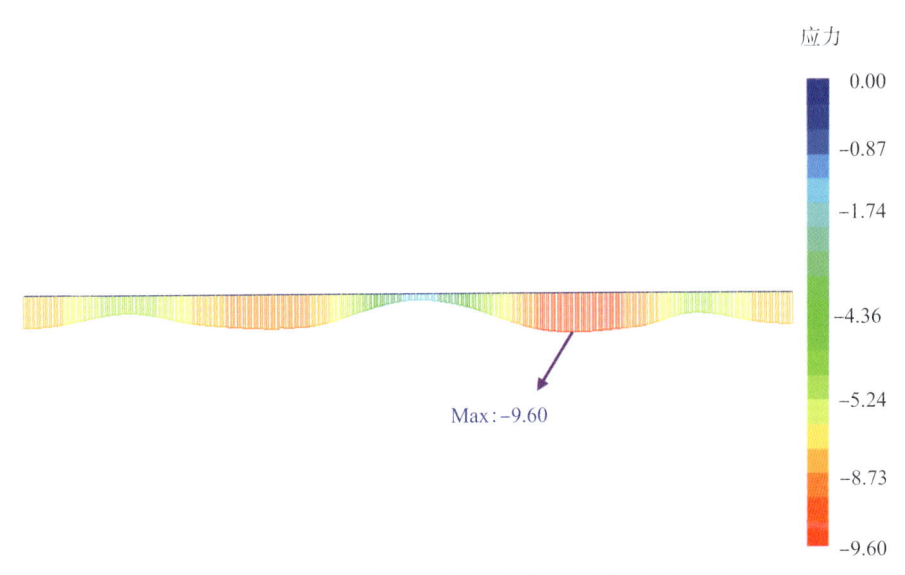

图 5.26　加固前体外束张拉施工过程中的截面下缘正应力(单位:MPa)

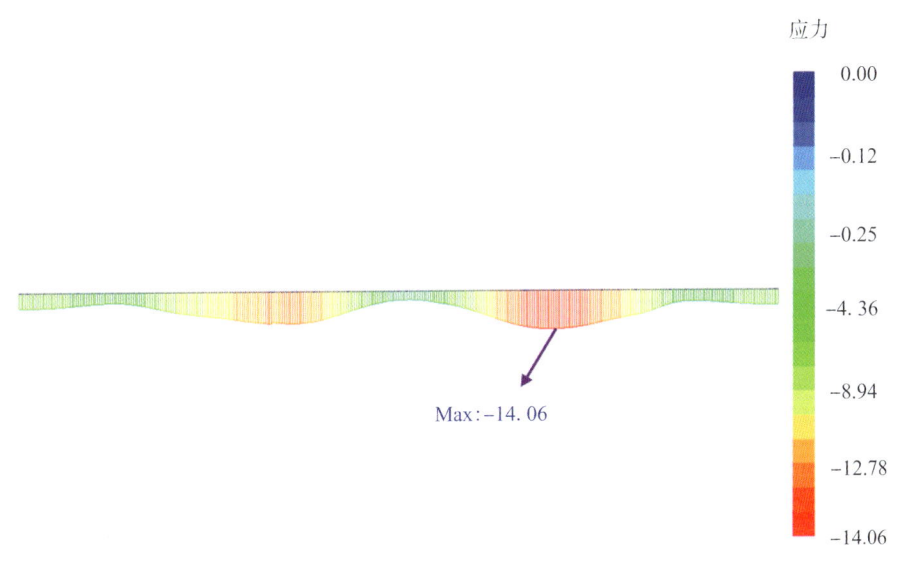

图 5.27　加固后体外束张拉施工过程中的截面下缘正应力(单位:MPa)

有限元分析同时表明(表 5.9),加固后截面下缘最大拉应力为 1.27 MPa,最大压应力为 14.06 MPa,均满足应力限制值的要求。受拉区钢筋在使用阶段的最大拉应力计算结果见表 5.10。可以看出,钢绞线在使用阶段的最大拉应力小于拉应力的设计值,同样满足安全使用的要求。

表5.9 主梁应力有限元计算结果

单位:MPa

持久工况和短暂工况构件的应力		上缘正应力		下缘正应力	
		拉应力	压应力	拉应力	压应力
持久工况的应力验算	加固前	4.99	8.65	2.98	7.86
	加固后	2.46	12.64	2.21	10.65
短暂工况的应力验算	加固前	0.74	8.19	0.87	9.60
	加固后	1.12	12.38	1.27	14.06

表5.10 预应力钢绞线张拉控制应力

单位:MPa

钢束	使用阶段钢束最大拉应力值	使用阶段钢束最大拉应力设计值	是否满足
1	856.6	1116	是
2	889.3	1116	是
3	872.9	1116	是
4	864.5	1116	是
5	834.1	1116	是
6	867.3	1116	是

为了更全面地评估加固效果,同时分析了混凝土桥面加固前后的位移。图5.28和图5.29给出了加固前后的桥面位移变化。可以看出,加固后的结构位移最大值依然出现在跨中位置,大小为22.579 mm。与加固前的位移最大值相比,加固后的位移最大值增加了3.519 mm,但仍然远小于规范要求的30 mm限值。因此,混凝土桥面加固后,虽然桥面位移有所增加,但仍处于安全范围内,表明所采用的加固措施可有效保证结构正常使用条件下的刚度。

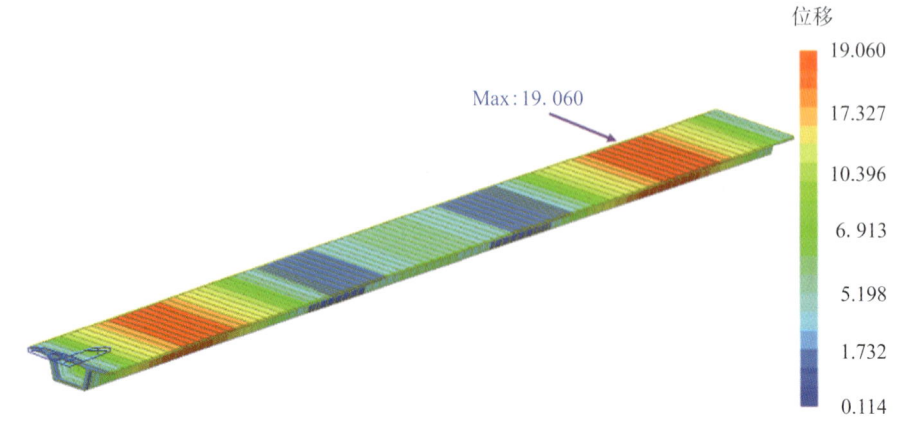

图5.28 混凝土桥面加固前位移云图(单位:mm)

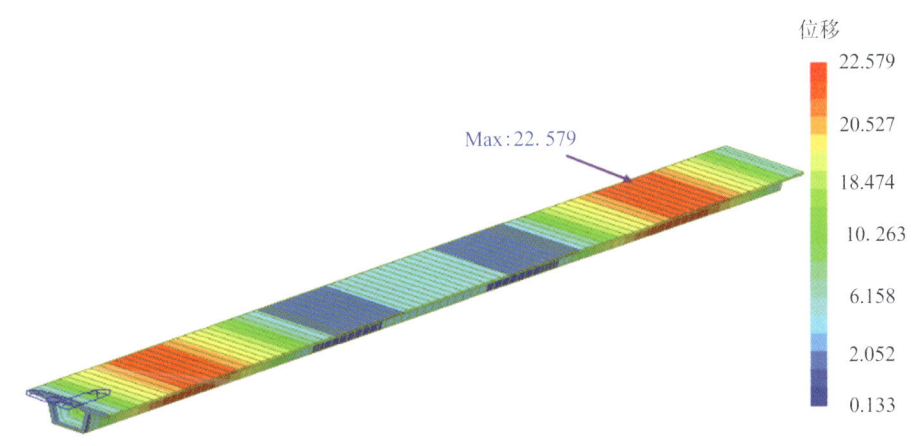

图 5.29　混凝土桥面加固后位移云图(单位:mm)

5.4　引桥桥面拓宽改造实测分析

　　为检验桥梁结构的设计、施工质量,保证桥梁改造后结构的安全和正常运营,在完成结构加固后,还需要在日常运营过程中对加固项目进行监测。主梁作为桥梁结构中直接承受车辆荷载的关键部分,其变形情况直接反映了大桥当前的内力状态,因此被视为运营期间安全性预警的重要信息来源。进行主梁挠度监测不仅有助于及时预警潜在的安全隐患,确保桥梁在运营过程中的安全性,同时也是评价行车舒适性和桥梁适用性的直接指标。此外,主梁挠度数据还是进行大桥线形控制的最重要参数,对于确保桥梁结构的稳定性和延长使用寿命具有重要意义。

　　系统监测主梁挠度,能够更加精准地掌握桥梁的工作状态,为桥梁的安全运营和维护提供有力保障。对于厦门大桥引桥拓宽改造工程,监测内容主要包括改造加固后 2022 年第三季度引桥在温度、车辆荷载及其组合作用下的性能,具体包括引桥的最大正向挠度和最大负向挠度、引桥第一联的最大和最小应变值以及第一联的温度极值。现场采用了压力变送器、应变计以及温度计作为传感设备进行监测,其分布位置如图 5.30 所示,具体布置细节详列于表 5.11～表 5.13 中。

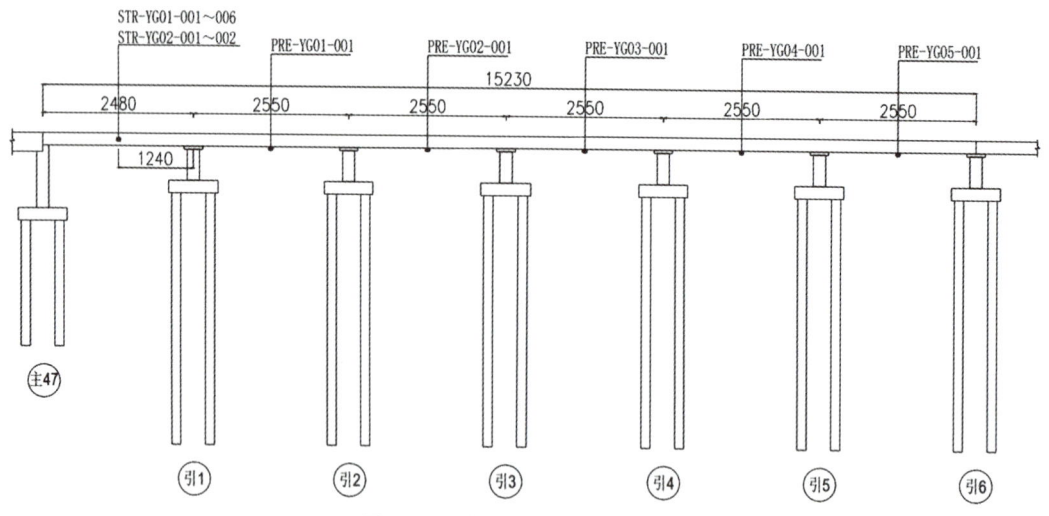

图 5.30　传感器布置(单位:cm)

表 5.11　引桥第一联主梁挠度测点

序号	传感器类型	传感器编号	单位	数量	位置
1	压力变送器	PRE-YG01-001	个	1	引桥右幅第二跨主梁跨中
2	压力变送器	PRE-YG02-001	个	1	引桥右幅第三跨主梁跨中
3	压力变送器	PRE-YG03-001	个	1	引桥右幅第四跨主梁跨中
4	压力变送器	PRE-YG04-001	个	1	引桥右幅第五跨主梁跨中
5	压力变送器	PRE-YG05-001	个	1	引桥右幅第六跨主梁跨中

表 5.12　引桥第一联主梁应变测点

序号	传感器类型	传感器编号	单位	数量	位置
1	应变计	STR-YG01-001~006	台	6	引桥右幅第一跨拓宽段钢混结合面
2	应变计	STR-YG02-001~002	台	2	引桥右幅第一跨跨中空心板梁

表 5.13　引桥第一联主梁温度测点

序号	传感器类型	传感器编号	单位	数量	位置
1	温度计	STR-YG01-001~002	台	2	引桥右幅第一跨拓宽段钢混结合面
2	温度计	STR-YG02-001~002	台	2	引桥右幅第一跨跨中空心板梁

5.4.1　引桥主梁挠度监测

为充分考虑引桥的桥面拓宽加固效果,分别对多重荷载作用、温度荷载作用和车辆荷载作用3个工况进行监测,其中多重荷载作用表示结构受到温度荷载与车辆荷载共同效应。每次监测时间为 10 min,从 2022 年 7 月 1 日至 2022 年 9 月 30 日连续监测 3 个月。

表 5.14 给出了在多重荷载效应下引桥第一联的挠度实测数据。可见,在 2022 年第三季度,引桥未出现挠度异常波动的迹象。具体而言,2022 年 8 月 22 日 13 时 10 分,引桥右幅第三跨主梁跨中(传感器编号:PRE-YG02-001)在 10 min 内记录到的最大挠度仅为 4.8 mm;而最小挠度值－7.0 mm 则于同年 8 月 30 日 17 时 00 分出现在引桥右幅第二跨主梁跨中(传感器编号:PRE-YG01-001)。整个监测期间,各截面的挠度值均在预设的黄色预警值区间内,充分说明改造加固后的桥梁结构在多重荷载的综合作用下,依然保持着良好的工作性能和结构安全性。

表 5.14　多重荷载作用下引桥第一联 10 min 最大最小值挠度监测单元统计

单位:mm

编号	最大值 数值	最大值 时间	最小值 数值	最小值 时间	变化量
PRE-YG01-001	4.6	2022-09-21 07:20	－7.0	2022-08-30 17:00	11.6
PRE-YG02-001	4.8	2022-08-22 13:10	－6.7	2022-08-05 15:00	11.5
PRE-YG03-001	4.4	2022-09-22 00:20	－6.8	2022-07-18 12:50	11.2
PRE-YG04-001	4.4	2022-09-06 16:30	－6.5	2022-08-02 15:10	10.9
PRE-YG05-001	4.8	2022-07-01 20:30	－6.4	2022-09-10 09:10	11.2

表 5.15 给出了在温度荷载单独作用下的引桥第一联挠度监测数据。分析发现,在 2022 年 9 月 6 日 15 时,引桥右幅第五跨主梁跨中(传感器编号:PRE-YG04-001)在 10 min 内的最大挠度为 4.2 mm;而同年 8 月 30 日 13 时 20 分,引桥右幅第三跨主梁跨中(传感器编号:PRE-YG02-001)则出现了最小挠度值－3.1 mm。值得注意的是,在 2022 年第三季度期间,尽管温度条件经历了显著波动,但各监测截面的挠度变化均稳定保持在正常范围内,未出现任何异常迹象。结果证明了引桥第一联在温度荷载的影响下,依然保持着结构稳定性和承载能力,符合设计预期和工程安全标准。

表 5.15　温度荷载作用下引桥第一联 10 min 最大最小值挠度监测单元统计

单位:mm

编号	最大值 数值	最大值 时间	最小值 数值	最小值 时间	变化量
PRE-YG01-001	2.9	2022-09-07 18:30	－1.6	2022-07-09 06:30	4.5
PRE-YG02-001	3.9	2022-09-07 19:40	－3.1	2022-08-30 13:20	7.0
PRE-YG03-001	3.3	2022-08-27 21:00	－0.6	2022-09-12 14:40	3.9
PRE-YG04-001	4.2	2022-09-06 15:00	－0.9	2022-09-12 14:40	4.1
PRE-YG05-001	3.9	2022-07-25 01:30	0.7	2022-09-08 10:40	3.2

对于车辆荷载单独作用,表 5.16 同样给出了引桥第一联的挠度监测数据。可见,在 2022 年 8 月 21 日 09 时 10 分,引桥右幅第三跨主梁跨中(传感器编号:PRE-YG02-001)在 10 min 内的最大挠度达到了 3.8 mm;而同年 8 月 22 日 16 时 20 分和 8 月 29 日 14 时

30分,最小挠度值−6.0 mm 分别出现在引桥右幅第六跨主梁跨中(传感器编号:PRE-YG05-001)和第二跨主梁跨中(传感器编号:PRE-YG01-001)位置。由于各监测截面的挠度变化均稳定保持在正常范围内,未出现任何异常,表明车辆荷载作用下,结构的稳定性和承载能力完全满足使用要求。

表 5.16　车辆荷载作用下引桥第一联 10 min 最大最小值挠度监测单元统计

单位:mm

编号	最大值 数值	最大值 时间	最小值 数值	最小值 时间	变化量
PRE-YG01-001	3.5	2022-09-06 15:20	−6.0	2022-08-29 14:30	9.5
PRE-YG02-001	3.8	2022-08-21 09:10	−5.8	2022-09-09 13:10	9.6
PRE-YG03-001	3.6	2022-09-06 16:20	−5.9	2022-08-10 14:30	9.5
PRE-YG04-001	3.6	2022-07-31 11:40	−5.9	2022-08-22 12:30	9.5
PRE-YG05-001	3.7	2022-08-22 15:00	−6.0	2022-08-22 16:20	9.7

5.4.2　引桥主梁应变监测

表 5.17 给出了引桥第一联车辆荷载作用下的应变监测结果。其中,引桥右幅第一跨的跨中空心板梁底面混凝土,在顺桥方向(传感器编号:STR-YG02-002)于 2022 年 7 月 23 日 19 时 50 分记录到了最大应变值,达到了 72.2 $\mu\varepsilon$,说明该部位在特定时间下承受了相对较大的应力作用。同时,引桥右幅第一跨拓宽段钢混结合面中部的横桥向应变(传感器编号:STR-YG01-004)在 2022 年 7 月 23 日 18 时 10 分记录到了最小应变值,为 −151.5 $\mu\varepsilon$,显示该区域在该时刻经历了压缩变形。综合相关结果,引桥第一联在改造加固完成后承载力满足要求。

表 5.17　引桥第一联应变监测单元统计

单位:$\mu\varepsilon$

编号	最大值 数值	最大值 时间	最小值 数值	最小值 时间	变化量
STR-YG01-001	1.4	2022-09-08 07:10	−96.0	2022-07-23 19:30	97.4
STR-YG01-002	22.4	2022-09-08 07:10	−113.6	2022-07-23 18:30	136.0
STR-YG01-003	8.2	2022-09-08 07:10	−116.9	2022-07-23 18:30	125.1
STR-YG01-004	10.6	2022-09-08 07:10	−151.5	2022-07-23 18:10	162.1
STR-YG01-005	−34.6	2022-07-07 14:30	−62.2	2022-09-15 21:50	27.6
STR-YG01-006	−13.3	2022-07-02 08:40	−64.7	2022-09-14 19:10	51.4
STR-YG02-001	−11.8	2022-07-01 21:10	−110.4	2022-09-08 14:30	98.6
STR-YG02-002	72.2	2022-07-23 19:50	−85.3	2022-09-08 08:40	157.5

5.4.3 引桥主梁温度监测

表 5.18 给出了引桥第一联温度监测过程中的温度变化范围。从中可见,在 2022 年 7 月 23 日 18 时 20 分,引桥右幅第一跨拓宽段钢混结合面内侧(传感器编号:SGT-YG01-001)记录到的结构最高温度为 59.8 ℃。相反,在同年的 9 月 8 日 07 时 20 分,引桥右幅第一跨拓宽段钢混结合面外侧(传感器编号:SGT-YG01-002)则记录到了结构最低温度,数值为 26.1 ℃。这些数据显示了桥梁结构在不同时间和位置上的温度差异。在整个监测期间,未发现异常温度变化,表明引桥第一联结构的热性能保持稳定,没有出现热应力或温度引发的问题。温度监测数据为全面评估桥梁结构的热行为和长期性能提供了重要参考。

表 5.18 引桥第一联结构温度监测单元统计

单位:℃

编号	最大值 数值	最大值 时间	最小值 数值	最小值 时间	变化量
SGT-YG01-001	59.8	2022-07-23 18:20	31.7	2022-09-08 07:10	28.1
SGT-YG01-002	43.3	2022-07-23 18:40	26.1	2022-09-08 07:20	17.2
SGT-YG02-001	38.7	2022-07-24 14:40	27.2	2022-09-21 08:40	11.5
SGT-YG02-002	38.8	2022-07-24 14:40	27.3	2022-09-21 08:40	11.5

5.4.4 引桥主梁监测结果分析

在 2022 年第三季度期间,对引桥第一联进行了全面的监测与分析。在考虑温度荷载、车辆荷载等多种因素作用下,引桥第一联的最大上挠为 4.8 mm,最大下挠为 -7.0 mm。进一步分析发现,在单独的温度荷载作用下,引桥第一联的最大上挠为 4.2 mm,最大下挠为 -3.1 mm;而在车辆荷载作用下,其最大上挠为 3.8 mm,最大下挠为 -6.0 mm。这些数据表明,在不同荷载作用下,引桥第一联的主梁挠度变化均处于正常范围内,无异常现象,大桥主梁的刚度满足设计要求。

实测结果显示,引桥第一联的最大应变为 72.2 $\mu\varepsilon$,最小应变为 -151.5 $\mu\varepsilon$,同样无异常变化情况,进一步验证了桥梁结构的稳定性。此外,实测的结构温度数据显示,引桥第一联的最高温度为 59.8 ℃,最低温度为 26.1 ℃,这一温度变化范围在预期合理范围内,未对桥梁结构产生不利影响。

综合上述监测结果,2022 年第三季度期间,引桥第一联在各种荷载作用下的表现均正常,主梁刚度满足设计要求,结构应变和温度变化也均处于合理范围内。相关监测结果为大桥的安全运营提供了有力保障,也为后续桥梁维护和管理提供了有效参考。

5.5 主桥桥面拓宽改造方案实测分析

主桥的监测内容包括改造后在温度、车辆荷载及其组合作用下的结构挠度和应变。

监测时间安排在 2022 年第三季度,监测对象为主桥第三联。相应监测仪器的布置信息见表 5.19~表 5.21。其中,挠度测点共 24 点,均位于主梁跨中,主桥左、右均有布置。应变测点共 32 点,布置在第三联的关键位置。主梁温度传感器选用温度计,同样布置了 32 个测点。

表 5.19 主桥第三联主梁挠度测点

序号	传感器类型	传感器编号	单位	数量	位置
1	压力变送器	PRE-G03-J-001	个	1	主桥左幅第十七跨主梁跨中
2	压力变送器	PRE-G05-J-001	个	1	主桥左幅第十八跨主梁跨中
3	压力变送器	PRE-G06-J-001	个	1	主桥左幅第十九跨主梁跨中
4	压力变送器	PRE-G08-J-001	个	1	主桥左幅第二十跨主梁跨中
5	压力变送器	PRE-G09-J-001	个	1	主桥左幅第二十一跨主梁跨中
6	压力变送器	PRE-G11-J-001	个	1	主桥左幅第二十二跨主梁跨中
7	压力变送器	PRE-G14-J-001	个	1	主桥左幅第二十三跨主梁跨中
8	压力变送器	PRE-G15-J-001	个	1	主桥左幅第二十四跨主梁跨中
9	压力变送器	PRE-G16-J-001	个	1	主桥左幅第二十五跨主梁跨中
10	压力变送器	PRE-G17-J-001	个	1	主桥左幅第二十六跨主梁跨中
11	压力变送器	PRE-G19-J-001	个	1	主桥左幅第二十七跨主梁跨中
12	压力变送器	PRE-G21-J-001	个	1	主桥左幅第二十八跨主梁跨中
13	压力变送器	PRE-G03-C-001	个	1	主桥右幅第十七跨主梁跨中
14	压力变送器	PRE-G05-C-001	个	1	主桥右幅第十八跨主梁跨中
15	压力变送器	PRE-G06-C-001	个	1	主桥右幅第十九跨主梁跨中
16	压力变送器	PRE-G08-C-001	个	1	主桥右幅第二十跨主梁跨中
17	压力变送器	PRE-G09-C-001	个	1	主桥右幅第二十一跨主梁跨中
18	压力变送器	PRE-G11-C-001	个	1	主桥右幅第二十二跨主梁跨中
19	压力变送器	PRE-G14-C-001	个	1	主桥右幅第二十三跨主梁跨中
20	压力变送器	PRE-G15-C-001	个	1	主桥右幅第二十四跨主梁跨中
21	压力变送器	PRE-G16-C-001	个	1	主桥右幅第二十五跨主梁跨中
22	压力变送器	PRE-G17-C-001	个	1	主桥右幅第二十六跨主梁跨中
23	压力变送器	PRE-G19-C-001	个	1	主桥右幅第二十七跨主梁跨中
24	压力变送器	PRE-G21-C-001	个	1	主桥右幅第二十八跨主梁跨中

表 5.20 主桥第三联主梁应变测点

序号	传感器类型	传感器编号	单位	数量	位置
1	应变器	STR-G03-J-001~002	台	2	主桥左幅第十七跨主梁跨中混凝土底板
2	应变器	STR-G04-J-001~002	台	2	主桥左幅第十八跨主梁跨中混凝土顶板
3	应变器	STR-G10-J-001~002	台	2	主桥左幅第二十二跨主梁施工接缝截面腹板
4	应变器	STR-G11-J-001~003	台	3	主桥左幅第二十二跨主梁跨中顶板、底板
5	应变器	STR-G12-J-001~002	台	2	主桥左幅第二十二跨主梁两侧底板
6	应变器	STR-G13-J-001~002	台	2	主桥左幅第二十三墩主梁混凝土顶板
7	应变器	STR-G20-J-001~002	台	2	主桥左幅第二十八墩墩顶箱梁混凝土顶板
8	应变器	STR-G21-J-001~002	台	1	主桥左幅第二十八跨主梁跨中内侧混凝土底板
9	应变器	STR-G03-C-001~002	台	2	主桥右幅第十七跨主梁跨中外侧混凝土底板
10	应变器	STR-G04-C-001~002	台	2	主桥右幅第十八墩墩顶箱梁混凝土顶板
11	应变器	STR-G10-C-001~002	台	2	主桥右幅第二十二跨主梁外侧腹板
12	应变器	STR-G11-C-001~003	台	3	主桥右幅第二十二跨主梁施工接缝截面
13	应变器	STR-G12-C-001~002	台	2	主桥右幅第二十二跨主梁内侧底板
14	应变器	STR-G13-C-001~002	台	2	主桥右幅第二十八跨主梁内侧底板
15	应变器	STR-G20-C-001~002	台	2	主桥右幅第二十八墩墩顶箱梁混凝土顶板
16	应变器	STR-G21-C-001~002	台	1	主桥右幅第二十八跨主梁跨中内侧混凝土底板

表 5.21　主桥第三联主梁温度测点

序号	传感器类型	传感器编号	单位	数量	位置
1	温度计	SGT-G03-J-001~002	台	2	主桥左幅第十七跨主梁跨中混凝土底板
2	温度计	SGT-G04-J-001~002	台	2	主桥左幅第十八墩墩顶箱梁混凝土顶板
3	温度计	SGT-G10-J-001~002	台	2	主桥左幅第二十二跨主梁施工接缝截面腹板
4	温度计	SGT-G11-J-001~003	台	3	主桥左幅第二十二跨主梁跨中顶板、底板
5	温度计	SGT-G12-J-001~002	台	2	主桥左幅第二十二跨主梁外侧底板
6	温度计	SGT-G13-J-001~002	台	2	主桥左幅第二十三墩主梁混凝土顶板
7	温度计	SGT-G20-J-001~002	台	2	主桥左幅第二十八墩墩顶箱梁混凝土顶板
8	温度计	SGT-G21-J-001~002	台	1	主桥左幅第二十八跨主梁跨中内侧混凝土底板
9	温度计	SGT-G03-C-001~002	台	2	主桥右幅第十七跨主梁跨中混凝土底板
10	温度计	SGT-G04-C-001~002	台	2	主桥右幅第十八墩墩顶箱梁混凝土顶板
11	温度计	SGT-G10-C-001~003	台	3	主桥右幅第二十二跨主梁施工接缝截面腹板
12	温度计	SGT-G11-C-001~003	台	3	主桥右幅第二十二跨主梁跨中顶板、底板
13	温度计	SGT-G12-C-001~002	台	2	主桥右幅第二十二跨主梁底板
14	温度计	SGT-G20-C-001~002	台	2	主桥右幅第二十八墩墩顶箱梁混凝土顶板
15	温度计	SGT-G21-C-001~002	台	2	主桥右幅第二十八跨主梁跨中混凝土底板

5.5.1　主桥主梁挠度监测

为充分考虑主桥的桥面拓宽加固效果，分别对多重荷载作用、温度荷载作用和车辆荷载作用 3 个工况进行监测，其中多重荷载作用表示结构受到温度荷载与车辆荷载共同作用。每次监测时间为 10 min，从 2022 年 7 月 1 日至 2022 年 9 月 30 日连续监测 3 个月。

表 5.22 给出了在多重荷载效应下主桥第三联的挠度实测数据。在温度荷载、车辆荷载等多种荷载作用下，实测主桥第三联 10 min 内的最大挠度为 15.2 mm，发生在主桥左幅第二十八跨主梁跨中(传感器编号：PRE-G21-J-001)，时间为 2022 年 9 月 18 日 14 时 40 分；10 min 统计最小挠度为－10.8 mm，发生在主桥左幅第二十二跨主梁跨中(传感器编号：PRE-G11-J-001)，时间为 2022 年 9 月 18 日 14 时 40 分。结果表明，在"9.18 台湾花莲县 6.9 级地震"期间，传感器 PRE-G06-J-001、PRE-G16-J-001、PRE-G21-J-001、PRE-G06-C-001、PRE-G16-C-001、PRE-G21-C-001 的数值超过了红色报警值，传感器 PRE-G09-J-001、PRE-G11-J-001、PRE-G09-C-001、PRE-G11-C-001、PRE-G15-C-001 的数值超过了黄色报警值，震后各截面主梁挠度变化回到震前水平。除发生地震发生时段，监测期间各截面挠度均在该截面挠度黄色预警值区间内。

表 5.22 多重荷载作用下主桥第三联 10 min 最大最小值挠度监测单元统计

单位：mm

编号	最大值 数值	最大值 时间	最小值 数值	最小值 时间	变化量
PRE-G03-J-001	9.6	2022-09-18 14:40	－2.4	2022-09-08 10:30	12.0
PRE-G05-J-001	6.8	2022-09-18 14:40	－2.6	2022-09-18 14:40	9.4
PRE-G06-J-001	14.7	2022-09-18 14:40	－8.4	2022-09-18 14:40	23.1
PRE-G08-J-001	6.7	2022-09-18 14:40	－1.7	2022-09-27 20:20	8.4
PRE-G09-J-001	11.8	2022-09-18 14:40	－5.9	2022-09-18 14:40	17.7
PRE-G11-J-001	12.8	2022-09-18 14:40	－10.8	2022-09-18 14:40	23.6
PRE-G14-J-001	5.7	2022-09-18 14:40	－2.4	2022-09-23 20:00	8.1
PRE-G15-J-001	10.7	2022-09-18 14:40	－7.3	2022-09-18 14:40	18.0
PRE-G16-J-001	13.3	2022-09-18 14:40	－10.6	2022-09-18 14:40	23.9
PRE-G17-J-001	5.6	2022-09-18 14:40	－4.3	2022-07-06 19:20	9.9
PRE-G19-J-001	6.8	2022-09-18 14:40	－2.9	2022-09-18 14:40	9.7
PRE-G21-J-001	15.2	2022-09-18 14:40	－8.9	2022-09-18 14:40	24.1
PRE-G03-C-001	11.2	2022-09-18 14:40	－1.3	2022-09-22 02:00	12.5
PRE-G05-C-001	7.3	2022-09-18 14:40	－2.0	2022-09-18 14:40	9.3
PRE-G06-C-001	14.6	2022-09-18 14:40	－8.2	2022-09-18 14:40	22.8
PRE-G08-C-001	5.7	2022-09-18 14:40	－2.8	2022-09-22 02:00	8.5
PRE-G09-C-001	12.8	2022-09-18 14:40	－5.1	2022-09-18 14:40	17.9
PRE-G11-C-001	12.9	2022-09-18 14:40	－10.5	2022-09-18 14:40	23.4
PRE-G14-C-001	6.2	2022-09-18 14:40	－2.0	2022-09-18 22:00	8.2
PRE-G15-C-001	11.7	2022-09-18 14:40	－6.5	2022-09-18 14:40	18.2

续表

编号	最大值 数值	最大值 时间	最小值 数值	最小值 时间	变化量
PRE-G16-C-001	13.5	2022-09-18 14:40	−9.9	2022-09-18 14:40	23.4
PRE-G17-C-001	4.3	2022-09-18 14:40	−3.4	2022-09-18 22:00	7.7
PRE-G19-C-001	11.0	2022-09-18 14:40	−7.6	2022-09-18 14:40	18.6
PRE-G21-C-001	13.7	2022-09-18 14:40	−10.2	2022-09-18 14:40	23.9

温度荷载作用下的主桥第三联挠度监测数据见表 5.23。在温度荷载单独作用下，实测主桥第三联 10 min 最大挠度为 8.6 mm，发生在主桥右幅第十七跨主梁跨中（传感器编号：PRE-G03-C-001），时间为 2022 年 7 月 24 日 17 时 30 分；10 min 统计最小挠度为 −0.9 mm，发生在主桥左幅第二十八跨主梁跨中（传感器编号：PRE-G21-J-001），时间为 2022 年 7 月 6 日 08 时 40 分，2022 年第三季度期间挠度变化无异常。

表 5.23　温度荷载作用下主桥第三联 10 min 最大最小值挠度监测单元统计

单位：mm

编号	最大值 数值	最大值 时间	最小值 数值	最小值 时间	变化量
PRE-G03-J-001	7.7	2022-07-24 19:10	1.6	2022-07-06 08:40	6.1
PRE-G05-J-001	3.5	2022-07-25 03:20	1.2	2022-09-22 01:20	2.3
PRE-G06-J-001	4.6	2022-07-24 19:20	2.0	2022-07-07 10:10	2.6
PRE-G08-J-001	4.0	2022-07-25 00:40	1.8	2022-09-27 20:20	2.2
PRE-G09-J-001	3.8	2022-07-25 01:10	1.2	2022-07-07 10:10	2.6
PRE-G11-J-001	3.2	2022-07-24 18:20	1.2	2022-09-21 22:10	2.0
PRE-G14-J-001	3.0	2022-07-25 00:40	1.2	2022-09-26 08:30	1.8
PRE-G15-J-001	2.3	2022-07-24 23:00	0.3	2022-09-26 08:30	2.0
PRE-G16-J-001	3.8	2022-07-23 18:00	1.6	2022-09-28 08:50	2.2
PRE-G17-J-001	2.1	2022-07-24 18:20	0.2	2022-09-26 08:10	1.9
PRE-G19-J-001	3.5	2022-07-25 06:10	1.3	2022-09-21 21:40	2.2
PRE-G21-J-001	4.7	2022-07-24 18:10	−0.9	2022-07-06 08:40	5.6
PRE-G03-C-001	8.6	2022-07-24 17:30	2.7	2022-07-06 09:00	5.9
PRE-G05-C-001	4.5	2022-07-25 04:30	1.6	2022-09-25 14:30	2.9
PRE-G06-C-001	4.0	2022-07-24 17:20	1.8	2022-09-26 08:40	2.2
PRE-G08-C-001	4.0	2022-07-23 19:30	1.7	2022-09-26 08:30	2.3
PRE-G09-C-001	4.6	2022-07-23 23:10	2.6	2022-09-26 08:50	2.0

续表

编号	最大值 数值	最大值 时间	最小值 数值	最小值 时间	变化量
PRE-G11-C-001	3.5	2022-07-23 19:30	1.5	2022-09-26 08:30	2.0
PRE-G14-C-001	3.7	2022-07-23 19:50	1.7	2022-09-26 08:30	2.0
PRE-G15-C-001	3.3	2022-07-23 19:30	1.2	2022-09-26 08:20	2.1
PRE-G16-C-001	4.1	2022-07-24 22:00	2.1	2022-09-26 08:20	2.0
PRE-G17-C-001	2.4	2022-07-23 20:10	−0.5	2022-09-26 08:50	2.9
PRE-G19-C-001	3.9	2022-07-25 03:20	0.3	2022-09-25 15:10	3.6
PRE-G21-C-001	4.7	2022-07-24 18:10	−0.7	2022-09-08 07:30	5.4

表5.24给出了车辆荷载单独作用下的主桥第三联挠度数据。在车辆荷载作用下，实测主桥第三联10 min最大挠度为12.1 mm，发生在主桥左幅第二十八跨主梁跨中(传感器编号：PRE-G21-J-001)，时间为2022年9月18日14时40分；10 min最小挠度为−13.1 mm，发生在主桥左幅第二十二跨主梁跨中(传感器编号：PRE-G11-J-001)和第三十五跨主梁跨中(传感器编号：PRE-G16-J-001)，时间分别为2022年9月21日22时10分和9月28日8时50分。

表5.24 车辆荷载作用下主桥第三联10 min最大最小值挠度监测单元统计

单位：mm

编号	最大值 数值	最大值 时间	最小值 数值	最小值 时间	变化量
PRE-G03-J-001	4.3	2022-09-18 14:40	−5.3	2022-08-30 04:10	9.6
PRE-G05-J-001	4.7	2022-09-18 14:40	−4.7	2022-09-18 14:40	9.4
PRE-G06-J-001	11.3	2022-09-18 14:40	−11.8	2022-09-18 14:40	23.1
PRE-G08-J-001	3.9	2022-09-18 14:40	−4.3	2022-07-31 19:50	8.2
PRE-G09-J-001	9.3	2022-09-18 14:40	−8.4	2022-09-18 14:40	17.7
PRE-G11-J-001	10.5	2022-09-18 14:40	−13.1	2022-09-21 22:10	23.6
PRE-G14-J-001	3.8	2022-09-18 14:40	−4.7	2022-09-26 08:30	8.5
PRE-G15-J-001	9.6	2022-09-18 14:40	−8.4	2022-09-26 08:30	18.0
PRE-G16-J-001	10.8	2022-09-18 14:40	−13.1	2022-09-28 08:50	23.9
PRE-G17-J-001	4.4	2022-09-18 14:40	−5.0	2022-09-26 08:10	9.4
PRE-G19-J-001	4.8	2022-09-18 14:40	−4.9	2022-09-21 21:40	9.7
PRE-G21-J-001	12.1	2022-09-18 14:40	−12.0	2022-07-06 08:40	24.1
PRE-G03-C-001	4.7	2022-09-18 14:40	−6.3	2022-07-06 09:00	11.0

续表

编号	最大值 数值	最大值 时间	最小值 数值	最小值 时间	变化量
PRE-G05-C-001	4.6	2022-09-18 14:40	−4.6	2022-09-25 14:30	9.2
PRE-G06-C-001	11.5	2022-09-18 14:40	−11.4	2022-09-26 08:40	22.9
PRE-G08-C-001	3.1	2022-09-18 14:40	−4.9	2022-09-26 08:30	8.0
PRE-G09-C-001	9.4	2022-09-18 14:40	−8.5	2022-09-26 08:50	17.9
PRE-G11-C-001	10.6	2022-09-18 14:40	−12.8	2022-09-26 08:30	23.4
PRE-G14-C-001	3.4	2022-09-18 14:40	−4.7	2022-09-26 08:30	8.1
PRE-G15-C-001	9.5	2022-09-18 14:40	−8.7	2022-09-26 08:20	18.2
PRE-G16-C-001	10.7	2022-09-18 14:40	−12.7	2022-09-26 08:20	23.4
PRE-G17-C-001	3.6	2022-09-18 14:40	−4.2	2022-09-26 08:50	7.8
PRE-G19-C-001	9.7	2022-09-18 14:40	−8.9	2022-09-25 15:10	18.6
PRE-G21-C-001	11.0	2022-09-18 14:40	−12.9	2022-09-08 07:30	23.9

5.5.2 主桥主梁应变监测

主桥第三联车辆荷载作用下的应变监测结果见表5.25。分析发现，实测主桥第三联最大应变为96.5 $\mu\varepsilon$，发生在主桥左幅第十八跨主梁跨中混凝土顶板，横桥向（传感器编号：STR-G04-J-002），时间为2022年8月22日15时10分；最小应变为−158.3 $\mu\varepsilon$，发生在主桥右幅第二十八墩墩顶箱梁混凝土顶板（传感器编号：STR-G20-C-002），时间为2022年9月7日23时10分。

表5.25 主桥第三联应变监测单元统计

单位：$\mu\varepsilon$

编号	最大值 数值	最大值 时间	最小值 数值	最小值 时间	变化量
STR-G03-J-001	−10.1	2022-07-08 18:10	−86.5	2022-09-16 09:10	76.4
STR-G03-J-002	19.7	2022-07-01 19:00	−28.4	2022-09-25 07:50	48.1
STR-G04-J-001	0.0	2022-07-11 19:00	−33.8	2022-09-08 05:50	33.8
STR-G04-J-002	96.5	2022-08-22 15:10	−23.2	2022-07-08 06:10	119.7
STR-G10-J-001	−99.7	2022-07-08 22:40	−155.8	2022-09-08 07:50	56.1
STR-G10-J-002	−25.5	2022-09-08 07:00	−62.9	2022-07-23 19:50	37.4
STR-G11-J-001	24.3	2022-09-08 16:20	−76.9	2022-08-29 10:40	101.2
STR-G11-J-002	44.6	2022-07-13 21:00	19.0	2022-09-24 08:00	25.6

续表

编号	最大值 数值	最大值 时间	最小值 数值	最小值 时间	变化量
STR-G11-J-003	84.3	2022-07-12 20:30	−41.5	2022-09-24 10:30	125.8
STR-G12-J-001	15.2	2022-07-08 15:10	−27.2	2022-08-22 02:40	42.4
STR-G12-J-002	43.5	2022-07-09 20:20	−43.1	2022-09-16 11:30	86.6
STR-G13-J-001	−44.3	2022-07-08 18:40	−105.8	2022-09-24 08:20	61.5
STR-G13-J-002	87.0	2022-09-25 15:30	−74.6	2022-07-09 06:10	161.6
STR-G20-J-001	−25.9	2022-07-06 12:20	−144.5	2022-08-23 23:40	118.6
STR-G20-J-002	−3.3	2022-09-08 16:10	−74.3	2022-09-20 06:00	71.0
STR-G21-J-002	27.3	2022-07-13 21:00	−24.3	2022-09-24 09:00	51.6
STR-G03-C-001	17.0	2022-07-08 13:50	−72.8	2022-08-28 02:00	89.8
STR-G03-C-002	66.9	2022-07-23 20:30	37.1	2022-09-24 11:10	29.8
STR-G04-C-001	27.9	2022-07-07 14:30	−84.5	2022-09-15 21:10	112.4
STR-G04-C-002	83.8	2022-07-23 20:20	63.7	2022-07-07 12:00	20.1
STR-G10-C-001	−30.0	2022-08-01 14:40	−51.9	2022-09-20 06:50	21.9
STR-G10-C-002	30.1	2022-07-23 21:00	2.6	2022-07-07 11:00	27.5
STR-G11-C-001	72.6	2022-09-25 17:30	−24.5	2022-08-05 07:50	97.1
STR-G11-C-002	74.8	2022-09-08 15:40	−71.0	2022-07-02 06:40	145.8
STR-G11-C-003	−6.6	2022-07-11 18:30	−60.3	2022-09-08 09:00	53.7
STR-G12-C-001	54.9	2022-07-03 11:50	−14.0	2022-08-31 19:20	68.9
STR-G12-C-002	−5.4	2022-07-13 17:50	−50.7	2022-09-28 06:40	45.3
STR-G13-C-001	−73.7	2022-07-01 00:00	−134.5	2022-09-08 08:00	60.8
STR-G13-C-002	−45.6	2022-07-06 13:20	−139.2	2022-08-22 20:40	93.6
STR-G20-C-001	10.1	2022-09-25 15:00	−107.5	2022-07-25 05:40	117.6
STR-G20-C-002	−78.6	2022-07-08 19:30	−158.3	2022-09-07 23:10	79.7
STR-G21-C-002	−52.4	2022-07-01 00:00	−131.9	2022-09-24 10:20	79.5

5.5.3 主桥主梁温度监测

表 5.26 给出了主桥第三联结构的温度监测过程中的温度变化范围。具体而言,实测主桥第三联结构最高温度为 44.4 ℃,发生在主桥右幅第二十八墩墩顶箱梁混凝土顶板(传感器编号:SGT-G20-C-001),时间为 2022 年 7 月 24 日 20 时 30 分;结构最低温度为 27.8 ℃,发生在主桥右幅第二十二跨主梁跨中顶板(传感器编号:SGT-G11-C-001),时

间为 2022 年 7 月 6 日 11 时 10 分。监测期内无异常温度变化。

表 5.26 主桥第三联结构温度监测单元统计

单位：℃

编号	最大值 数值	最大值 时间	最小值 数值	最小值 时间	变化量
SGT-G03-J-001	37.4	2022-07-24 21:20	30.3	2022-07-07 12:10	7.1
SGT-G03-J-002	38.4	2022-07-24 21:20	30.9	2022-07-07 12:00	7.5
SGT-G04-J-001	43.1	2022-07-24 20:30	29.6	2022-07-06 11:20	13.5
SGT-G04-J-002	43.2	2022-07-24 20:40	29.4	2022-07-06 11:30	13.8
SGT-G10-J-001	38.9	2022-07-24 23:10	31.6	2022-07-07 13:30	7.3
SGT-G10-J-002	37.4	2022-07-24 20:40	29.9	2022-07-07 12:00	7.5
SGT-G11-J-001	41.8	2022-08-14 20:50	29.0	2022-07-06 12:00	12.8
SGT-G11-J-002	38.5	2022-07-24 21:30	31.3	2022-07-07 12:10	7.2
SGT-G11-J-003	38.3	2022-07-24 21:20	31.0	2022-07-07 12:00	7.3
SGT-G12-J-001	37.9	2022-07-24 21:20	30.5	2022-07-07 11:40	7.4
SGT-G12-J-002	37.5	2022-07-23 16:40	31.1	2022-07-07 12:10	6.4
SGT-G13-J-001	41.2	2022-07-24 22:00	28.5	2022-07-06 12:50	12.7
SGT-G13-J-002	42.7	2022-07-24 22:00	29.6	2022-07-06 12:50	13.1
SGT-G20-J-001	41.5	2022-07-24 22:20	28.9	2022-07-06 13:50	12.6
SGT-G20-J-002	40.6	2022-08-14 23:10	29.1	2022-07-06 13:40	11.5
SGT-G21-J-002	38.3	2022-07-24 21:20	30.6	2022-07-06 11:20	7.7
SGT-G03-C-001	42.5	2022-07-24 20:40	28.7	2022-07-06 11:40	13.8
SGT-G03-C-002	39.7	2022-07-23 21:40	32.6	2022-09-25 11:20	7.1
SGT-G04-C-001	42.6	2022-07-24 20:40	28.5	2022-07-06 12:10	14.1
SGT-G04-C-002	39.8	2022-07-24 21:00	32.5	2022-07-07 12:20	7.3
SGT-G10-C-001	39.8	2022-07-24 23:10	31.9	2022-07-07 13:30	7.9
SGT-G10-C-002	39.1	2022-07-24 21:40	31.6	2022-07-07 12:10	7.5
SGT-G10-C-003	39.7	2022-07-24 23:40	32.1	2022-07-07 13:00	7.6
SGT-G11-C-001	43.3	2022-07-24 20:20	27.8	2022-07-06 11:10	15.5
SGT-G11-C-002	39.3	2022-07-24 21:50	31.5	2022-07-07 12:30	7.8
SGT-G11-C-003	39.1	2022-07-24 21:30	31.7	2022-07-07 12:00	7.4
SGT-G12-C-001	39.4	2022-07-24 22:00	31.9	2022-07-07 12:00	7.5
SGT-G12-C-002	39.3	2022-07-24 21:30	31.9	2022-07-07 12:10	7.4

续表

编号	最大值 数值	最大值 时间	最小值 数值	最小值 时间	变化量
SGT-G20-C-001	44.4	2022-07-24 20:30	30.4	2022-07-06 12:20	14.0
SGT-G20-C-002	44.2	2022-07-24 20:30	30.7	2022-07-06 12:20	13.5
SGT-G21-C-001	39.1	2022-07-24 22:50	31.7	2022-07-07 11:30	7.4
SGT-G21-C-002	39.1	2022-07-24 21:30	31.6	2022-09-24 10:00	7.5

5.5.4 主桥监测结果分析

在2022年第三季度期间,对主桥第三联进行了全面监测。实测主桥第三联地震时最大振动加速度为2.0 g,振动幅度较小,无异常情况。实测主桥第三联环境最高温度为38.5 ℃,最低温度为24.1 ℃;主桥第三联左幅箱梁内最高温度为37.6 ℃,最低温度为28.5 ℃;主桥第三联右幅箱梁内最高温度为38.0 ℃,最低温度为28.6 ℃。环境温度和箱梁内温度符合该时间段内气温情况,无异常温度变化。实测主桥第三联环境最大湿度为100.0%;主桥第三联左幅箱梁内最大湿度为84.3%;主桥第三联右幅箱梁内最大湿度为83.1%。箱梁内湿度在2022年第三季度期间大部分在40%~70%之间,后续维护应定期核查箱梁是否密闭或存在渗水问题。

在温度荷载、车辆荷载等多种荷载作用下,主桥第三联最大向上挠度为15.2 mm,最大向下挠度为-10.8 mm;在温度荷载作用下,主桥第三联最大向上挠度为8.6 mm,最大向下挠度为-0.9 mm;在车辆荷载作用下,主桥第三联主梁最大向上挠度为12.1 mm,最大向下挠度为-13.1 mm。此外,在"9.18台湾花莲县6.9级地震"期间,部分截面挠度超过了报警值,但震后各截面主梁挠度均回到震前水平。除地震发生时间外,2022年第三季度主桥第三联在不同荷载作用下,主梁挠度变化均无异常,满足设计要求。实测主桥第三联梁端纵向位移最大值为-39.3 mm,梁端纵向位移最小值为-109.5 mm。梁端纵向位移均在黄色预警值范围区间内。实测主桥第三联最大应变为96.5 $\mu\varepsilon$,最小应变为-158.3 $\mu\varepsilon$,无异常变化情况。实测主桥第三联结构最大温度为44.4 ℃,结构最小温度为27.8 ℃,无异常温度变化。监测分析结果进一步表明,主桥第三联在各种荷载作用下均未出现异常情况,主梁刚度满足设计要求,结构应变和温度变化也均处于合理范围内。

5.6 小结

本章分析和优化了厦门大桥的拓宽改造方案。在分析了斜撑杆加宽法、钢-混凝土组合梁加宽法、正交异性钢悬臂板加宽法等传统方案不能很好满足厦门大桥拓宽改造要求的基础上,提出了一种适用于厦门大桥的外延加肋钢悬臂支撑-底部钢板组合桥面拓宽方法。三维有限元数值仿真表明,所提的组合桥面拓宽方案可以满足拓宽部分混凝土桥面板的强度和刚度要求,同时提高了桥梁的整体承载能力和稳定性。厦门大桥改造后的现场监测结果同样表明,改造加固后的结构刚度满足设计要求,结构应变和温度变化也均处于合理范围内,为大桥的安全运行和维护管理提供了保障。

6 桥墩支座更换关键技术与大桥稳定性分析

桥墩支座更换可以有效提升厦门大桥的整体耐久性和安全性。本章分析了厦门大桥的桥墩支座更换工法及流程，探讨了相应的质量控制方法。与此同时，通过计算永久作用标准值效应和失效支座所对应荷载最不利布置情况下的支座反力，研究了不同荷载条件下厦门大桥改造后的抗倾覆稳定性。

6.1 桥墩支座更换方案

在常规支座更换技术中，通常需要全面封闭桥梁，以避免行车荷载对更换作业造成干扰。然而，厦门大桥作为连接城市不同区域、促进交通流通的关键通道，全封闭将直接加剧城市交通压力。特别是在当前车流量不断攀升的背景下，封闭大桥无疑会给周边交通带来极大压力。因此，如何在确保交通畅通的同时进行支座更换，是厦门大桥改造加固过程中的一个重要问题。

针对上述问题，厦门大桥改造加固项目引入了PLC(programmable logic controller，可编程逻辑控制器)多点同步顶升控制系统，并结合钢吊架平台，实现了大桥在不中断交通的情况下进行支座更换。图6.1所示为PLC多点同步顶升液压控制系统，该系统每台设备配备4个控制点，最多可支持32台千斤顶的分解阀安装。PLC多点同步顶升控制系统采用液压变频调速控制、压力和位移闭环自动控制技术，实现了对多点力的均衡控制[53,54]。该系统能够对顶升桥梁进行精确称重、同步顶升和降落，同步顶升精度高达±0.1 mm。该系统液压泵站采用阀配流形式的柱塞泵，并配备均载阀，确保千斤顶在顶升和降落时都能进行精确的进油调速控制，有效减轻了液压冲击力对同步精度和梁体结构的影响。同时，均载阀的设计还保证了在意外停电情况下，千斤顶不会自由下滑，保障负载的安全可控。此外，该系统中的压力变送器和检测装置能够实时精确地监测千斤顶的负荷和位移，精确测定梁体的顶升高度。

图 6.1　PLC 多点同步顶升液压控制系统

  在支座更换过程中,为确保桥梁的结构稳定,防止其产生变形和损坏,还需要在支座位置布置临时支撑。使用钢板等坚固材料制成的临时支撑,具有良好的承载能力和稳定性,能够承受来自桥梁重量的压力和作用力,保证桥梁的稳定性和结构安全。图 6.2 所示为支座更换所采用临时支撑的钢管柱尺寸构造,该临时支撑能够保障已安装结构构件的稳定性,防止其在安装过程中发生倾斜、移动等危险情况,从而保证了施工安全性。

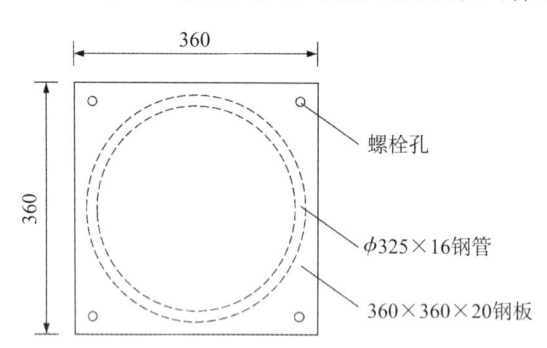

图 6.2　临时支撑钢管柱尺寸构造(单位:mm)

6.2　桥墩支座更换施工流程

  桥墩支座更换的具体流程如图 6.3 所示,主要包含施工准备阶段、桥梁顶升阶段、支座更换施工阶段、梁体复位阶段和工程结束阶段。
  顶升作业开始前,需要在桥面上布置多个标高和中线观测点,确保能够精确测量并记录各点的标高值以及桥梁的偏移情况,相关数据随后用于确定各点准确的顶升高度。顶升作业的准备工作包括:首先,对千斤顶进行严格的校准,确保其在投入使用前已通过监理处的批准,并附有校准报告;其次,对顶升系统的可靠性进行检验,包括在70%~90%的顶升力下保压5 h以验证其密封性能,并确保液压油的清洁度符合系统要求;再次,对顶升系统的结构部分进行全面检查,确保千斤顶、顶升支架的安装牢固,并清除所有影响顶升的设施和荷载;最后,还需对顶升系统进行调试,包括液压系统、控制系统和监测系统的全面检查,以确保其正常运行和数据的准确传输。

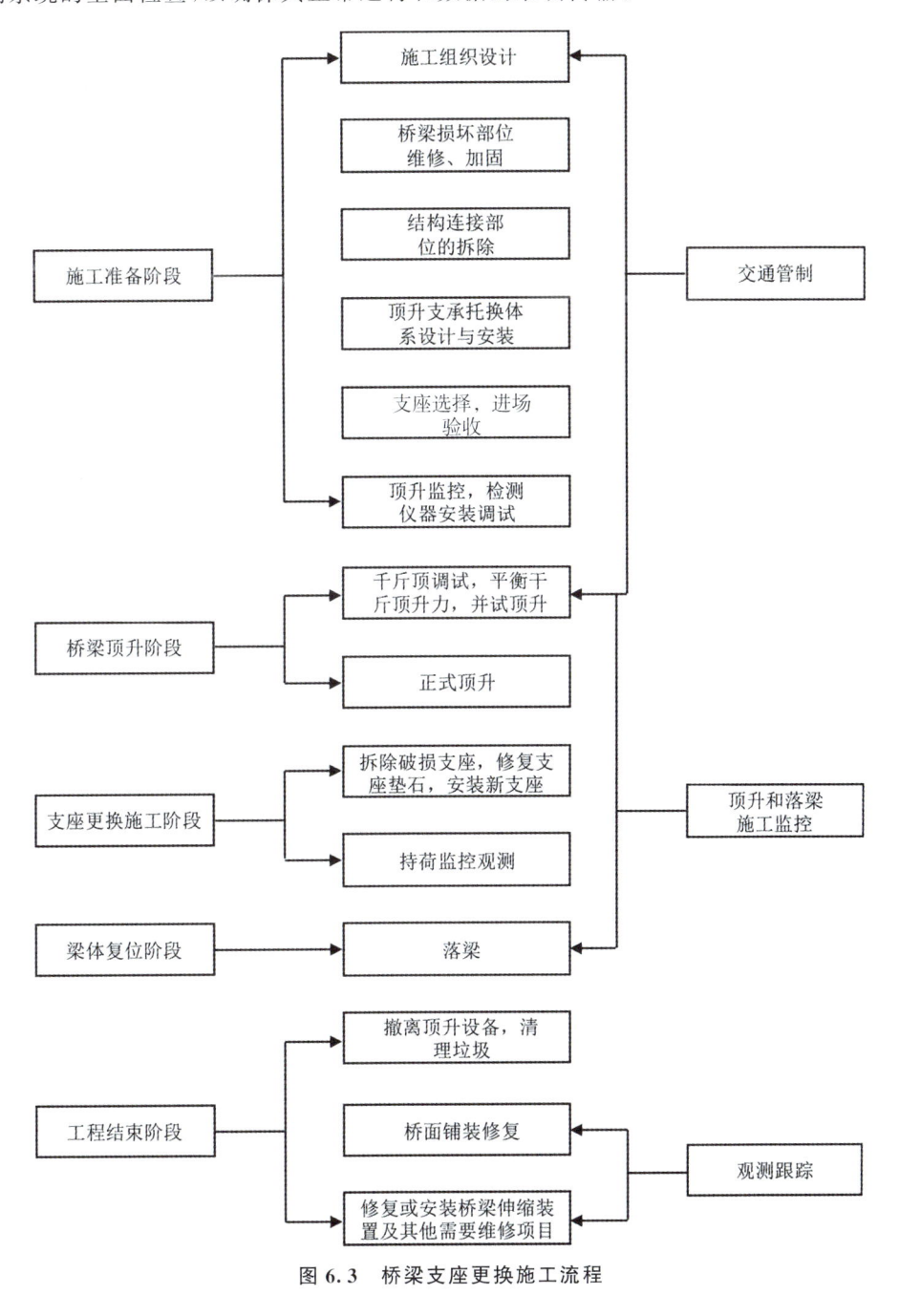

图 6.3 桥梁支座更换施工流程

为了检查顶升施工系统的稳定运行并验证其称重结果的准确性,在正式顶升之前,必须实施一次试顶升。试顶升的高度应设定为 3 mm,用以模拟并测试整个系统的响应和性能。试顶升完成后,将详细分析并报告整体姿态的变化、结构位移等关键数据,为后续的正式顶升作业提供有力的依据和参考。

在正式的顶升作业中,全过程需严格遵循分步分阶段的原则,确保每次顶升的最大行程高度控制在 5~8 mm 之间,以确保安全稳定。正式顶升期间,其预设程序操作包括精确加载、及时观察、认真测量、加强监控、数据校核以及深入分析和决策,确保每一步都记录在案,保障整个顶升过程的安全与顺利。

顶升结束后,需要将待更换支座运输至相应部位。在进行支座的垂直运输时,采用随车吊与卷扬机协同作业的高效方式。在随车吊下放支座的过程中,为了避免钢丝绳与翼缘板之间的直接摩擦和磨损,还在吊索与翼缘板边缘接触区域铺设了一层油毛毡。油毛毡覆盖翼缘板边缘 1 m 范围内的区域,可有效防止两者之间的直接接触,保证运输过程的安全顺利。随后,水平移动支座,当卷扬机将支座精准吊升至预定的工作更换面高度后,采用斜拉的方式,将支座放置在钢滑轨架上。为了确保支座在水平移动过程中的顺畅性,需选用不锈钢作为滑动面,使其能够平稳、顺畅地滑移至墩顶外侧的垫石位置。最后,通过水平转向,完成支座的更换过程。

6.3 桥墩支座更换质量控制

桥梁支座更换施工中,PLC 多点同步顶升控制系统发挥了关键作用,通过精确控制、实时监测与反馈,高效、智能化管理以及施工质量控制等方面,确保了施工过程的稳定、安全和高效。

PLC 多点同步顶升控制系统通过精确的传感器和控制器,实现了对多个顶升点的同步控制,保证了桥梁在顶升过程中的平稳性和安全性。这种精确控制不仅避免了传统方法中因千斤顶不同步而产生的梁板之间受力不均衡问题,而且显著减少了对桥梁结构的潜在损害。

在实时监测与反馈方面,系统能够实时采集顶升过程中各部位的位移、压力等数据信息,并将这些信息与已设定好的安全阈值进行比对,一旦检测到异常情况或超出安全阈值,系统会立即进行反馈,并采取相应的调整措施,从而确保施工过程的稳定和安全。

在高效管理方面,通过 PLC 多点同步顶升控制系统,可实现多个工作点的同步控制,从而大大缩短施工周期,提高施工效率。与传统的分段施工方法相比,该系统能够显著减少人力投入和施工成本。同时,该系统集成了先进的计算机控制技术和传感器技术,具有智能化管理的特点。通过友好的人机交互界面,操作人员可以方便地设定和调整顶升参数,实时监控施工过程,并进行故障报警和参数检测。这种智能化管理不仅提高了施工效率,还降低了操作难度和人为错误的风险。

在施工质量控制方面,通过精确的液压控制和伺服系统反馈,PLC 多点同步顶升控制系统能够保证施工过程中的每一个环节都保持同步性和稳定性。这种稳定性不仅提高了施工质量,还有助于减少因施工不当而对桥梁结构造成的损伤。

支座的材料、质量和规格必须满足设计和有关规范的要求,应按照《公路桥梁加固施工技术规范》(JTG/T J23—2008)[55]和《公路桥涵施工技术规范》(JTG/T 3650—2020)[56],对桥墩支座更换的流程和质量进行严格控制。厦门大桥使用的具体支座型号及相关材料统计见表 6.1。除此之外,支座底板调平砂浆性能应符合设计要求,灌注密实,不得留有空洞;支座上下各部件纵轴线必须对正。当安装时的温度与设计要求不同时,应通过计算设置支座顺桥向预偏量。

在减隔震支座更换过程中,质量控制更为重要。顶升监测主要以高程控制,最大顶升不超过 20 mm,但按照尽量保护现有原桥状态,能够满足现场更换支座的合理顶升高度为控制原则,施工现场一般按照顶升高度 5～8 mm 控制。如若遇到原支座上钢板嵌入箱梁底板混凝土的特殊情况,需要较大的顶升高度才可满足拆除原有旧支座的情况时,需要谨慎顶升,并控制好顶升高度。若超过 15 mm 仍然有施工困难的,需及时与设计单位沟通汇报,通过设计方的计算指导后进行妥善处理。同时,在顶升过程中,需要分次多级顶升或多次缓慢顶升,逐级分次顶升的累积高程应严格控制在设计范围内。

表 6.1　材料统计

设备名称	规格型号	单位	数量	用途
桥梁支座结构胶	(自购)	kg	3000	结构补强
灌浆料	(自购)	kg	3000	封边
减隔震支座	FPB4000DX	个	20	支座安装
	FPB4000ZX	个	20	支座安装
	FPB7000DX	个	52	支座安装
	FPB7000ZX	个	52	支座安装
	FPB7000HX	个	30	支座安装
	FPB7000GD	个	30	支座安装
	GBZJH200 * 300 * 32	个	22	支座安装
	GBZJ250 * 350 * 41	个	22	支座安装
	GBZJ200 * 300 * 30	个	110	支座安装
施工平台搭设材料	(自购)	套	8	支座安装平台搭设

6.4　抗倾覆稳定性分析

为了评估厦门大桥改造加固后的稳定性,这里选取主桥上部结构进行建模分析,其中箱梁长度为 45 m。主桥上部结构的材料为 C55 补偿收缩自密实混凝土,车辆荷载为公路Ⅰ级。

6.4.1 仿真模型

厦门大桥主桥为预应力混凝土箱型梁结构体系。在稳定性分析中,上部结构选用梁单元方式建立,选取 45 m 典型桥段进行离散。箱梁的有限元模型与图 5.13 所示的主桥桥面拓宽分析的模型一致,箱梁桥截面的几何尺寸如图 6.4 所示,支座布置在图 6.5 中给出了具体描述。

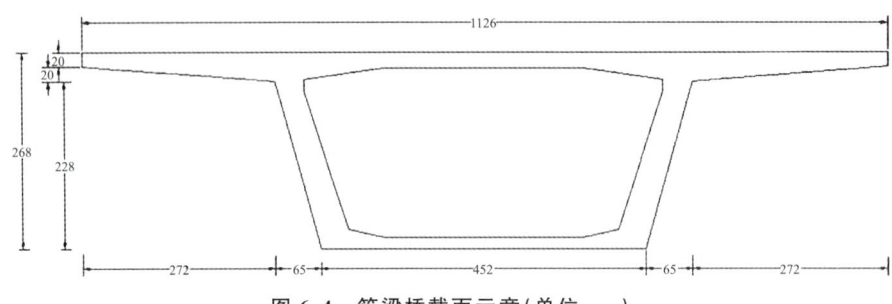

图 6.4 箱梁桥截面示意(单位:cm)

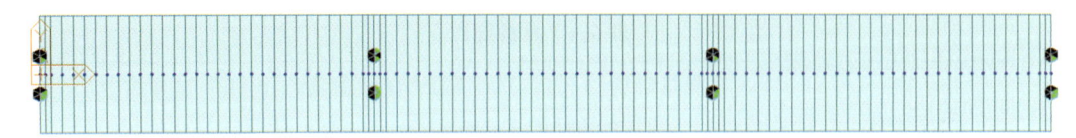

图 6.5 支座布置示意

为确保结构的抗倾覆稳定性,需要按《公路桥涵设计通用规范》(JTG D60—2015)[52]中第 4.3.1 条规定的公路 I 级车道荷载进行验算。据统计,导致桥梁倾覆事故的车辆荷载为 40~50 kN/m,约为公路 I 级车道荷载的 3 倍。此外,考虑到规范对荷载的取值要求,采用 3 种荷载模式用于验算连续梁桥的抗倾覆稳定性,包括图 6.6 所示 d 公路 I 级荷载 p_k 和均布荷载标准值 $q_k=10.6$ kN/m。其中,集中荷载标准值 P_k 取值方式见表 6.2。此外,验算过程中还考虑了车辆荷载的影响,图 6.7 给出了验算所使用的车辆荷载及其分布示意图,用于模拟车辆的实际分布情况。

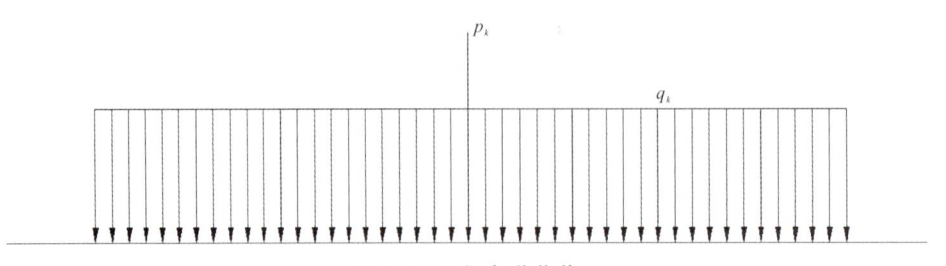

图 6.6 I 级车道荷载

表 6.2 集中荷载 P_k 取值

计算跨径 l/m	$l \leqslant 5$	$5 < l < 50$	$l \geqslant 50$
P_k/kN	270	$2(l+130)$	360

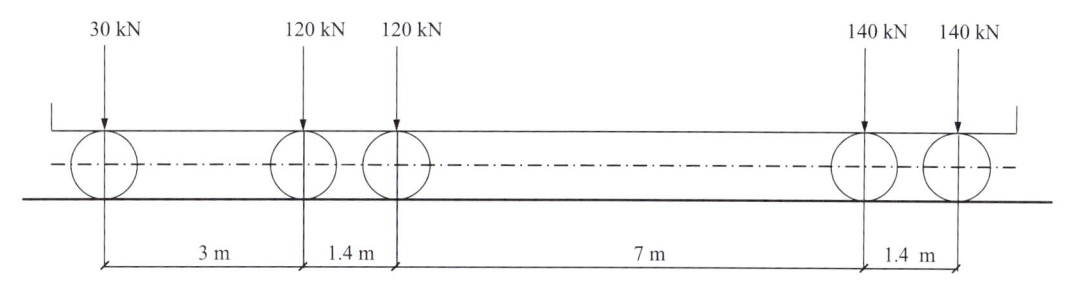

图 6.7 车辆荷载的立面布置

6.4.2 倾覆轴线的确定

为计算方便起见,考虑图 6.4 所示的典型箱梁截面。其中,箱梁长度为 45 m,截面尺寸列于图 6.4 中,梁高 2.68 m,顶板宽 11.26 m,底板宽 4.52 m。梁桥采用 C55 混凝土浇筑,7ϕ4 1860 钢绞线,预应力张拉值 1100 MPa。

根据图 6.8 所给的桥梁支座的位置,可以确定桥梁的倾覆轴线。为对比起见,图 6.9 给出了桥墩支座位置的现场示意图。对桥梁抗倾覆进行验算,首先需要确定直线梁桥的倾覆轴线。倾覆轴线是桥梁在受到外力作用时,可能发生倾覆的临界线。对于直线梁桥,倾覆轴线通常确定为两联端外侧支座连线,图 6.10 给出了梁桥的倾覆轴线的具体位置。在有限元模型中,需要模拟实际工程中的桥梁支座情况,精确设置支座形式,包括在 X 方向(横向)、Y 方向(纵向)以及 Z 方向(竖向)对支座进行约束或放松。

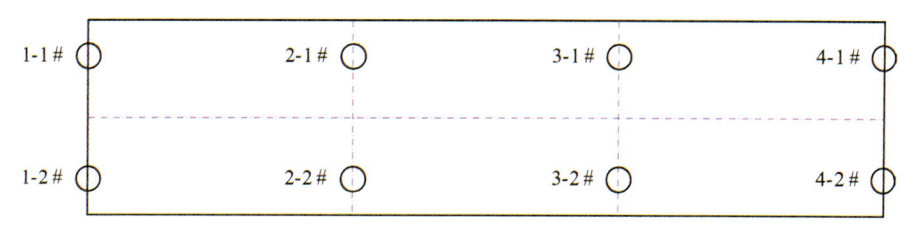

图 6.8 典型桥段支座编号示意

图 6.9 典型桥段桥墩支座间距

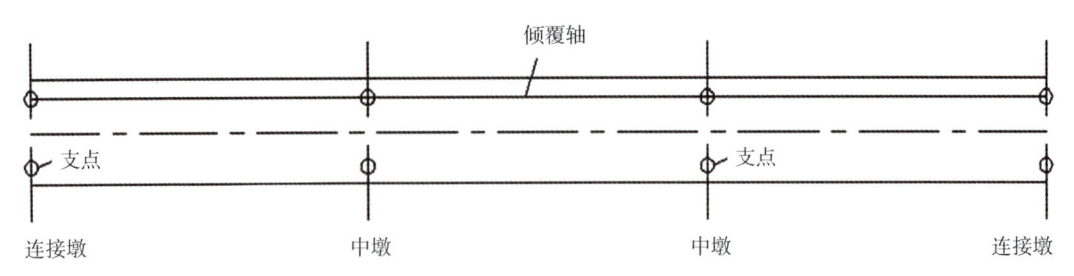

图 6.10 典型桥段的倾覆轴线

6.4.3 抗倾覆稳定性计算

依据《公路钢筋混凝土及预应力混凝土桥涵设计规范》(JTG 3362—2018)[51]关于抗倾覆性能的计算要求,采用特征状态作为抗倾覆验算工况。特征状态关注的是梁体在倾覆过程中支座的受力状态以及抗扭支承的有效性,是评估桥梁结构稳定性和安全性的重要指标。

为了进行厦门大桥抗倾覆验算,首先根据图 6.11 的荷载情况,确定失效支座所对应荷载最不利布置情况下各支座的反力,然后进行稳定性计算。表 6.3 给出了各工况下的支座反作用力,稳定性计算结果详见表 6.4 和表 6.5。经对比分析,发现各支座反力均满足相关规范的要求,这表明在失效支座所对应荷载最不利布置情况下,改造加固后的厦门大桥仍然具有良好的抗倾覆稳定性。

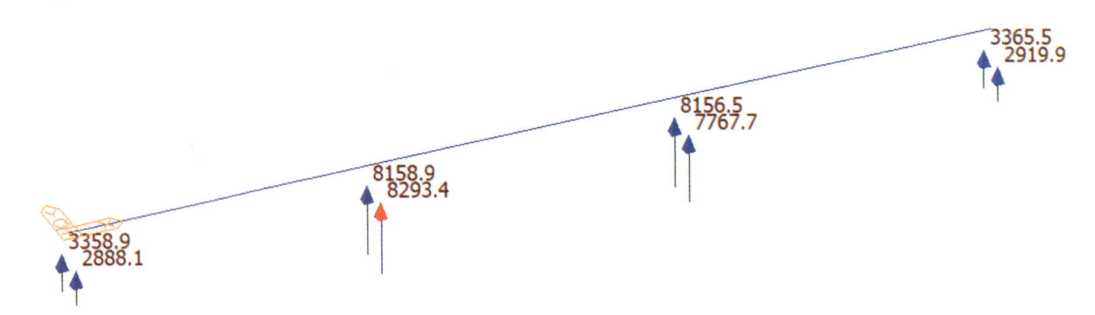

图 6.11 荷载作用的支座反力(单位:kN)

表 6.3 各工况下的支座反作用力

项目	支座编号							
支座编号	1-1#	1-2#	2-1#	2-2#	3-1#	3-2#	4-1#	4-2#
支座间距 l_i/m	3.27	0	3.27	0	3.27	0	3.27	0
R_{Gi}(永久作用标准值效应)/kN	3358.9	2888.1	8158.9	8293.4	8156.5	7767.7	3365.5	2919.9

续表

项目		支座编号							
支座竖向力/kN	失效支座对应最不利汽车荷载的标准值效应	$R_{Qki,1\text{-}1}$	−258.7	535.6	−153.5	508.9	−147.0	371.5	−11.07	−12.20
		$R_{Qki,1\text{-}2}$	530.8	−256.2	689.9	−216.1	−1.69	−40.61	3.17	3.84
		$R_{Qki,2\text{-}1}$	−95.18	141.8	−309.6	889.9	−117.4	262.9	−7.76	−9.64
		$R_{Qki,2\text{-}2}$	153.8	−107.2	880.4	−300.9	291.3	−144.3	−9.66	−8.47
		$R_{Qki,3\text{-}1}$	−9.79	−7.50	−119.1	258.5	−297.2	874.2	−99.5	155.6
		$R_{Qki,3\text{-}2}$	−9.13	−9.68	288.8	−137.2	885.9	−313.0	154.0	−104.6
		$R_{Qki,4\text{-}1}$	−14.13	−9.92	−157.0	386.0	−148.7	497.7	−255.0	534.5
		$R_{Qki,4\text{-}2}$	−11.34	−12.93	396.5	−167.8	542.5	−192.3	535.3	−256.4

表 6.4 特征状态 1 抗倾覆验算

单位:kN

	特征状态 1 验算							
支座编号	1-1#	1-2#	2-1#	2-2#	3-1#	3-2#	4-1#	4-2#
$1.0 \times R_{Gki} + 1.4 \times R_{Qki,1\text{-}1}$	2996.7	3638.0	7943.8	9005.8	7950.7	8287.8	3350.0	2902.82
$1.0 \times R_{Gki} + 1.4 \times R_{Qki,1\text{-}2}$	4102.0	2529.4	9124.7	7990.9	8154.1	7710.8	3369.9	2925.3
$1.0 \times R_{Gki} + 1.4 \times R_{Qki,2\text{-}1}$	3225.6	3086.6	7725.4	9539.3	7992.1	8135.7	3354.6	2906.4
$1.0 \times R_{Gki} + 1.4 \times R_{Qki,2\text{-}2}$	3574.2	2738.0	9391.4	7872.1	8564.3	7565.7	3352.0	2908.0
$1.0 \times R_{Gki} + 1.4 \times R_{Qki,3\text{-}1}$	3345.2	2877.6	7992.1	8655.3	7740.42	8991.6	3226.2	3137.7
$1.0 \times R_{Gki} + 1.4 \times R_{Qki,3\text{-}2}$	3346.1	2874.5	8563.22	8101.3	9396.76	7329.5	3581.1	2773.4
$1.0 \times R_{Gki} + 1.4 \times R_{Qki,4\text{-}1}$	3339.1	2874.2	7939.1	8833.8	7948.32	8464.5	3008.5	3668.2
$1.0 \times R_{Gki} + 1.4 \times R_{Qki,4\text{-}2}$	3343.0	2870.0	8714	8058.5	8916	7498.5	4114.9	2560.9
验算结论	满足规范要求							
稳定效应($\sum R_{Gki} \times l_i$)/(kN·m)	10983.6	0	26679.6	0	26671.7	0	11005.2	0

表 6.5　特征状态 2 抗倾覆验算

		特征状态 2 验算							
	支座编号	1-1#	1-2#	2-1#	2-2#	3-1#	3-2#	4-1#	4-2#
失稳效应/(kN·m)	$\sum R_{Qki,1-1} \times l_i$	846.0	0	502.3	0	480.7	0	36.2	0
	$\sum R_{Qki,1-2} \times l_i$	1735.7	0	2256.0	0	5.52	0	10.36	0
	$\sum R_{Qki,2-1} \times l_i$	311.23	0	1012.4	0	383.9	0	25.4	0
	$\sum R_{Qki,2-2} \times l_i$	502.9	0	2878.9	0	952.6	0	31.6	0
	$\sum R_{Qki,3-1} \times l_i$	32.01	0	389.45	0	971.8	0	325.3	0
	$\sum R_{Qki,3-2} \times l_i$	29.85	0	944.37	0	2896.9	0	503.6	0
	$\sum R_{Qki,4-1} \times l_i$	46.20	0	513.39	0	486.2	0	833.8	0
	$\sum R_{Qki,4-2} \times l_i$	37.08	0	1296.5	0	1774.0	0	1750.4	0
稳定性系数	$\sum R_{Gki} \times l_i / (\sum R_{Qki,1-1} \times l_i)$							3.10	
	$\sum R_{Gki} \times l_i / (\sum R_{Qki,2-1} \times l_i)$							2.72	
	$\sum R_{Gki} \times l_i / (\sum R_{Qki,3-1} \times l_i)$							3.35	
	$\sum R_{Gki} \times l_i / (\sum R_{Qki,4-1} \times l_i)$							3.12	
验算结论	满足规范要求								

6.5　小结

本章详细阐述了厦门大桥桥墩支座更换工法及质量控制方法。同时,基于永久作用标准值效应和失效支座对应的最不利荷载布置情况,计算了对应的支座反力,进行了厦门大桥上部结构的抗倾覆稳定性验算。结果表明,改造加固后的厦门大桥不仅在作用标准值进行组合时,大桥整体式截面作用效应稳定系数满足规定的抗倾覆要求,而且在失效支座所对应荷载最不利布置情况下,同样具有良好的抗倾覆稳定性。

7 钢套箱围堰施工与优化设计

钢围堰是一种在桥梁工程以及水利工程中,为保证施工人员安全并提供干地作业条件的一种临时性围护结构。本章通过对厦门大桥钢套箱围堰的初始方案进行有限元仿真分析和结构优化,提出了一种对八字内支撑轻型单壁钢套箱围堰。优化后的围堰方案不仅具有节省材料、结构简单、整体性好等优点,而且其整体受力性能更加合理。

7.1 钢套箱围堰方案

围堰可以防止水和土进入桥梁墩柱的修建位置,以便在围堰内进行排水、开挖基坑和修筑建筑物等工作,是施工人员进行桥梁墩柱改造施工作业的基础。按结构形式,钢围堰可以分为钢板桩围堰、钢筋混凝土板桩围堰、钢套箱围堰以及钢管桩围堰等形式[57]。按照类型,钢围堰则包括单壁、双壁和单双壁混合型等样式。目前国内外桥梁施工中采用的钢套箱围堰多为双壁结构,且与桥梁基础选型密切相关[58],如日本港大桥采用圆形双壁钢沉井基础;而国内一般将钢围堰和桩基础配合使用,如九江长江大桥是国内首次采用双壁钢围堰和钻孔桩为基础的建设项目。双壁钢围堰具有结构简单、强度高等特点,被大规模应用于国内各类桥梁施工,但其仍存在一些不足之处,比如成本较高、工期较长、占用面积较大等。

厦门大桥位于海洋环境中,为修复海洋环境造成的墩柱侵蚀,其下部结构的施工必须采用围堰技术。大桥改造项目的工程区完全位于海洋环境中,呈现出典型的正规半日潮模式,平均潮差在 4~5 m 之间,而历史纪录显示的最大潮差曾达到 6.92 m[59]。此外,大桥所处的地质条件相对复杂,其基础地层为花岗斑岩,且风化程度多变,主要包含沉积层、风化层以及坚硬的基岩层。由于大桥所在的自然环境具有高度的复杂性和多变性,加之工程面临紧张的工期和繁重的任务量,因此在确保施工安全的基础上,采用轻型高效的围堰方案显得至关重要。为了加快施工进度,项目选择了一种分块式拼装轻型单壁钢套箱围堰,不仅显著减少了材料的使用,还有效地节省了安装时间[60]。

图 7.1 给出了一种典型的单壁钢套箱围堰的施工现场与仿真模型,对应的结构布置图如图 7.2 所示。为匹配大桥改造的墩柱尺寸,本工程的单壁钢套箱围堰总高度为 6 m,

按高度方向由下至上分为3段,每段的高度分别为2.5 m、2.2 m和1.3 m。围堰每段的长短边各分为两个拼装分片和一个角模板分块,套箱设置6道内支撑。其中第一、二、三、五道内支撑均只设置八角撑,内支撑和模板圈梁通过法兰连接;第四道和第六道除了设置八角撑,还设置了4个方向的墩柱对撑,对撑结构一端和圈梁用法兰连接,另外一侧通过8 cm螺旋套筒伸缩和墩身连接,使整个围堰和墩柱连成一个整体。在墩身施工过程中采用分段施工方案,确保有一道对撑结构和墩柱连成一个整体,第一段围堰与承台搭接牛腿均采用4根M16螺栓与承台锚固连接,螺栓采用304材质,锚固深度不小于10 cm。

(a)施工现场　　(b)仿真模型

图7.1　钢套箱围堰施工现场与仿真模型

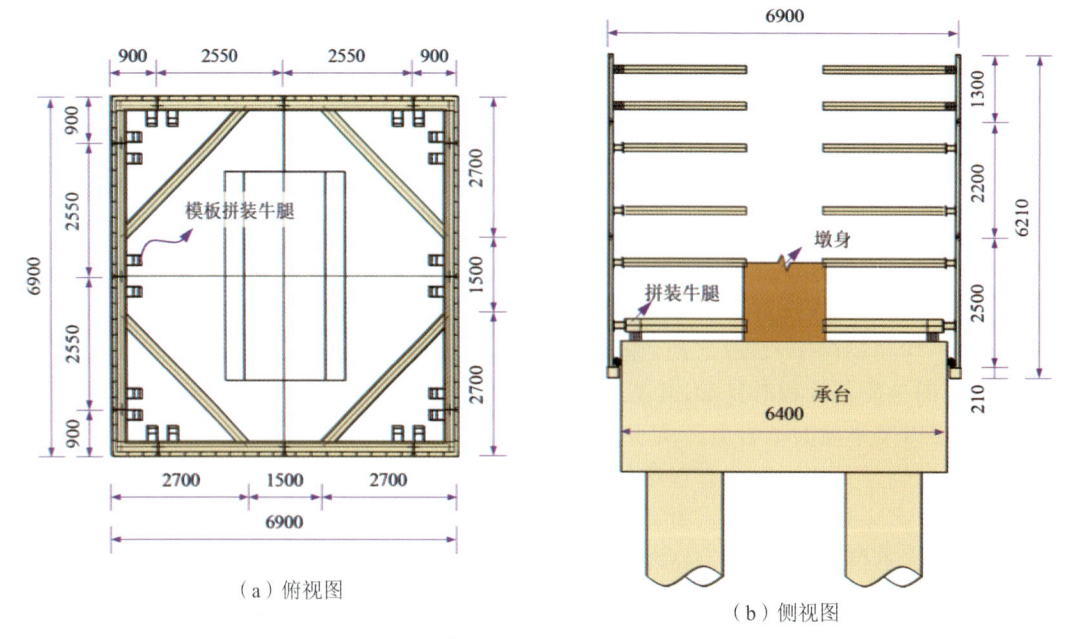

(a)俯视图　　(b)侧视图

图7.2　钢套箱围堰结构布置(单位:mm)

7.2 钢套箱围堰施工流程

钢套箱围堰的安装是桥墩改造施工之前的准备工作,其为施工人员提供了必要的施工空间并保障施工人员的安全。在围堰搭建之前,需要使用挖机对桥梁承台进行开挖。水位较高时,常采用驳船上加载长臂挖机或悬浮挖机开挖,长臂挖机采用槽钢固定锁死在驳船上。在水位低潮时,用悬浮挖机行驶至桥墩处进行承台开挖,挖除覆盖在承台上的杂土或砂土,开挖深度至承台底部。图 7.3 所示为桥梁承台开挖现场示意图,可以看出,现场空间开阔,为大型施工设备提供了足够的作业空间,确保了施工的高效进行。

随后,在加工场对钢套箱围堰分块编号,现场制作。围堰模板制作完成后,在岸边通过浮箱把钢围堰模板运输至墩身处,浮箱通过牵引船拖至墩身后抛锚固定。此外,为保证钢围堰的正常施工与安装,需要在墩柱上安装一个主吊挂系统来吊装模板。吊挂系统的整体布置形式现场如图 7.4 所示,其设计立面图和俯视图如图 7.5 所示。

图 7.3 桥梁承台开挖现场

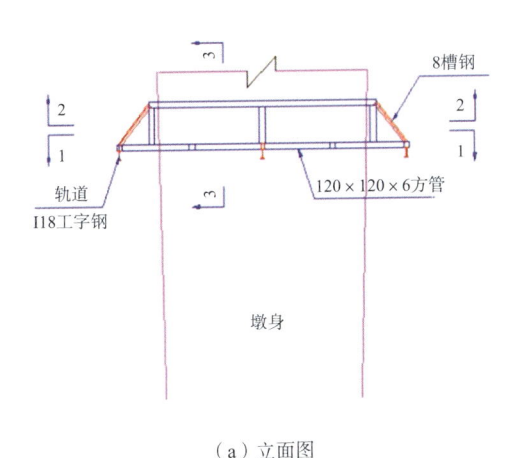

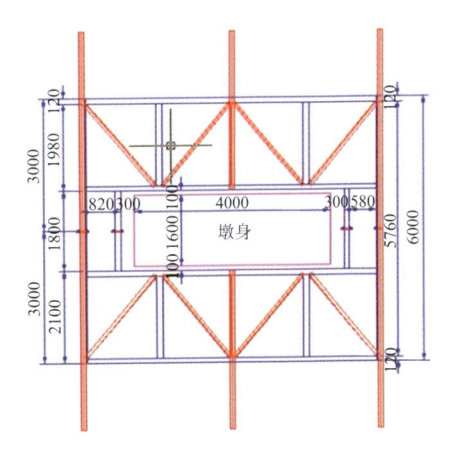

图 7.4 吊挂系统现场

(a)立面图

(b)俯视图

图 7.5 吊挂系统(单位:mm)

吊挂系统安装完成后,便可进行钢围堰的拼装。首先用浮箱将钢模板运至墩身边上,浮箱平行墩身方向设置,并抛锚固定好;然后用吊挂系统上的两个电动葫芦分别挂住钢模板的一端,同时提升模板后移至承台边位置后开始安装;第一块模板通过导向准确地挂在承台上,第二块模板用第一块模板同样的方法下放后挂在承台上,两块模板通过潜水员用螺栓固定,再用螺栓将围堰底部模板牛腿与承台连接固定;当拼装至斜支撑位置时,内斜撑及时跟进安装,与各单元拼接安装同步进行。以此类推,直至钢套箱围堰全部安装完成。

最后,对钢围堰进行封底堵漏与抽水工作。潜水员用条形沙袋将围堰内侧下口封堵严实,然后通过泵车在桥上对围堰进行封底,封底厚度 0.6 m,封底完成 48 h 后,用水泵对围堰进行抽水。

7.3 钢套箱围堰仿真分析

为了研究在最不利荷载情况下,即最高水位时,对八字内支撑轻型单壁钢套箱围堰的应力变形情况,全面评估其强度特性和稳定性,本节基于 Midas 软件对钢套箱围堰进行了有限元精细建模。

7.3.1 荷载情况

钢套箱围堰侧板采用 6 mm 钢板+8 小肋+2I20a/2I25a 大肋的结构形式,内支撑分别采用 N1(2I25a)、N2(2I20a)、N3(I20a)3 种结构形式,布置方式如图 7.2(b)所示,底板采用 I20a+10 mm 面板,钢材为 Q235B,水泥袋堵漏 10 cm,用 C40 细石膨胀混凝土封底40 cm。钢套箱围堰内部构件的具体参数见表 7.1。计算荷载主要考虑钢套箱围堰自重和最高水位时的满布水压力。根据厦门大桥的水文地质条件[59],施工现场平均低潮位为+1.59 m,平均高潮位为+5.75 m,围堰顶标高为+6.8 m,高于平均高潮位 1.05 m。根据以上水文地质的工程概况,厦门大桥所在地平均潮差为 4.16 m,其静水压力水头定为4.5 m,并以沿水头高度线性分布的面荷载施加在围堰四周钢板。

表 7.1 钢套箱围堰内部构件参数

构件	型号	几何参数			材料参数(Q235B)	
		截面面积	惯性矩	截面模量	弹性模量	泊松比
小肋	8 号普通槽钢	10.24 cm^2	101.00 cm^4	25.30 cm^3		
大肋/内支撑	20a 号普通工字钢	35.50 cm^2	2369.00 cm^4	237.00 cm^3	206 GPa	0.3
	25a 号普通工字钢	48.50 cm^2	5017.00 cm^4	401.00 cm^3		

7.3.2 仿真建模

根据施工图纸及现场实际情况,对钢套箱围堰进行精确有限元建模,对应的有限元模型如图 7.6 所示。该模型主要由外部单壁钢板、小肋、大肋、对八字内支撑和牛腿组成,从下到上分为 3 层组装。考虑到围堰下部与承台是嵌套安装,但在实际施工过程中采用法兰板将围堰底部与承台固定连接在一起,故第一层围堰的嵌套部分在此可以进行适当的简化处理,只考虑承台上部的 2 m 围堰部分,牛腿和钢板通过固定支座连接到承台结构。值得注意的是,由于围堰在一般情况下主要受到水压力作用施加,因此模型的外荷载主要考虑围堰自重和水压力作用。在有限元模型中,外部钢板采用 12584 个板单元,内部支撑采用 36960 个梁单元,板单元的边长和梁单元的长度均为 5 cm。

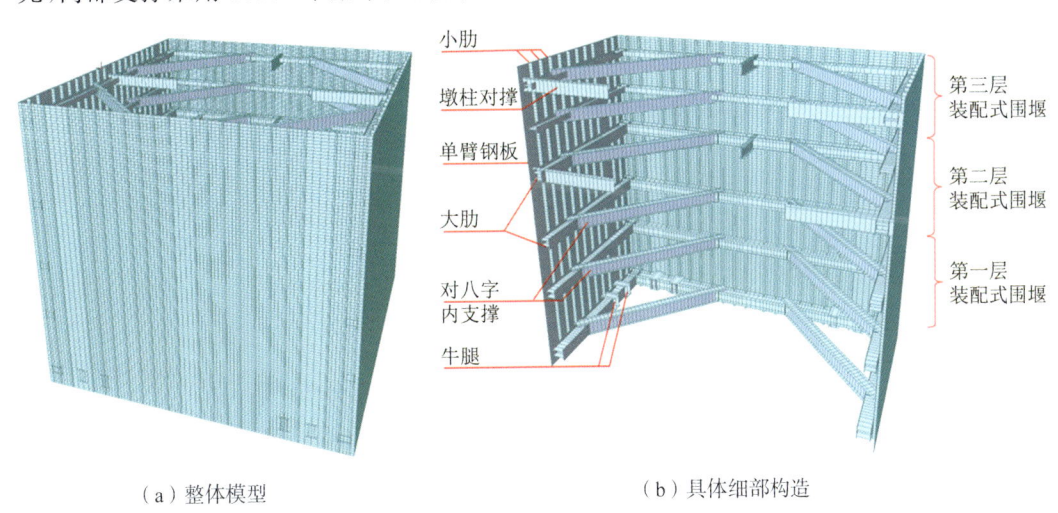

(a)整体模型　　　　(b)具体细部构造

图 7.6　钢套箱围堰有限元模型

7.3.3　结果分析

厦门大桥墩柱加固工程的钢套箱围堰每侧有 22 根纵梁,6 根主梁。根据《钢结构设计标准》(GB 50017—2017)[61],钢套箱围堰各钢构件的挠度限值、稳定应力与材料强度标准值见表 7.2。图 7.7 所示为采用图 7.6 中的有限元模型计算得到的钢套箱围堰内部肋梁以及外部钢板的变形结果,包括纵向小肋、横向大肋以及外部钢板的变形。由于初始设计的小肋分布最小间距为 300 mm,最大间距为 525 mm,在水压力作用下,间距为 525 mm 位置处的挠度明显偏大,超出了钢板挠度规定限值;对于钢板内部肋梁,其挠度最大值为 0.969 mm,满足规范要求。图 7.8 给出了有限元仿模型计算所得的内部肋梁以及外部钢板的应力结果,其中内部肋梁最大压应力为 178.552 MPa,出现在底层小肋部分,超出了相应的稳定应力限值,有失稳的风险。而外部钢板的最大应力为 96.983 MPa,并出现在第一层围堰钢板与小肋的连接处,强度和稳定性均满足规范要求。

表 7.2　构件规范限值

构件	挠度	对应挠度限值/mm	稳定应力/MPa	应力标准值/MPa
6 mm 钢板	1/150	300/150=2	—	215
小肋	1/400	1200/400=3	159	215

续表

构件	挠度	对应挠度限值/mm	稳定应力/MPa	应力标准值/MPa
大肋	l/300	6800/300＝22.7	125	215
内支撑 N1	l/300	3270/300＝10.9	163	215
内支撑 N2	l/300	3270/300＝10.9	158	215
内支撑 N3	l/300	3270/300＝10.9	158	215

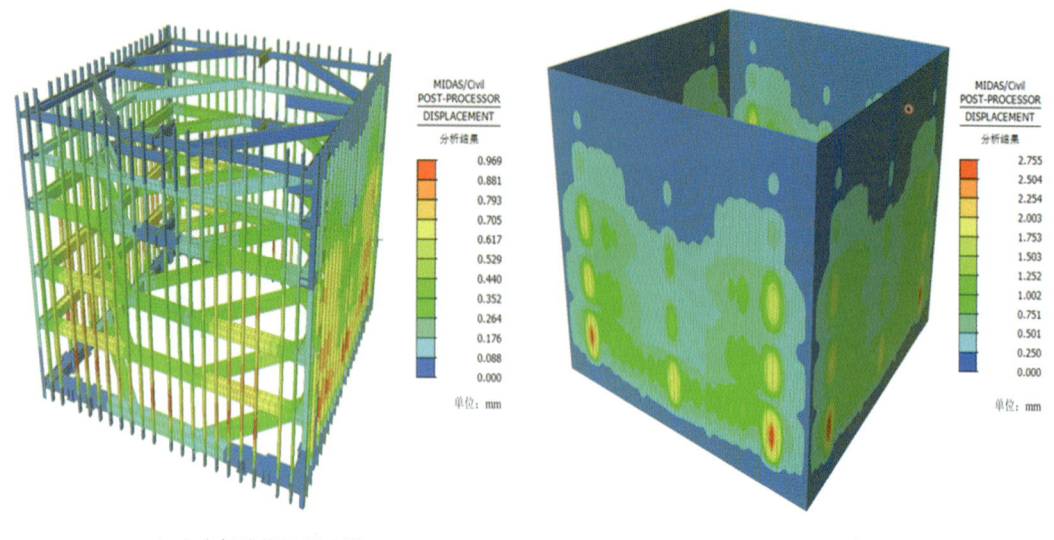

（a）内部肋梁挠度云图　　　　　　　　（b）外部钢板挠度云图

图 7.7　初始设计钢套箱围堰的挠度云图

（a）内部肋梁应力云图　　　　　　　　（b）外部钢板应力云图

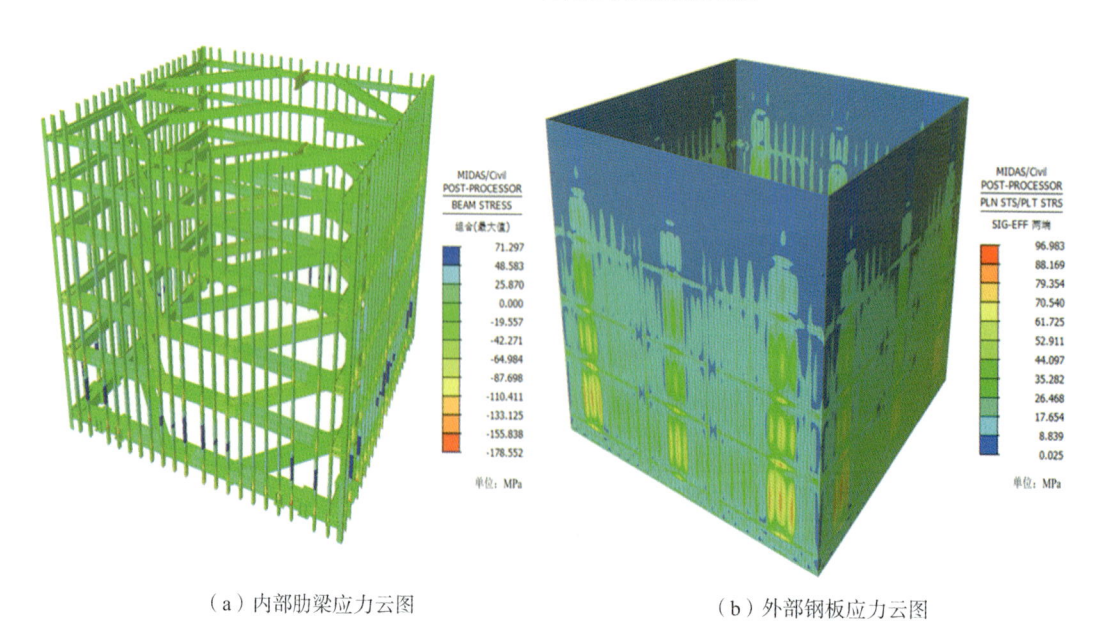

图 7.8　初始设计钢套箱围堰的应力云图

7.4 钢套箱围堰设计优化

7.4.1 优化措施

由于对八字内支撑单壁钢套箱围堰初始方案的挠度以及应力结果在部分肋梁部位不满足部分规范限值,因此通过有限元仿真对其进行了优化。具体而言,根据材料强度与荷载特点,对小肋进行重新布置,并对第一层围堰的对八字内支撑进行加强处理。同时,为了确保围堰的稳固性,需要加强围堰底部与承台的连接。利用这些措施,可提高围堰的整体强度和稳定性,确保其具有足够的承载力。

对于小肋布置,考虑图 7.9 所示的 3 种方案,即 350 mm 均布方案(方案一)、525 mm 均布方案(方案二)、中间局部加密布置方案(方案三)。3 种小肋的布置方案使用的小肋数量情况如下:方案一布置了间距为 350 mm 的 18 根小肋,虽然安全储备大但较为保守;方案二布置了间距为 525 mm 的 12 根小肋,相比于方案一来说较为经济;方案三参考了初始方案的整体应力分布结果,在中间布置了 6 根间距为 450 mm 的小肋,在两侧分别布置了间距为 300 mm 的 6 根小肋。与 7.3.2 小节类似,针对 3 种优化方案分别建立有限元仿真模型,如图 7.9 所示,并进行挠度和应力结果的计算。

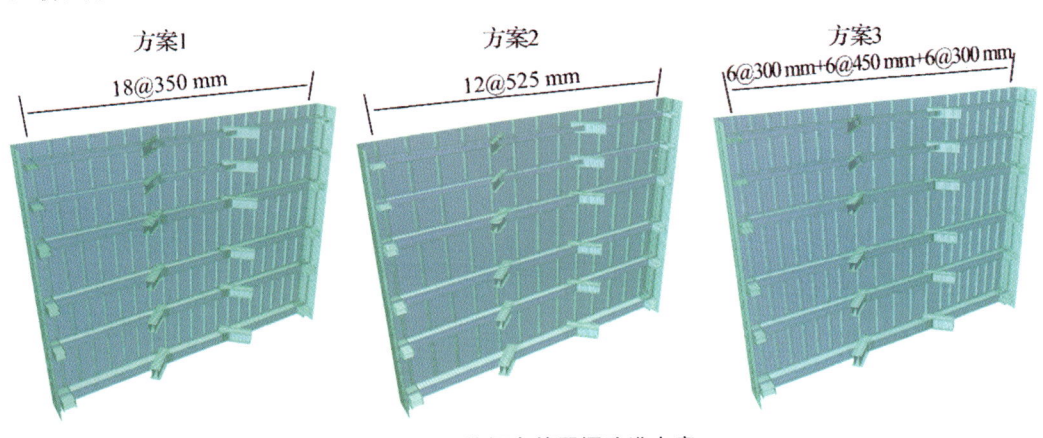

图 7.9 3 种钢套箱围堰改进方案

7.4.2 优化结果分析

优化后 3 种钢套箱围堰方案外部钢板的变形结果如图 7.10~图 7.12 所示,外部钢板和内部肋梁的应力结果如图 7.13~图 7.18 所示。3 种方案的挠度计算结果表明,均布小肋可以明显降低钢板挠度,但是小肋间距可以进一步优化。在受到满载水压力作用时,钢板挠度最大值分布在第一层钢套箱围堰中央区域,故可以针对此区域进行小肋局部加密处理。3 种优化方案的单壁钢套箱围堰钢板挠度大小分别为 1.520 mm、2.777 mm、1.945 mm,最大应力分别为 72.603 MPa、125.379 MPa、96.222 MPa。表 7.3 列出了

3种方案情况下的有限元仿真挠度以及最大应力极值结果统计。根据《钢结构设计标准》(GB 50017—2017)[61],方案一和方案三的挠度和应力均满足稳定性和强度要求。此外,经过优化的单壁钢套箱围堰的肋梁应力最大值主要分布在第一层小肋底部位置,钢板应力最大值主要位于第一层围堰钢板与小肋的连接处。在对围堰外围钢板整体的位移挠度分布上,3种钢套箱围堰方案的计算结果呈现出不同的分布:方案一的挠度极值出现在两侧;方案二由于放宽了小肋间距,导致中部也出现较大挠度;方案三由于加密了两侧的小肋,使得最大的挠度出现在中间部分。在对围堰外围钢板整体的组合应力分布上,方案一与方案二的应力分布极为相似,只是由于小肋间距不同导致的应力极值有所区别;方案三由于对两侧的小肋进行加密,使其两侧的应力分布较为均匀。通过观察发现,应力极值均出现在小肋与钢板连接处。在对钢套箱围堰内部肋梁应力分布上,可以看到方案一和方案二的小肋下部均出现了应力极值,相比之下方案三的两侧小肋应力分布较为均匀,仅仅在中部出现应力极值。

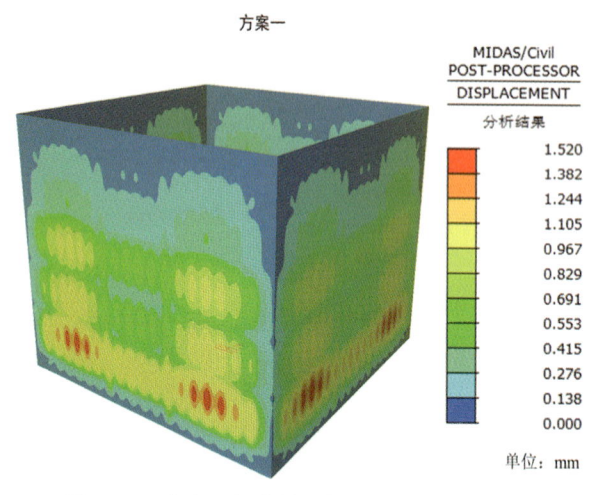

图7.10 方案一钢套箱围堰外部钢板挠度云图

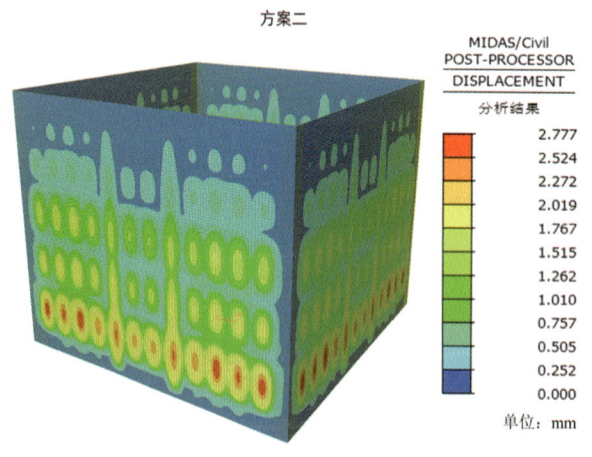

图7.11 方案二钢套箱围堰外部钢板挠度云图

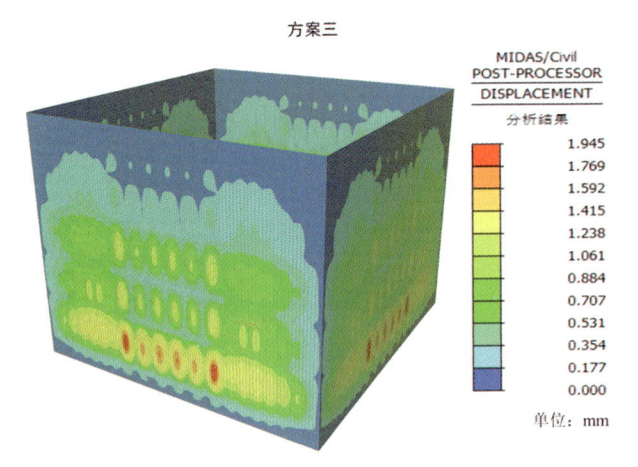

图 7.12　方案三钢套箱围堰外部钢板挠度云图

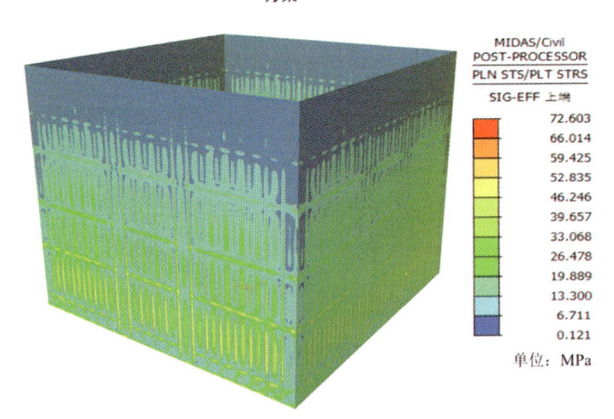

图 7.13　方案一钢套箱围堰外部钢板应力云图

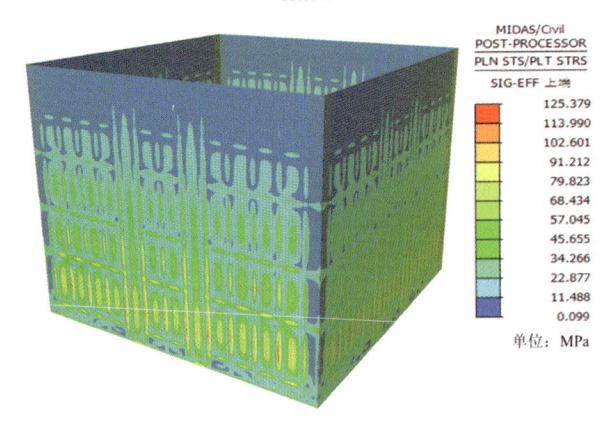

图 7.14　方案二钢套箱围堰外部钢板应力云图

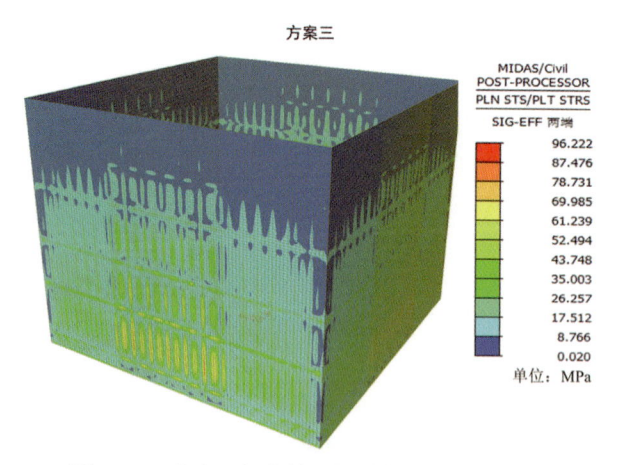

图 7.15　方案三钢套箱围堰外部钢板应力云图

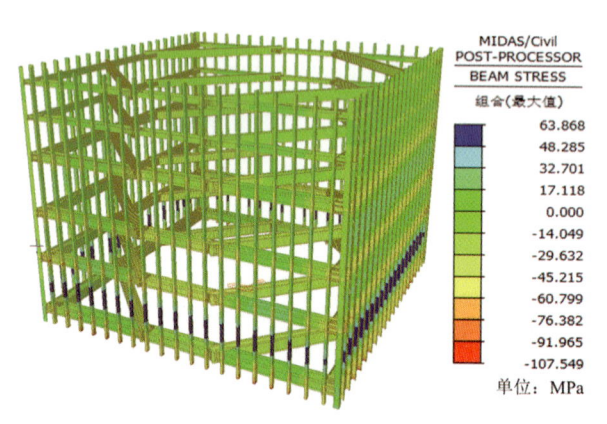

图 7.16　方案一钢套箱围堰内部肋梁应力云图

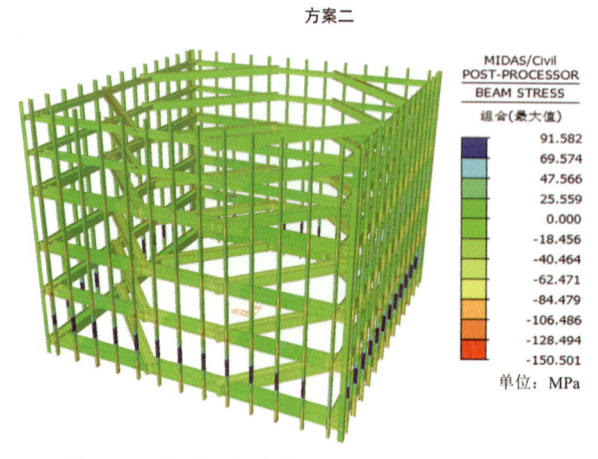

图 7.17　方案二钢套箱围堰内部肋梁应力云图

方案三

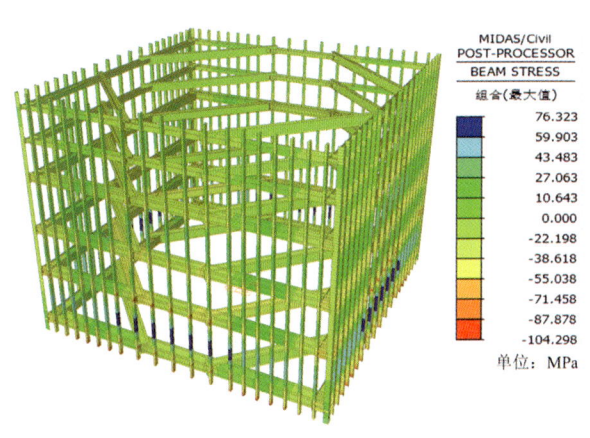

图7.18　方案三钢套箱围堰内部肋梁应力云图

表7.3　3种钢套箱围堰改进方案的构件挠度与应力

项目	方案一	方案二	方案三	规范限值
小肋数量/根	80	56	80	—
钢板最大挠度/mm	1.520	2.777	1.945	2
小肋最大挠度/mm	1.260	1.494	1.187	3
大肋最大挠度/mm	0.843	0.849	0.839	22.7
钢板最大拉应力/MPa	72.603	125.379	96.222	215
小肋最大压应力/MPa	107.549	150.501	104.298	215
大肋最大拉应力/MPa	25.485	27.440	24.685	215
内支撑最大压应力/MPa	31.00	31.53	31.29	158
是否合格	合格	不合格	合格	—

综合上述,钢套箱围堰的3种改进优化方案中,由于方案二的最大挠度不满足要求,因此不予考虑。方案三中的小肋布置参考了方案一、二的结果,并在前两种方案的基础上进行优化改进:前两种方案的钢板挠度极值主要分布在距围堰边角的1/4跨中位置(图7.10～图7.11红色区域),但方案一的小肋分布间距过于保守,而方案二的小肋分布又超出规范限值,因此可在方案一350 mm间距的基础上适当增加小肋间距,同时在上述红色区域进行局部加密。方案三的最终有限元建模结果也表明,在保证用钢量与方案一持平的前提下,围堰内部钢结构的最大应力均低于方案一,围堰钢板挠度和应力略大于方案一,但小于规范限值。另外,图7.19给出了不同水压力与钢围堰构件应力和挠度极值之间的关系,由于围堰在弹性范围内工作,静水压力与钢围堰构件应力极值和挠度极值总体上呈线性正相关关系。综上所述,方案三有效控制了钢板的最大挠度,同时整体应力安全裕度高于方案一,节约材料且受力合理。

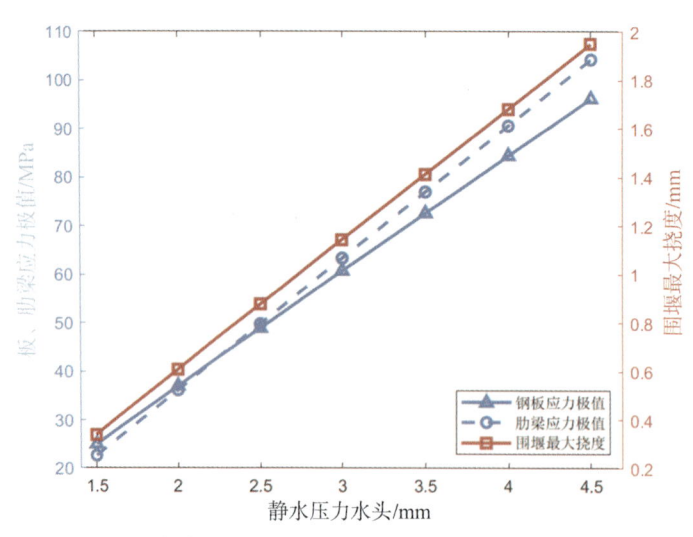

图 7.19　方案三围堰应力和挠度与水压力之间的变化关系

根据以上分析,在厦门大桥墩柱改造加固工程施工中选择了方案三,即单侧按 6×300 mm＋6×450 mm＋6×300 mm 布置小肋与两个角肋,并加强围堰与承台连接的施工方案。该方案不仅耗材少于优化前方案,小肋间距分布也比方案一更加合理,在满足应力要求的前提下有效控制了钢板的最大挠度。图 7.20 所示为厦门大桥墩柱改造加固实际施工中,对围堰与承台的法兰板连接件、局部小肋和内部支撑的处理方案。该方案成功应用于厦门大桥改造工程的围堰设计和施工,为安全、经济、高效的墩柱加固施工提供了有力的技术支撑。

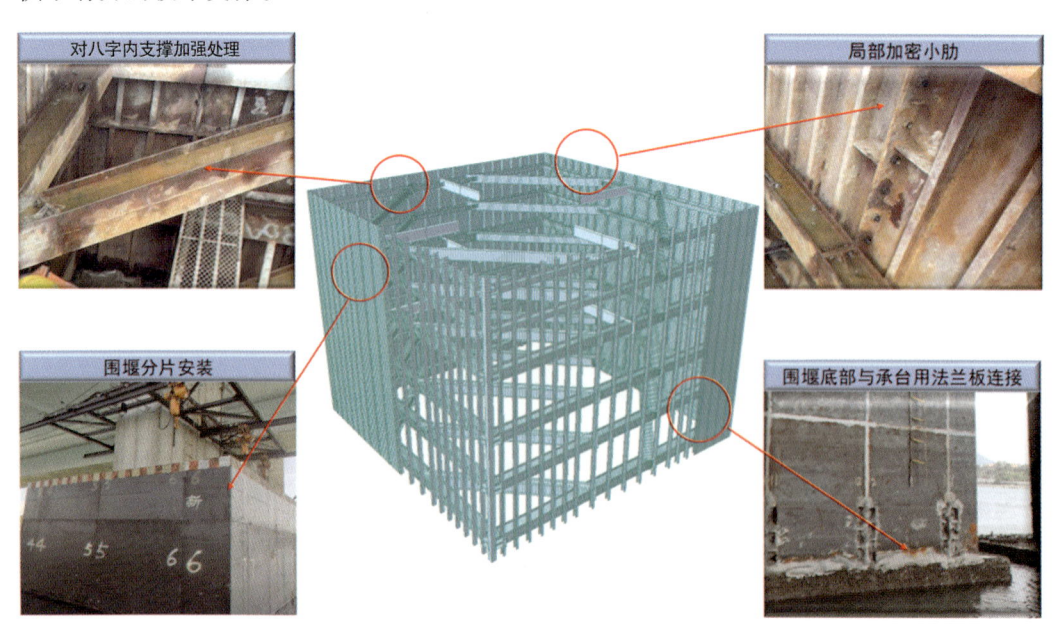

图 7.20　钢套箱围堰的工程改进方案

7.5 小结

本章讨论了厦门大桥的钢套箱围堰,详细说明了围堰的施工流程。采用有限元数值仿真,揭示了原有钢套箱围堰方案部分关键位置的应力超限问题,然后对其进行了系统的优化。优化方案包括重新布置小肋、加强内支撑和围堰底部与承台的连接。经过对比分析,在厦门大桥桥墩改造加固中选用了小肋中间局部加密的钢套箱围堰方案。该方案不仅有效控制了材料使用和挠度,显著增强了围堰的整体性和稳定性,而且提高了施工效率,取到了良好的使用效果,具有重要的工程应用推广价值。

8 桥墩加固关键技术

桥墩加固在提高桥梁的承载能力、增强桥墩的稳定性、延长桥梁的使用寿命、提高桥梁的耐久性等方面至关重要。本章系统分析了桥墩改造过程中凿除前、后等不同阶段时应力变形的演变过程,比选和优化了厦门大桥的桥墩改造方案。此外,进一步研究了玻璃钢模板和墩身新增混凝土的黏结性能,提出了玻璃钢模板的改进结构形式。

8.1 桥墩改造加固方案

8.1.1 下部结构布置方案

厦门大桥主桥共包含 94 个独立桥墩,均为钢筋混凝土实心矩形墩,除 1♯、2♯ 和 47♯ 墩柱外,本次改造工程对 4～6♯、12～14♯、22～24♯、33～35♯ 和 42～44♯ 墩进行承载能力提升与耐久性加固。桥梁下部结构加固主要包括支座、墩台、墩身等结构加固和修复的工程措施。加固可以增强桥梁的承载能力、延长使用寿命、提高安全性能和修复已有的结构缺陷。

在钢筋混凝土桥墩修复加固技术分析中,常采用增大截面加固技术、嵌入式加固技术、增加支撑、加固墩身、修补损坏部分等加固措施。对于钢筋混凝土桥墩,其加固常通过增大截面来实现,从而提高墩柱的截面刚度和承载能力,改善正常使用阶段的性能。

混凝土外包加固法本质上是在原有墩柱上外加一层外包混凝土,从而实现扩大截面的目的[62]。为确保新增结构的稳固性,外包混凝土中通常布置了多道纵向钢筋和箍筋。该方法因其施工工艺的简便性而备受青睐,是一种直观且高效的加固方法。钢套管加固技术采用钢管作为横向约束来加固桥墩,也是一种常用的桥墩加固技术[63]。近些年来,部分学者研究了箱形叠合的钢套管加固超高墩,将纤维增强复合材料(FRP)和混凝土与钢管进行组合,并研究组合结构的性能和构造措施[64]。同时,复合材料的广泛运用为桥墩加固技术带来了革新的契机。作为一种具有轻质高强、耐腐蚀等诸多优点的复合材料,玻璃钢在航空航天、铁道铁路、装饰建筑等多个领域已得到广泛应用。

为了将玻璃钢材料引入桥梁建设领域,国内外专家学者进行了大量的研究探索。早在 20 世纪 80 年代,就有桥梁采用玻璃钢复合材料[65]。例如,为处理桥墩表面的混凝土胀裂现象,2003 年虎门大桥采用了玻璃纤维增强塑料对桥墩进行包裹加固[66]。这一举措不仅取得了明显的防护效果,还有效提高了结构的耐久性。随着复合材料技术的不断进步,玻璃钢在桥墩加固方面的应用前景更为广阔。

如图 8.1 所示,根据桥墩的形式不同,厦门大桥的墩柱改造采取两类加固方案。对于固定桥墩,采用图 8.1(a)给出的增大截面方法来加固结构,同时保留玻璃钢模板以增加桥墩的耐久性。为了进一步提升这些关键桥墩的承载力,墩身四周增设的厚度为 20 cm 的混凝土均通过植筋与墩身和承台连接,确保结构的整体性。对于非固定桥墩,采取图 8.1(b)所示的 RPC 混凝土和外包玻璃钢模板的加固方案。

(a)固定桥墩改造方案　　(b)非固定桥墩改造方案

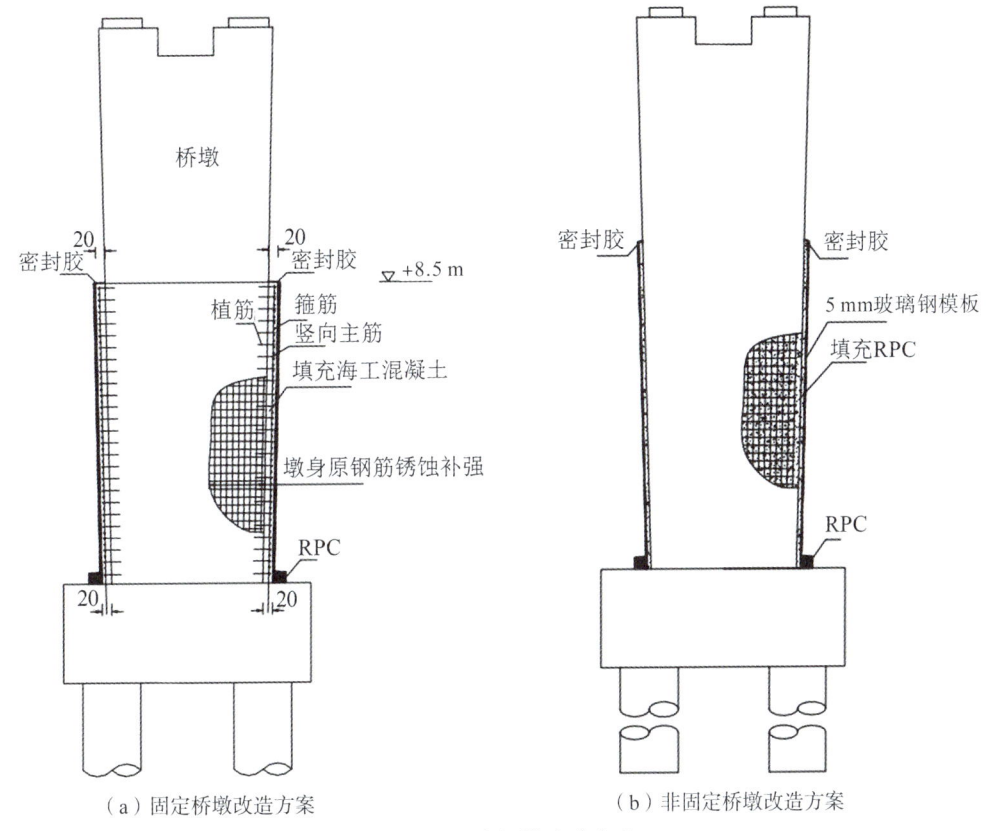

图 8.1　两类桥墩改造方案

8.1.2　桥墩改造主要材料

在桥墩改造加固中会涉及多种材料,主要包括混凝土、构造钢筋、箍筋与玻璃钢模板等,在表 8.1 和表 8.2 中给出了相关的材料参数及性能指标。

表 8.1　桥墩加固材料参数

材料	混凝土	构造钢筋	箍筋	钢围堰
桥墩加固	UHPC140	$\phi 16$ HRB400	$\phi 16$ HRB400	Q235

表 8.2　玻璃钢模板性能指标

指标	固化度	弯曲强度	界面黏结强度	冲击韧性
标准	90%	200 MPa	2.5 MPa	70 kJ/m²

桥墩改造施工时主要采用 UHPC140 超高性能混凝土（ultra-high performance concrete），其抗压强度标准值为 140 MPa。同时，依据《超高性能混凝土（UHPC）技术要求》(T/CECS 10107—2020)[67]推荐方法对 UHPC140 混凝土进行了检测，其抗压强度为 120 MPa，抗拉强度为 5 MPa，抗折强度为 14 MPa。

桥墩加固使用的钢筋为 HRB400，所用的玻璃纤维模板由玻璃纤维布和高分子树脂材料加工而成。其中，玻璃纤维布使用高强无碱玻纤，聚合树脂采用 196 树脂。为防止材料紫外线老化，聚合树脂中还加入了稳定剂，相应的力学参数：固化度 90%，弯曲强度 200 MPa，冲击韧性 70 kJ/m²，界面黏结强度 2.5 MPa。

8.2　桥墩改造加固施工流程

8.2.1　桥墩改造加固流程

厦门大桥桥墩加固包括旧有破损结构的凿除和新结构的浇筑安装。图 8.2 给出了桥墩加固的主要施工流程。首先，对混凝土锈胀状况进行全面检查，对需要凿除的混凝土进行初步处理。如图 8.3 所示，在凿除过程中，选择合适的工作面数量可以确保施工效率和质量。随后，需要对混凝土锈胀部位进行凿除工作，使锈蚀钢筋完全漏出，对于锈蚀严重的钢筋，需要削弱处理并更换新的钢筋；而对于仅有轻微浮锈的钢筋，仅进行打磨处理，以确保其表面的光洁度。在钢筋补强完成后，需涂抹专用的界面剂和阻锈剂，以增强新旧混凝土之间的黏结力并防止钢筋再次锈蚀。此外，如图 8.4 所示，在界面剂上还需抹上改性砂浆以进行墩身混凝土修复。最后，安装玻璃钢模板并进行混凝土浇筑，加固桥墩结构，提高其耐久性。

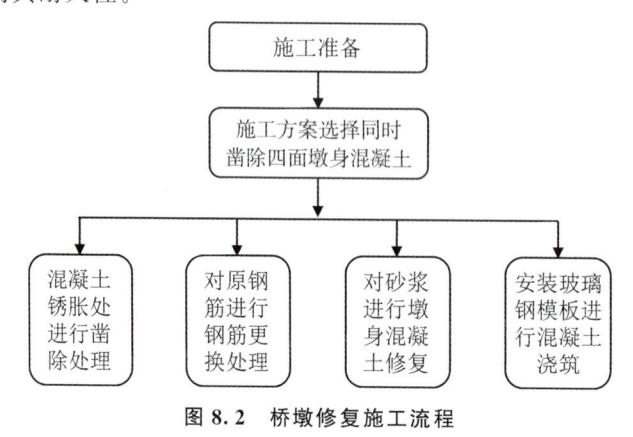

图 8.2　桥墩修复施工流程

(a) 墩身凿除 　　　　　　　　　　　(b) 钢筋补强

图 8.3　桥墩凿除及加固施工

(a) 砂浆修补 　　　　　　　　　　　(b) 安装玻璃钢

图 8.4　桥墩加固施工

值得注意的是,在桥墩浇筑混凝土过程中,增大的混凝土截面中需要布置竖向钢筋,每个墩柱四周主筋数量均为 70 根,采用 $\phi 28$ 钢筋,主筋环于墩柱四周并采用植筋方式插入承台 75 cm,植筋孔径为 35 mm。墩柱植筋钢筋伸入墩身,钢筋为 $\phi 16$ 钢筋,平均长度为 51 cm,植入墩身钢筋长度为 25 cm。

8.2.2　桥墩增大截面钢筋安装流程

对于增大截面的固定墩,新增的混凝土内部需要布设受力钢筋,钢筋交叉处需采用梅花形绑扎连接。绑扎时,每个交叉点必须绑扎牢靠,安装精度应满足设计及规范要求。钢筋的保护层采用混凝土垫块来控制,施工中垫块形式为梅花形。图 8.5 给出了增大截面加固施工的具体流程。

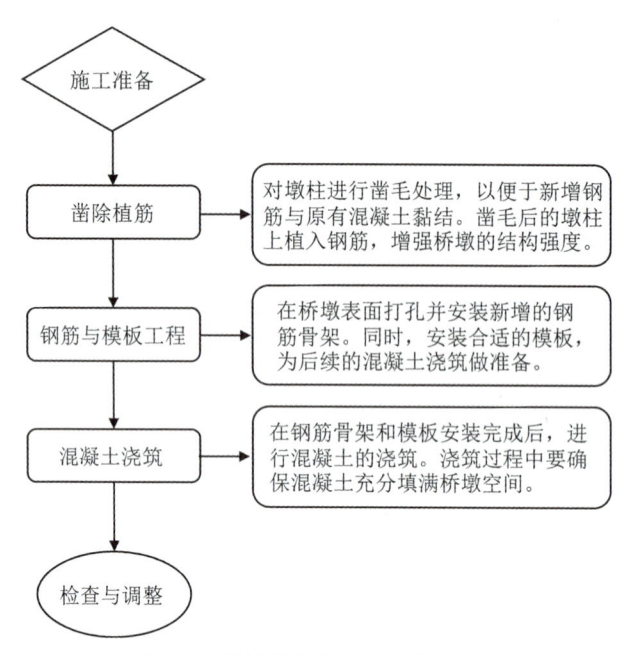

```
                    ┌─────────┐
                    │ 施工准备 │
                    └────┬────┘
                         ↓
    ┌──────────┐    ┌──────────────────────────────────┐
    │ 凿除植筋 │───→│ 对墩柱进行凿毛处理,以便于新增钢 │
    └────┬─────┘    │ 筋与原有混凝土黏结。凿毛后的墩柱 │
         ↓          │ 上植入钢筋,增强桥墩的结构强度。 │
                    └──────────────────────────────────┘
    ┌────────────┐  ┌──────────────────────────────────┐
    │钢筋与模板工程│→│ 在桥墩表面打孔并安装新增的钢   │
    └─────┬──────┘  │ 筋骨架。同时,安装合适的模板,   │
          ↓         │ 为后续的混凝土浇筑做准备。       │
                    └──────────────────────────────────┘
    ┌──────────┐    ┌──────────────────────────────────┐
    │ 混凝土浇筑│──→│ 在钢筋骨架和模板安装完成后,    │
    └────┬─────┘    │ 进行混凝土的浇筑。浇筑过程中要确 │
         ↓          │ 保混凝土充分填满桥墩空间。       │
                    └──────────────────────────────────┘
    ┌──────────┐
    │ 检查与调整│
    └──────────┘
```

图 8.5 墩柱增大截面加固施工流程

首先,对固定墩进行增大截面处理,其增大截面主筋采用竖向的 $\phi 28$ 钢筋,每个墩柱四周均匀分布 70 根主筋,主筋环于墩柱四周并采用植筋方式插入承台 75 cm,植筋孔径为 35 mm。在横桥方向上,主筋按等间距布置,间距为 29.7 cm。根据每个桥墩的桥墩底面横桥向宽度和桥墩加固范围顶面横桥向宽度,确定主筋的纵桥方向间距,确保结构的稳定性。

接着,使用 $\phi 12$ 钢筋作为水平箍筋,并进行双面焊接,且焊接长度不小于 16 cm。施工过程中,水平箍筋与四周竖立主筋同时进行绑扎,形成整体。为提高施工效率,前段施工部分采用点焊,随后人工跟进绑扎。绑扎过程中,需注意扎丝丝头向内,防止扎丝伸入钢筋保护层内形成腐蚀通道。

最后,将 $\phi 16$ 钢筋作为墩柱植筋钢筋伸入墩身,平均长度为 51 cm,其中植入墩身长度为 25 cm。在进行墩身钢筋施工时,需提前确定植筋打孔位置,确保植入钢筋水平布置,并与水平竖向主筋绑扎连成整体。钢筋安装前需进行严格的测量放样,安装完成后再次测量复核,以保证预埋钢筋位置准确无误、施工流程顺利进行。

8.2.3 玻璃钢模板施工流程

在加固墩身钢筋安装完成后,开始墩身玻璃钢模板的安装工作。玻璃钢模板安装的具体流程包括 3 个部分,分别为玻璃钢模板的加工安装、玻璃钢模板的防漏定型以及玻璃钢模板的浇筑与设计优化,其施工流程如图 8.6 所示。

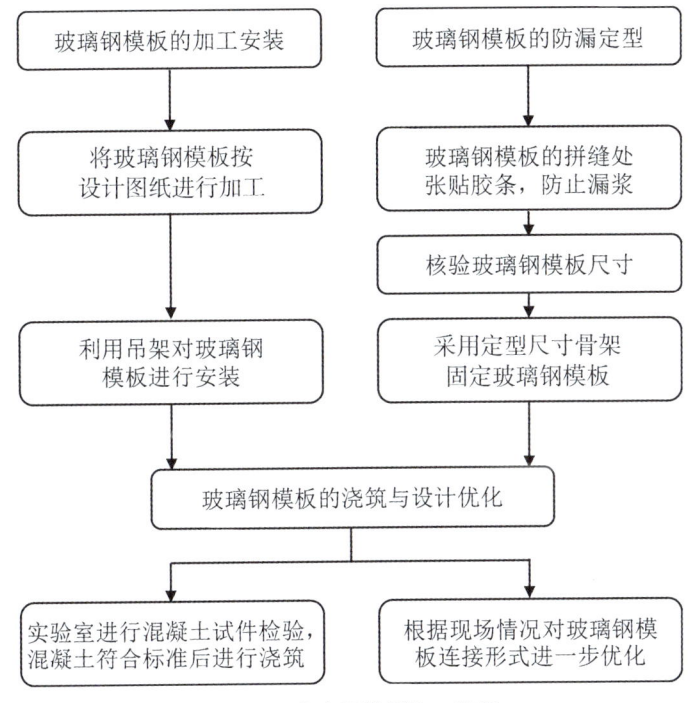

图 8.6　玻璃钢模板施工流程

首先,利用吊挂系统上的手拉葫芦将玻璃钢模板吊装到位。玻璃钢模板在桥墩高度方向分成 2 m 一节,中间通过不锈钢铆钉连接。环绕墩身方向,玻璃钢模板左侧采用对扣型设计,同样通过不锈钢铆钉进行连接。为了确保浇筑质量,玻璃钢模板与墩身之间保留 20 cm 的间距,并在内侧设置保护层以控制厚度。玻璃钢模板安装完成后,使用定型框架对模板进行加固,防止胀模现象的发生。

其次,通过泵车进行海工混凝土的浇筑工作,浇筑至 4 m 高度,再浇筑剩余部分。待整体浇筑完成 24 h 后,在玻璃钢模板顶底面涂防水胶进行密封处理,防水胶涂抹方式及厚度依照图纸要求完成。养护 3 天后,拆除外侧钢模板,留下玻璃钢模板在墩柱上作为永久结构保护墩柱,确保结构的稳定性和耐久性。

8.3　桥墩凿除改造前的位移和应力分析

为确保施工安全与有效性,通过三维有限元仿真,对桥墩改造加固流程进行了精细化仿真模拟。在有限元分析中,通过对凿除前与凿除后两个关键阶段的模拟研究,研究桥墩在不同施工阶段的力学响应。

8.3.1　仿真建模

桥墩整体有限元网格、局部有限元网格及边界条件、荷载如图 8.7 和图 8.8 所示,其中图 8.8 上部的蓝色部分表示桥墩支座。有限元离散模型采用的单元类型为四面体单元,整体合计 38711 个单元及 8110 个节点,其中桥墩共有 38519 个单元、8010 个节点,支座处 192 个单元、100 个节点。墩身钢筋采用了 2840 个单元和 2850 个节点进行离散,其中纵筋部分使用了 590 个单元。

(a)墩身几何模型　　(b)墩身有限元网格划分　　(c)边界条件和荷载

图 8.7　桥墩有限元划分

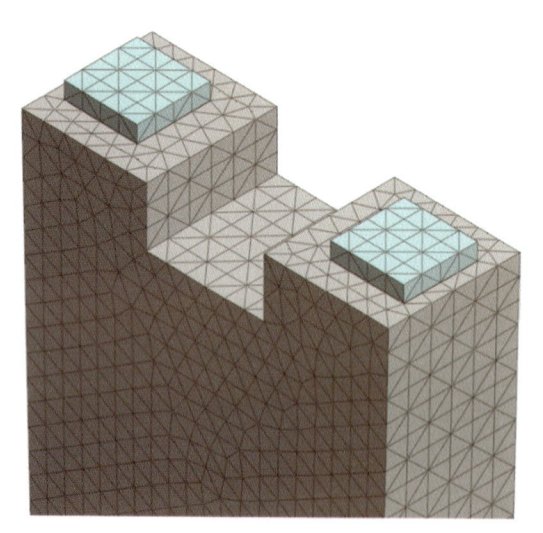

图 8.8　桥墩细部有限元网格划分

8.3.2　墩身位移分析

采用上述有限元离散模型计算了桥墩改造加固前的结构响应。图 8.9 给出了桥墩凿除前墩身混凝土的位移分布。从中可以看出,结构最大位移为 1.19 mm,出现在支座部位,其值远小于规范中规定的 30 mm 位移限值。因此,从墩身位移角度来看,原桥墩具有良好的稳定性。

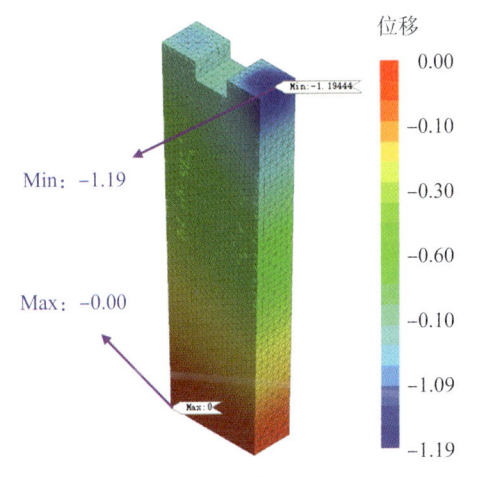

图 8.9 墩身位移分布(单位:mm)

8.3.3 墩身应力分析

图 8.10 和图 8.11 分别给出了桥墩凿除前的墩身混凝土应力分布图。其中,墩身混凝土最大压应力和最大拉应力均位于支座接触部分,大小分别为 6.32 MPa 和 0.79 MPa。图 8.12 所示为桥墩凿除前墩身钢筋的应力分布图,可见纵筋受到最大压应力为 27.76 MPa,位于桥墩支座附近。箍筋受到最大拉应力为 7.33 MPa,同样位于桥墩支座附近。这些应力结果表明,凿除前桥墩的整体应力水平不高,明显低于混凝土的强度极限和钢筋的屈服极限。

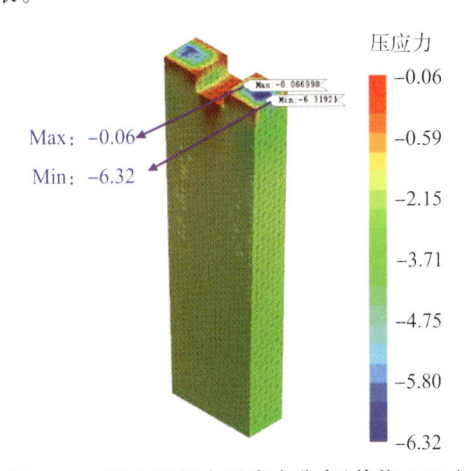

图 8.10 墩身混凝土压应力分布(单位:MPa)

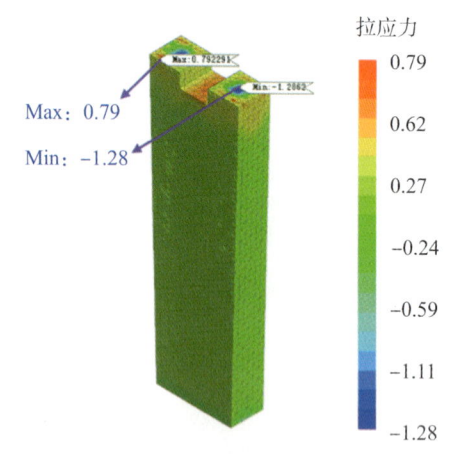

图 8.11　墩身混凝土拉应力分布

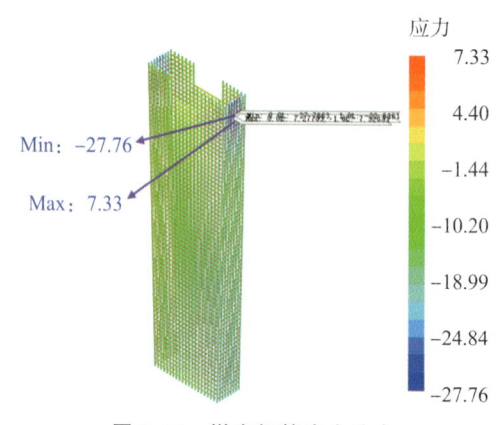

图 8.12　墩身钢筋应力分布

8.4　桥墩凿除施工有限元仿真与方案优化

8.4.1　桥墩凿除仿真建模

桥墩改造加固是厦门大桥改造工程的关键任务,其中核心步骤是凿除厚20 cm、高4 m的桥墩表层混凝土及相应的钢筋。由于墩柱加固期间仍需考虑通车情况,工作条件较为复杂,改造工期紧、任务重,因此亟须优化墩柱加固工作面选择方式与工序,提高工作效率。

为了提升桥墩改造施工效率,比选了以下3种施工方案:

方案一:先凿除窄边两侧混凝土及钢筋,待窄边两侧加固修复后再凿除宽边两侧混凝土及钢筋,然后进行宽边修复。该方案对结构承载力的影响最小,可最大程度减少施工对通车的影响;但因分步进行凿除和加固,整体工期较长。

方案二:先凿除宽边两侧混凝土及钢筋,待宽边两侧加固修复后再凿除窄边两侧混凝土及钢筋,然后进行窄边修复。该方案与方案一的顺序相反,更利于施工设备的布置和操作,但同样需要权衡施工效率和对通车的影响。

方案三:同时凿除四边混凝土及钢筋,并进行改造加固。这一方案的优势在于施工流程简洁,可以较快完成整个桥墩的加固工作。然而,其缺点也同样明显,由于同时进行四面施工,施工期间结构的承载力较其他方案可能有下降,需要考虑结构的强度是否满足要求。

图 8.13 所示为 3 种凿除方案的几何示意图。针对这 3 种方案,分别建立了图 8.14 所示的有限元模型。在有限元模型中,墩身单元数量分别为 33379 个、37031 个和 38755 个,计算采用四面体单元。由于 3 种墩身凿除方案对应的边界条件及荷载完全相同,因此在这里仅以四边同时凿除方案为例,在图 8.15 中给出了相应的桥墩边界条件及荷载,其中桥墩底部受到固定约束,同时顶部支座部位受到大桥上部结构传递的荷载。3 种模型在计算时均考虑上部结构和桥墩自重。

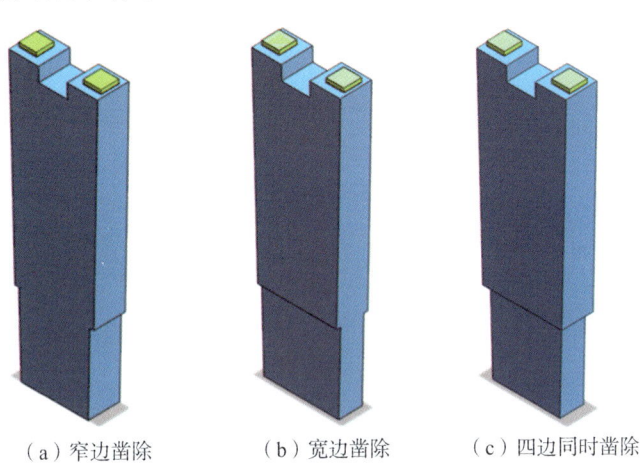

(a)窄边凿除　　　　(b)宽边凿除　　　　(c)四边同时凿除

图 8.13　3 种墩身凿除方案

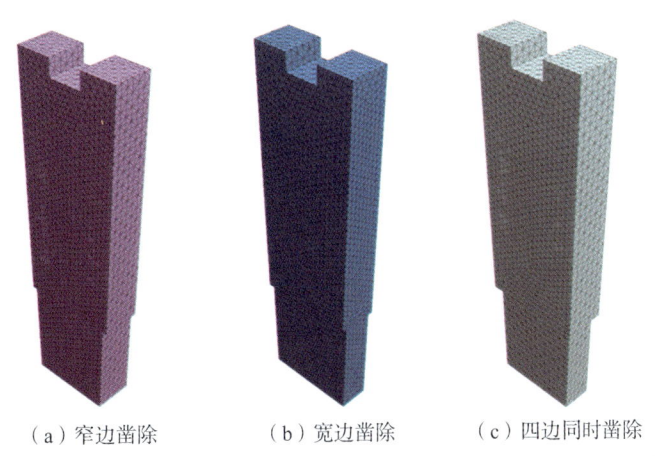

(a)窄边凿除　　　　(b)宽边凿除　　　　(c)四边同时凿除

图 8.14　3 种墩身凿除方案网格划分

图 8.15　桥墩的边界条件和荷载

8.4.2　窄边凿除方案仿真分析

图 8.16 所示为先凿除窄边混凝土方案的墩身位移情况，其中负值表示桥墩向下的位移。从图 8.16 中可以看出，结构位移从上到下逐渐变小，其最大值为 1.11 mm，出现在靠近支座的区域。分析认为，结构的最大位移小于规范规定的 30 mm 位移限值。因此从墩身位移角度来看，采用窄边凿除方案是比较安全的。

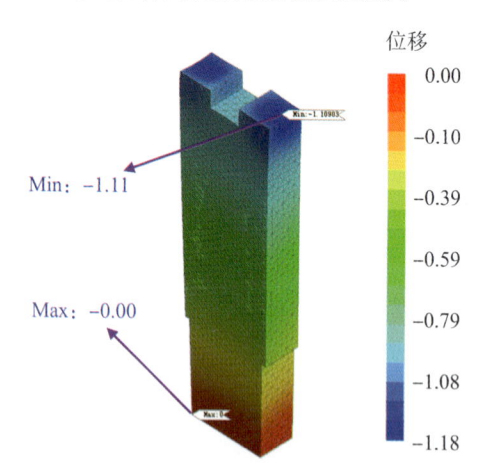

图 8.16　窄边先凿除方案桥墩位移分布

在桥墩改造加固工程中，凿除混凝土时墩身混凝土和内部的钢筋应力状态是确保施工安全和结构稳定性的关键要素。图 8.17 所示为先凿除窄边混凝土时钢筋的应力分布情况。从中可见，钢筋应力最大值为最大压应力 35.91 MPa，出现在支座附近，小于材料的应力限值 340 MPa。此外，图 8.18 给出了先凿除窄边混凝土时墩身混凝土的压应力云图和拉应力云图，注意到墩身在凿除的窄边混凝土附近应力有局部增大的现象，但压应力和拉应力最大值均出现在靠近支座的部位，分别为 6.08 MPa 和 0.69 MPa。根据

《公路桥梁加固设计规范》(JTG/T J22—2008)[47]的相关规定,压应力限值为 30 MPa,拉应力限值为 3 MPa。对比这些数据可以看出,无论是压应力还是拉应力,其最大值均远低于规范限值。因此,采用先凿除窄边混凝土的墩身凿除方案,墩身混凝土的应力状态处于安全范围。

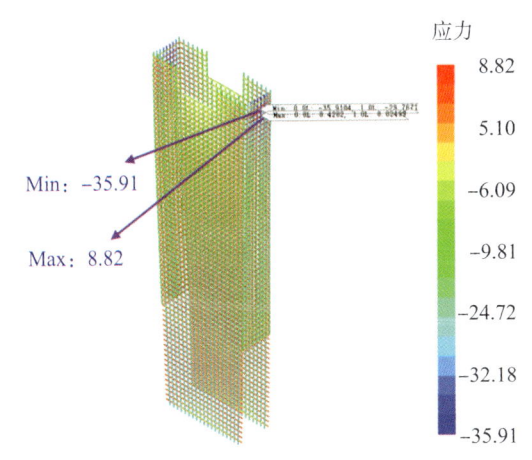

图 8.17 窄边先凿除方案桥墩钢筋应力分布

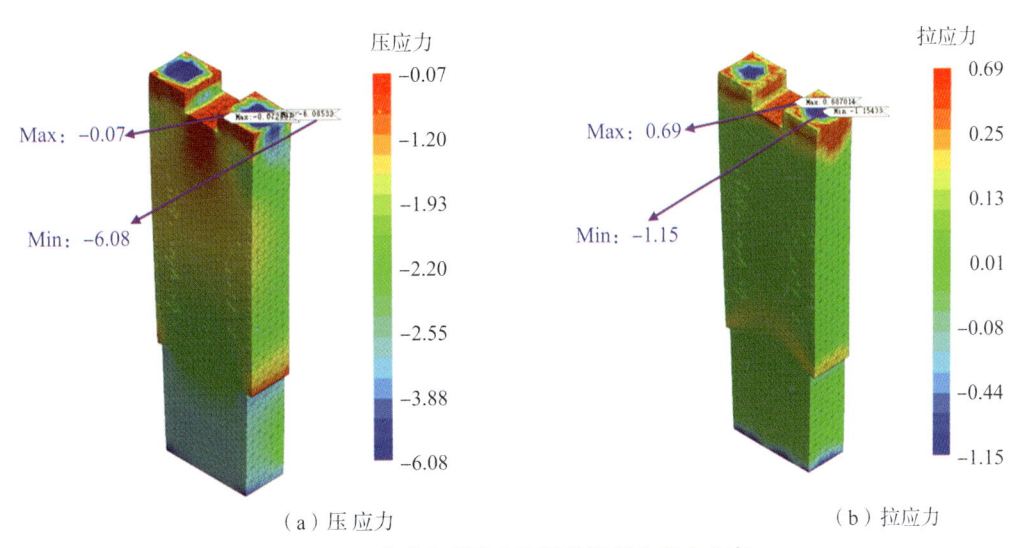

(a)压应力　　　　　　　　　　　　　　　(b)拉应力

图 8.18 窄边先凿除方案桥墩混凝土应力分布

8.4.3 宽边凿除方案仿真分析

图 8.19 给出了先凿除宽边混凝土时墩身的位移分布,其中位移的最大值仍位于支座处附近,为 1.182 mm。对比施工前墩身位移,结果增加了 0.113 mm,增幅较小,仍小于限值 30 mm。因此,在先凿除宽边混凝土的情况下,墩身的位移处于安全范围。

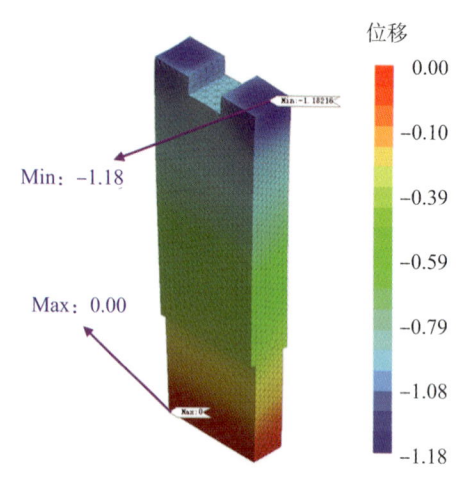

图 8.19　宽边先凿除方案桥墩混凝土位移分布

图 8.20 给出了先凿除宽边混凝土时钢筋的压应力分布,其压应力最大值为 32.95 MPa。对比未凿除混凝土时的钢筋压应力最大值 25.02 MPa,凿除后增加了 7.93 MPa,增幅约为 32%,但仍然处于容许范围内。图 8.21 给出了先凿除宽边混凝土时墩身的混凝土压应力和拉应力分布,其最大值分别为 6.21 MPa 和 0.70 MPa。对比先凿除窄边混凝土时墩身的最大压应力 6.08 MPa 和最大拉应力 0.69 MPa,分别增加了 0.13 MPa 和 0.01 MPa,这两个应力增幅均不明显,总体应力在容许范围内。

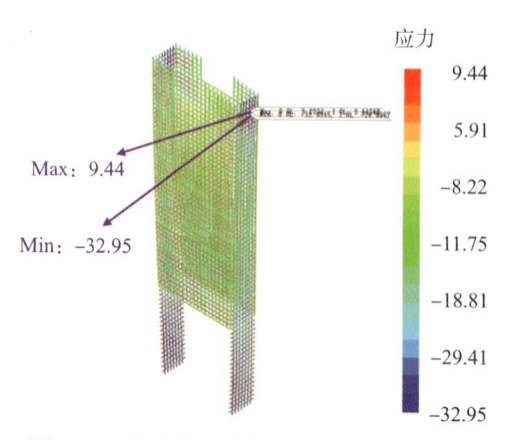

图 8.20　宽边先凿除方案桥墩钢筋应力分布

(a) 压应力　　　　　　　　　　　　　　　(b) 拉应力

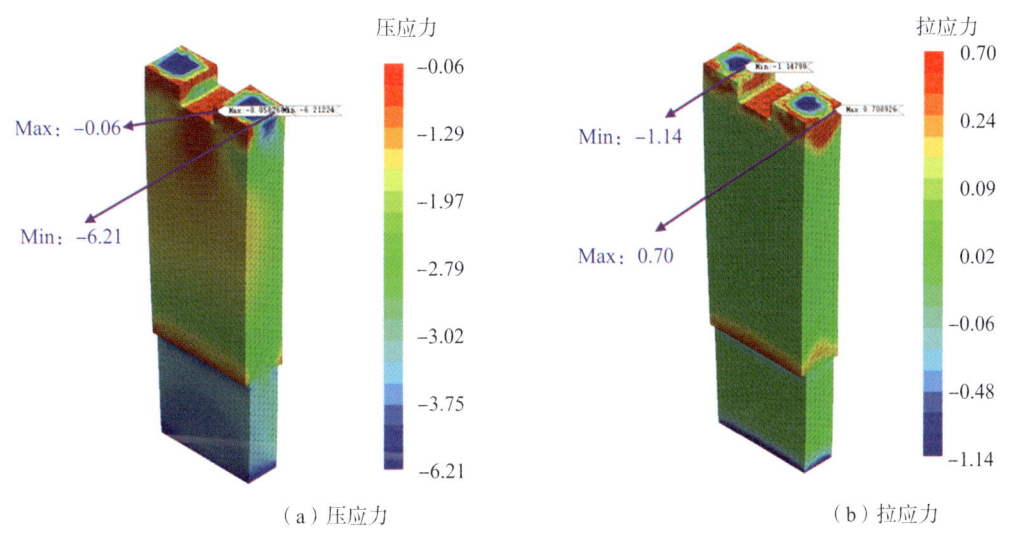

图 8.21　宽边先凿除方案桥墩混凝土应力分布

8.4.4　四边同时凿除方案仿真分析

图 8.22 给出了凿除墩身四周混凝土时墩身的位移情况，墩身的最大位移值为 1.39 mm，位于支座附近。分析表明，由于支座面积相对桥墩整体较小，其承受的应力相对较大，对应的位移更为明显。但该凿除方案的最大位移仍然远小于规范规定的 30 mm。因此，从墩身位移角度来看，在凿除墩身四周混凝土的过程中，桥墩结构整体安全。

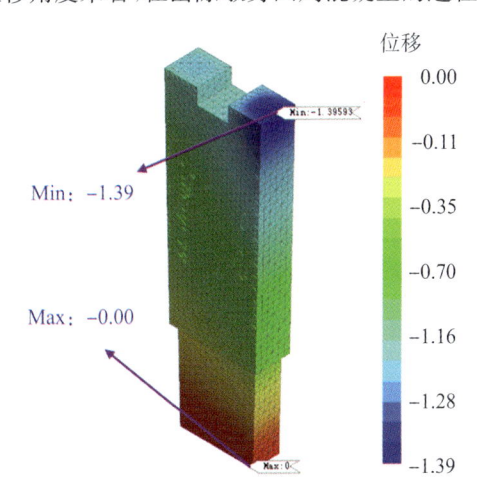

图 8.22　四边同时凿除方案的桥墩位移分布

图 8.23 给出了凿除墩身四周混凝土钢筋的压应力分布情况。从图 8.23 中可以看出，最大压应力值为 29.98 MPa，位于支座处附近区域，与凿除前的钢筋压应力最大值 27.76 MPa 对比，凿除后增加了 2.22 MPa。由于最大钢筋压应力小于规范规定的 340 MPa，因此认为钢筋的应力依旧处于安全范围。此外，图 8.24 给出了凿除墩身四周混凝土时墩身的混凝土压应力云图和拉应力云图。从图 8.24 中可以看到，混凝土压应

力的最大值为 6.27 MPa,而拉应力的最大值为 0.94 MPa。这些应力值都在合理范围内,表明墩身混凝土在凿除过程中的应力变化不会对结构安全产生明显影响。

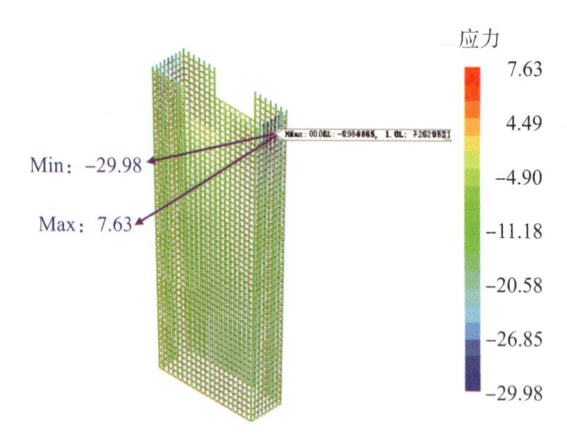

图 8.23 四边同时凿除方案的桥墩钢筋应力分布

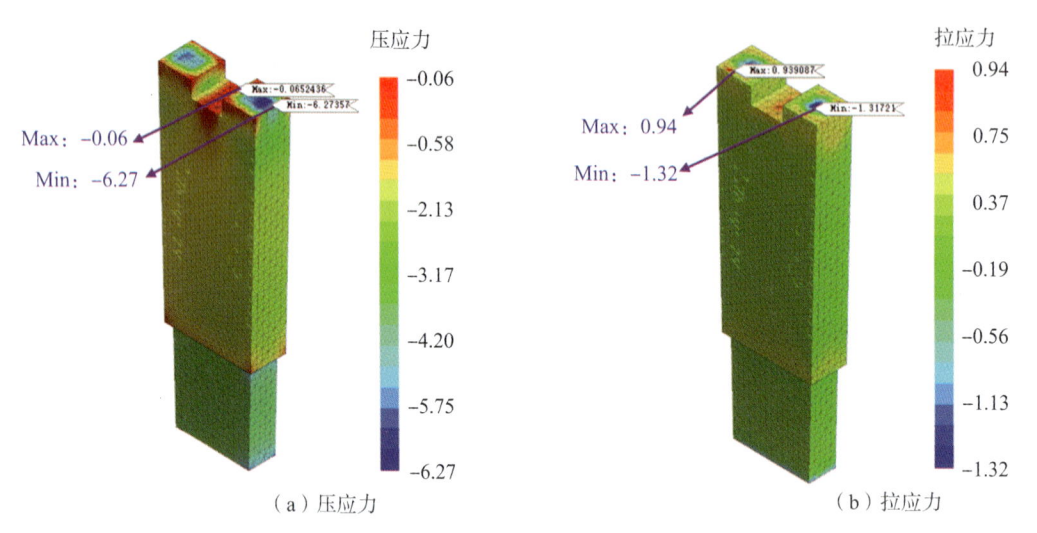

（a）压应力

（b）拉应力

图 8.24 四边同时凿除方案的桥墩混凝土应力分布

8.4.5 桥墩改造加固方案比选

表 8.3 列出了 3 种施工方案中混凝土和钢筋各项应力指标的具体对比情况。根据《公路桥涵设计通用规范》(JTG D60—2015)[52]、《公路钢筋混凝土及预应力混凝土桥涵设计规范》(JTG 3362—2018)[68]、《公路桥涵地基与基础设计规范》(JTG 3363—2019)[69]和《公路桥梁加固设计规范》(JTG/T J22—2008)[47],3 种方案下墩身位移最大值、墩身压应力最大值、墩身拉应力最大值和钢筋应力最大值均符合相应规范的要求。鉴于工期和经济的要求,在保证施工安全的情况下,采用四边同时凿除的桥墩改造施工方案。该方案不仅能够有效控制墩身和钢筋的应力状态,确保施工安全,还能缩短施工周期,降低施工成本。

表 8.3　桥墩不同改造施工方案的应力极值

方案	墩身位移最大值	墩身主应力最大值(压)	墩身主应力最小值(拉)	钢筋压应力最大值
加固前	1.194 mm	6.319 MPa	0.792 MPa	27.766 MPa
先凿窄边	1.109 mm	6.085 MPa	0.687 MPa	35.910 MPa
先凿宽边	1.182 mm	6.212 MPa	0.709 MPa	32.952 MPa
四边同时凿除	1.395 mm	6.274 MPa	0.939 MPa	29.985 MPa
规范	—	30 MPa	3 MPa	340 MPa

8.5　桥墩外包玻璃钢模板与 RPC 混凝土黏结处理

8.5.1　玻璃钢模板与 RPC 混凝土黏结面空鼓问题

厦门大桥下部结构的改造均使用玻璃钢结构作为施工模板。为提高补强后桥墩结构的耐久性,玻璃钢模板在施工结束后不予拆除,而是留作 RPC 混凝土和外界海水的隔断层。然而,由于玻璃钢模板与混凝土的材料性质差异较大,两者的黏结处容易出现未完全贴合、开裂、空隙甚至鼓包等问题。因此,如何确保玻璃钢模板与 RPC 高性能混凝土之间的有效连接是墩柱改造加固施工中的一个关键问题。

为探究桥墩改造中玻璃钢模板与 RPC 混凝土的黏结性能,如图 8.25 所示,首先对加固后的 10 根墩柱进行检测。表 8.4 给出了 10 根目标墩柱的检测情况,其中每个墩柱均随机选取了 11 个检测点位。可以看出,所有参与检测的墩柱均出现了空鼓现象,而且出现鼓包的点位占所有节点的 41%,说明玻璃钢模板与 RPC 混凝土之间的黏结问题非常突出。

图 8.25　玻璃钢模板与 RPC 混凝土黏结性能抽检

表 8.4 墩柱空鼓现象检测统计

墩号	检测点数(共 110 个数据)									
右幅 45#墩	空鼓	空鼓	密贴	空鼓	密贴	空鼓	密贴	空鼓	密贴	密贴	空鼓
右幅 41#墩	密贴	密贴	密贴	空鼓	密贴	空鼓	密贴	空鼓	密贴	密贴
右幅 40#墩	空鼓	密贴	空鼓	空鼓	空鼓	密贴	密贴	密贴	空鼓	空鼓
左幅 40#墩	密贴	密贴	密贴	密贴	密贴	空鼓	空鼓	空鼓	空鼓	空鼓
左幅 35#墩	空鼓	密贴	空鼓	密贴	密贴	密贴	密贴	密贴	密贴	密贴
左幅 34#墩	密贴	空鼓	密贴	空鼓	密贴	密贴	密贴	密贴	密贴	密贴
左幅 33#墩	密贴	密贴	空鼓	密贴	密贴	密贴	密贴	密贴	密贴	密贴
右幅 35#墩	空鼓	密贴	空鼓	密贴	密贴	密贴	密贴	密贴	密贴	密贴
右幅 34#墩	密贴	密贴	密贴	密贴	空鼓	密贴	密贴	密贴	密贴	密贴
右幅 33#墩	密贴	空鼓	密贴	密贴	空鼓	密贴	密贴	空鼓	密贴	密贴
不合格率					41%						
合格率					59%						

8.5.2 玻璃钢模板结构优化与有限元建模

为探究玻璃钢模板与 RPC 混凝土之间产生空鼓的原因,根据施工设计图纸及现场情况对其进行有限元仿真分析。图 8.26 给出了玻璃钢模板及桥墩的整体模型,其中模板和桥墩均采用四面体单元,共 7659 个单元。图 8.27 所示为玻璃钢模板的局部模型。

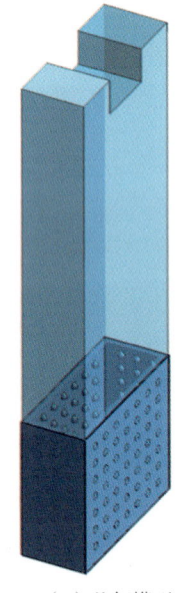

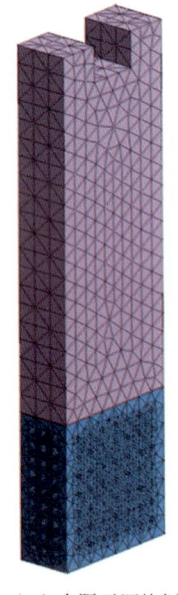

(a) 几何模型　　(b) 有限元网格划分

图 8.26 玻璃钢模板及桥墩整体模型

(a)几何模型　　　　　　　　　　(b)有限元网格划分

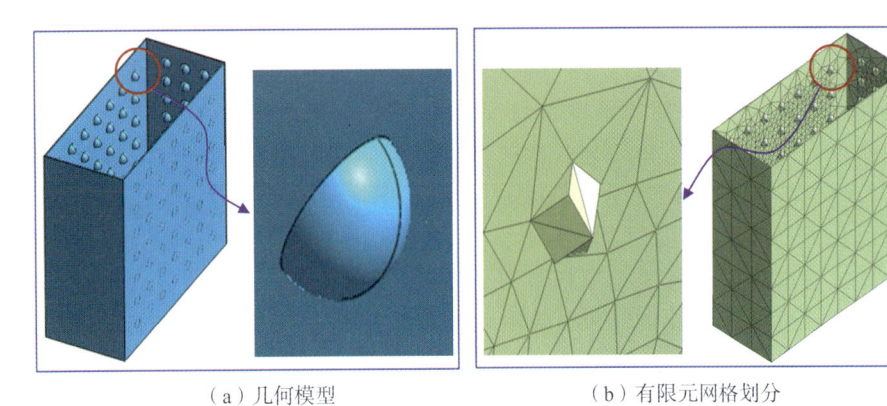

图 8.27　玻璃钢模板局部模型

为提高玻璃钢模板和 RPC 混凝土的连接性能,对模板结构形式进行了优化调整。首先,将半球形玻璃钢保护块更换为工字形保护块,以增加模板和混凝土的接触面积,提升两者之间的机械咬合力以及摩擦力,如图 8.28(a)所示。图 8.28(b)所示为改进后的玻璃钢模板有限元模型,相比于半球形保护块,工字形结构具有更大的表面积。值得指出的是,如图 8.28(c)所示,在玻璃钢模板顶部还增设了 20 cm 剪力钉。图 8.29 给出了优化后的玻璃钢模板的几何模型和有限元离散模型,共包括 32957 个四面体单元。

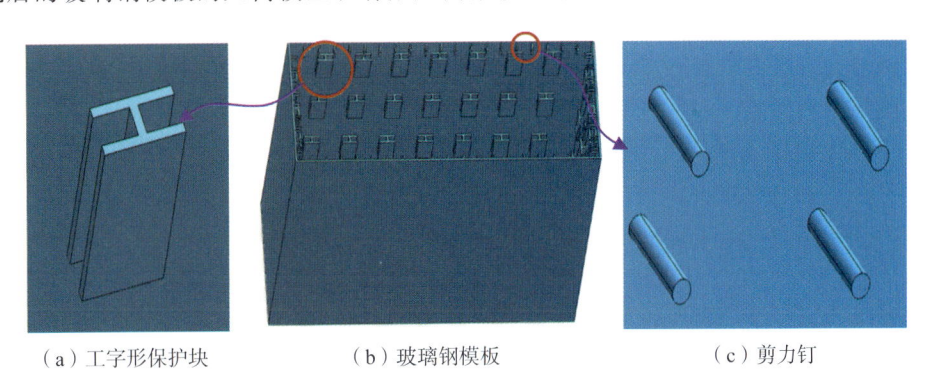

(a)工字形保护块　　　(b)玻璃钢模板　　　(c)剪力钉

图 8.28　采用工字形保护块的玻璃钢模板有限元模型

(a)几何模型　　　　　　　　(b)有限元网格划分

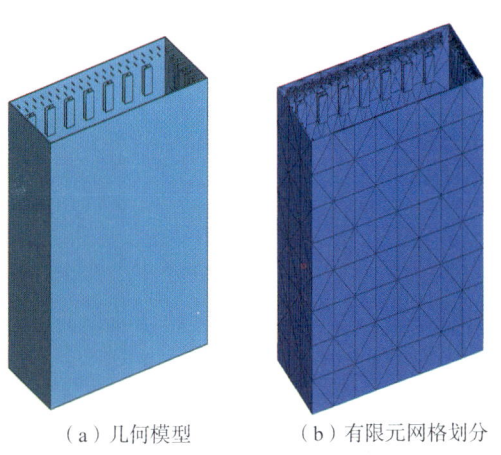

图 8.29　优化后的玻璃钢模板几何模型与有限元离散模型

8.5.3 玻璃钢模板优化方案仿真分析

图 8.30 给出了优化前玻璃钢模板与混凝土之间剪应力分布情况,玻璃钢模板与混凝土之间的最大剪应力为 1.66 MPa,位于保护块附近。当玻璃钢模板与混凝土之间剪应力为 1.50 MPa 时,两者即发生完全脱离。因此,剪应力偏大是造成玻璃钢模板与 RPC 混凝土脱离的首要原因。与此同时,图 8.31 描述了优化前玻璃钢模板的位移情况,玻璃钢模板的最大挠度发生在玻璃钢模板上方,位移最大值为 0.03 mm。分析表明,过大的上部位移是导致玻璃钢模板顶口开裂的重要原因。

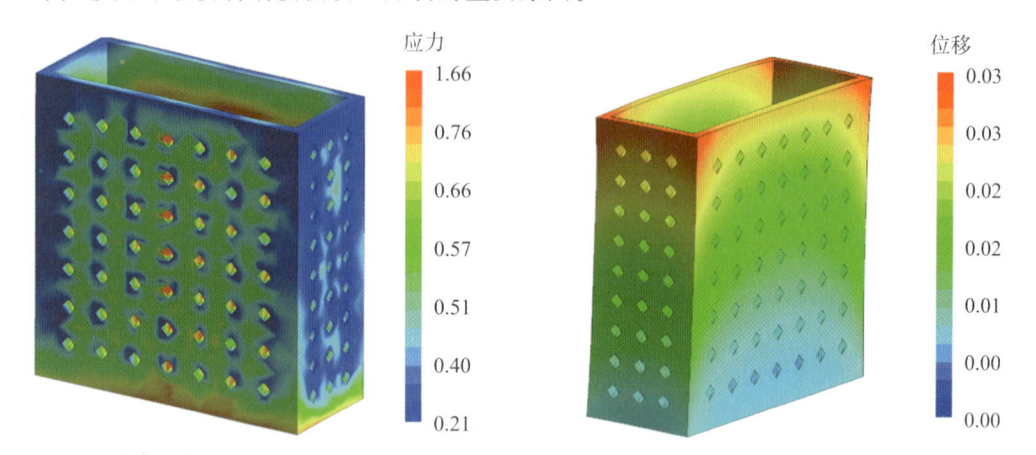

图 8.30 玻璃钢模板优化前与混凝土之间剪应力分布　　图 8.31 玻璃钢模板优化前整体挠度分布

对比起见,图 8.32 和图 8.33 分别给出了玻璃钢模板优化后与混凝土之间的剪应力分布及玻璃钢模板优化后的整体挠度分布。与玻璃钢模板优化前的计算结果相比,玻璃钢模板与混凝土之间的剪应力最大值由原来的 1.66 MPa 减小到了 1.20 MPa,小于安全值 1.50 MPa,说明更换工字形保护块和增设剪力钉方案可以有效降低玻璃钢模板与混凝土之间的剪应力。此外,优化后玻璃钢模板的整体挠度最大值由原来的 0.03 mm 减小为 0.02 mm,降幅为 47%,表明增设剪力钉有效减小了玻璃钢顶口的位移,抑制开裂效果良好。

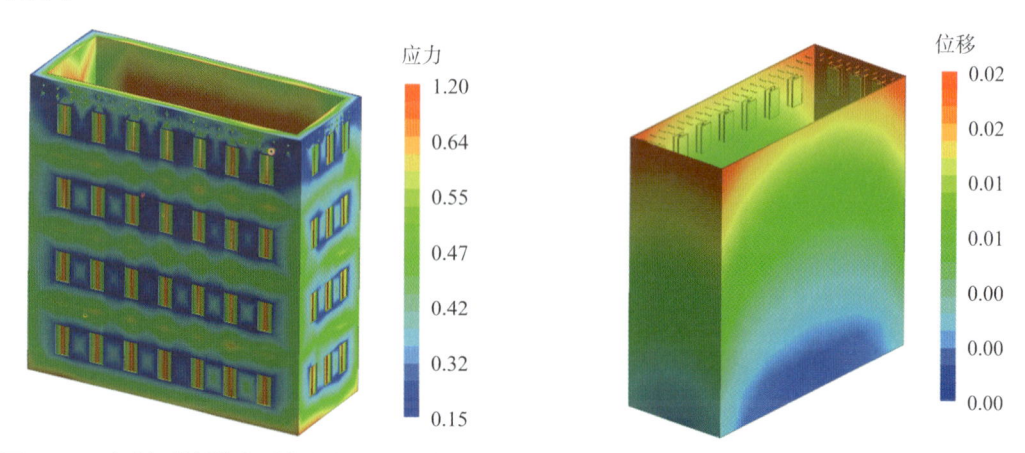

图 8.32 玻璃钢模板优化后与混凝土之间剪应力分布　　图 8.33 玻璃钢模板优化后整体挠度分布

8.6　小结

针对厦门大桥桥墩加固，本章分析了墩身混凝土加固前的状态及不同凿除方案对桥墩性能的影响。针对墩身混凝土凿除工作，提出了 3 种不同的凿除墩身混凝土方案，即先凿除墩身窄边混凝土、先凿除墩身宽边混凝土、同时凿除墩身四边混凝土。墩身位移、应力及桥墩钢筋应力等关键参数的有限元仿真结果表明，第三种方案的位移和应力比前两种方案略有增加，但增幅均在可控范围内。因此，综合考虑施工效率、成本及安全性等因素，确定同时凿除墩身四边混凝土方案作为优选方案。与此同时，通过在玻璃钢模板增设工字形保护块，并在上部布置剪力钉，显著改善了玻璃钢模板和 RPC 混凝土之间的黏结性能，有效抑制了空鼓问题。本章提出的下部结构改造优化方案在节省成本的同时，保证了厦门大桥桥墩改造加固工程的安全高效施工。

9 智慧工地管理云平台

为了实现厦门大桥拓宽改造项目管理的专业化、标准化、信息化和精细化,该项目建立了福建省首个 5G 智慧工地管理中心。本章阐述了基于 5G 应用和 BIM(building information model,建筑信息模型)技术构建的厦门大桥拓宽改造项目智慧工地管理云平台。该平台通过对现场施工的全程监控和实时数据分析,在优化施工方案、保证施工质量方面发挥了重要作用。

9.1 智慧工地管理云平台架构

如图 9.1 所示,厦门大桥拓宽改造项目智慧工地管理云平台主要包含 5G 智慧工地和 BIM 技术管理创新应用两大类板块。其中,5G 智慧工地模块根据服务管理对象的不同,又细分为 5G 智慧工地现场管理模块、5G 智慧工地人员管理模块和 5G 智慧工地信息化管理模块。而 BIM 技术管理创新应用则根据应用场景,将其分为 BIM 技术现场管理模块和 BIM 技术设计查询管理模块两个部分。

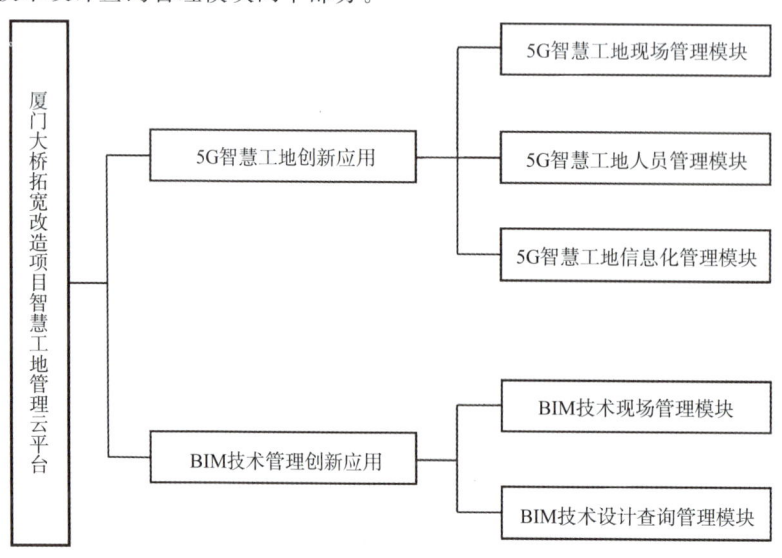

图 9.1 厦门大桥拓宽改造项目智慧工地云平台总体结构

厦门大桥拓宽改造项目智慧工地管理云平台，通过自动采集、自动分析和自动预警，实现了全域可视、远程监督和风险预判，从而实现了项目管理的专业化、标准化、信息化和精细化。基于该平台的厦门大桥拓宽改造项目工地也因此成为福建省首个 5G 智慧工地管理中心。图 9.2 展示了 5G 智慧工地引进的土木工程行业新型前沿技术，从 5G 智能监控系统到 BIM 查询模块，形成一个有机体，共同构建了一个高效、安全、环保的施工环境。

5G 智慧工地现场管理模块实现了对施工现场的全面监控，其中包括实时视频监控、环境监测、施工进度和质量管理等。通过 5G 网络的高速传输，管理人员可以实时掌握施工现场的动态信息，及时发现和解决问题。5G 智慧工地人员管理模块则关注人员的管理，包括实名制管理、人员定位、考勤管理等。通过人脸识别、指纹识别等技术，可以有效地管理施工现场的人员流动，确保施工现场的安全。5G 智慧工地信息化管理模块则实现了对施工现场信息的整合、分析和展示，为项目管理人员提供决策支持。

BIM 技术现场管理模块基于 BIM 技术对施工现场进行三维建模和模拟，从而实现了对施工现场的虚拟规划和管理。通过对所建立的建筑数字模型的分析和优化，可以有效地提高施工效率和工程质量。BIM 技术设计查询管理模块实现了对设计图纸的实时查询和高效管理，其管理环节包括了图纸的审核、变更管理等。通过 BIM 技术，可有效地提高设计图纸的质量和准确性，减少设计变更和返工。

此外，在厦门大桥拓宽改造项目的建设过程中，非常重视工程品质和绿色环保。通过建立 5G 智慧工地管理中心和相应的云平台，实现了施工数字化和智慧化。同时，将 5G 智慧工地和 BIM 技术管理有机结合，进一步提高了项目管理的效率和质量，为工程建设行业的数字化和智能化发展提供了宝贵的经验与借鉴。

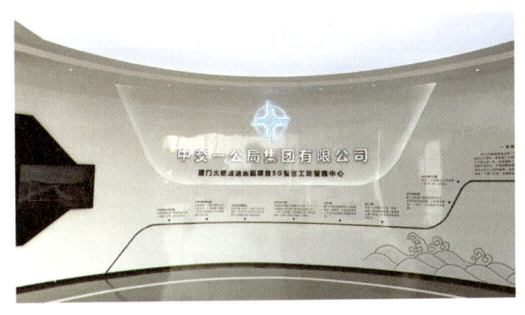

图 9.2　厦门大桥拓宽改造项目 5G 智慧工地管理中心

9.2 5G智慧工地创新应用

9.2.1 5G智慧工地现场管理模块

厦门大桥拓宽改造项目智慧工地管理云平台的5G智慧工地现场管理模块属于综合性管理系统，主要用于施工现场的全面监控。如图9.3所示，5G智慧工地现场管理模块主要包含3个部分，即5G+VR(virtual reality，虚拟现实)全景监控模块、5G+视频监控系统模块和5G+AI(artificial intelligence，人工智能)技术应用模块。

5G+VR全景监控模块是一款将5G技术与VR技术相结合的创新型监控解决方案，实现了项目全景云监控，其具体形式如图9.4所示。该技术的应用使得项目管理人员通过佩戴VR眼镜，便能够随时随地查看项目的施工情况。这不仅加强了现场远程管控力度，

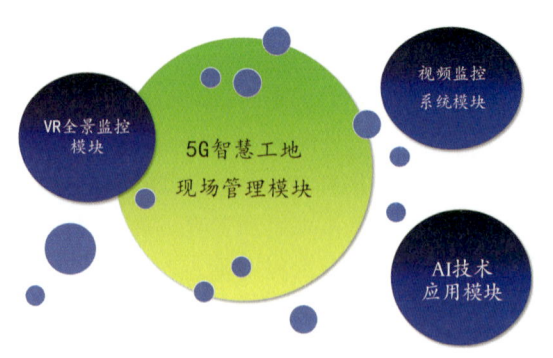

图9.3 厦门大桥拓宽改造项目5G智慧工地现场管理模块

还大大提高了项目管理的效率和准确性，有利于及时发现和解决现场问题，提高项目管理的灵活性和响应速度。此外，5G+VR全景监控技术还有助于提高施工现场的安全水平。通过实时监控，项目管理人员可以及时发现存在的安全隐患，并迅速采取措施进行整改。这有助于降低事故发生的风险，确保项目顺利进行。5G+VR全景监控模块的应用打破了时空限制，让项目管理人员能够随时随地监控施工现场。同时，该技术也有助于提高项目管理的效率、准确性和安全性，为项目的顺利推进提供了有力支持。

图9.4 5G+VR全景监控模块

如图 9.5 所示,5G+视频监控系统模块引入了 5G 高清视频监控球机,配合 5G 技术实现了远程高清画面实时传输。这一技术的应用解决了传统视频监控延迟、卡顿的问题,提高了项目对施工作业现场的有效监管水平。5G 技术的高速传输能力使得视频监控系统能够实时传输高清画面,让项目管理人员能够清晰地查看施工现场的每个细节。

图 9.5　5G+视频监控系统模块

除上述创新应用外,5G+AI 技术应用模块还在现有 5G 视频监控的基础之上加入了 AI 技术,以进行智能安全的隐患识别,具体细节如图 9.6 所示。该模块主要包含安全帽、反光衣、火焰、烟雾、区域入侵等安全监测功能。通过 AI 技术的应用,实现了对不安全行为和不安全状态的智能化管理。5G+AI 技术的应用提高了施工现场的安全管理水平,降低了事故发生的风险。

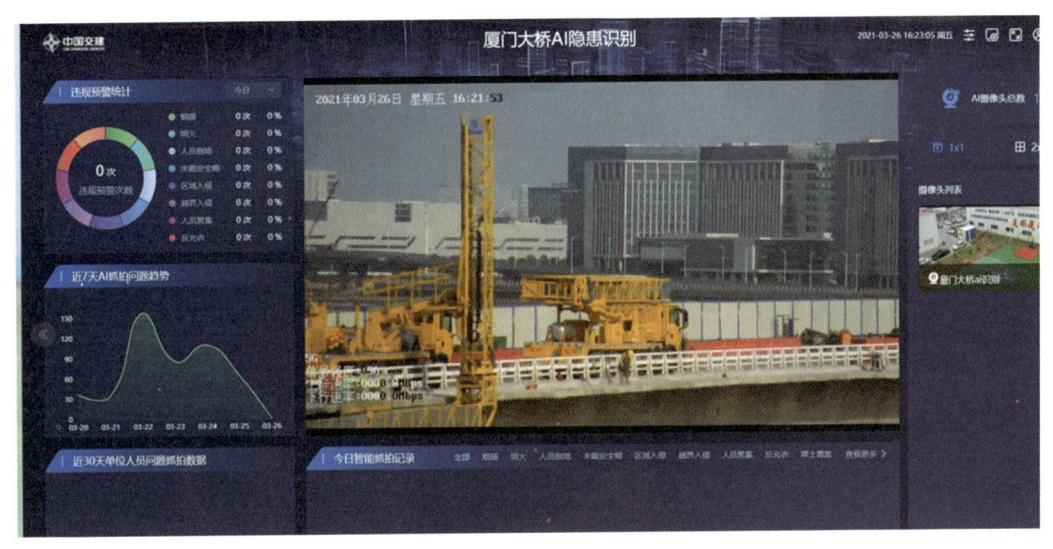

图 9.6　5G+AI 技术应用模块

总的来说,厦门大桥拓宽改造项目智慧工地管理云平台的 5G 智慧工地现场管理模块是一个集 5G、VR、视频监控和 AI 技术于一体的综合性大型工程施工现场管理系统。它的应用能够为项目管理带来极大的便利,提高了项目管理的效率、准确性和安全性。

9.2.2　5G 智慧工地人员管理模块

在厦门大桥拓宽改造项目智慧工地管理云平台中,5G 智慧工地人员管理模块主要与人员的管理功能相关。如图 9.7 所示,其功能的多样性主要通过细分的 3 个模块来体现:人员队伍管理系统、北斗人员定位模块、AI 自动识别系统。图 9.8 和图 9.9 所示分别为 5G 智慧工地人员管理模块的系统主界面和管理界面,相应界面和操作逻辑清晰简洁,凭借内置的多种功能可以实现对项目现场人员的高效管理。

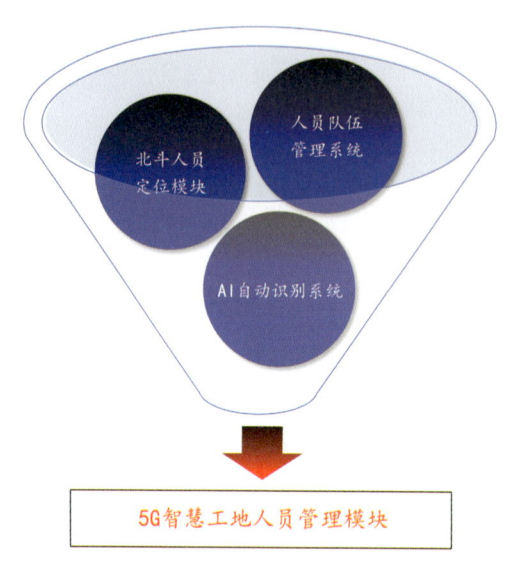

图 9.7　厦门大桥 5G 智慧工地人员管理模块

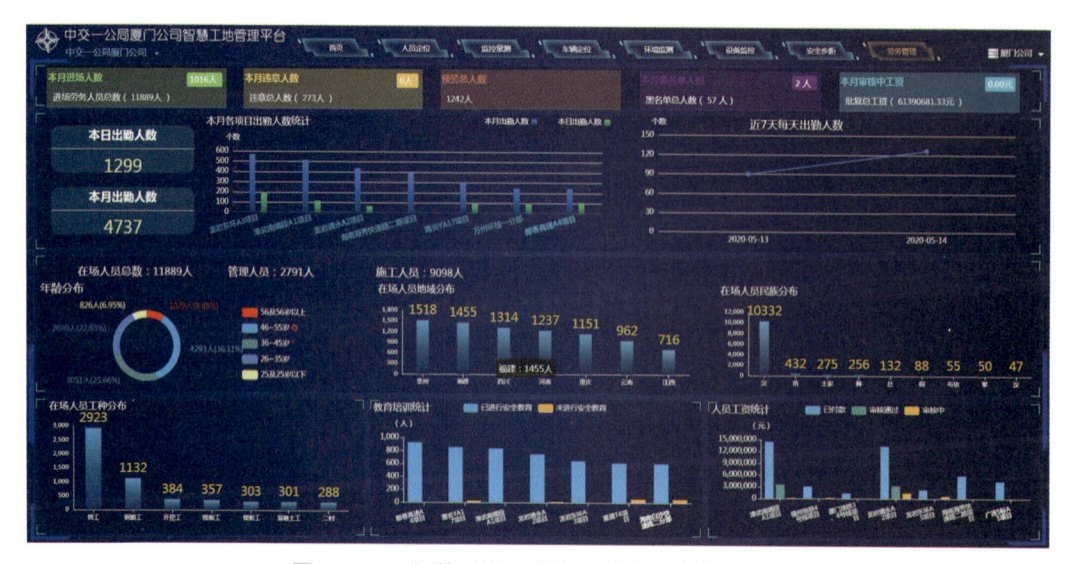

图 9.8　5G 智慧工地人员管理模块的系统主界面

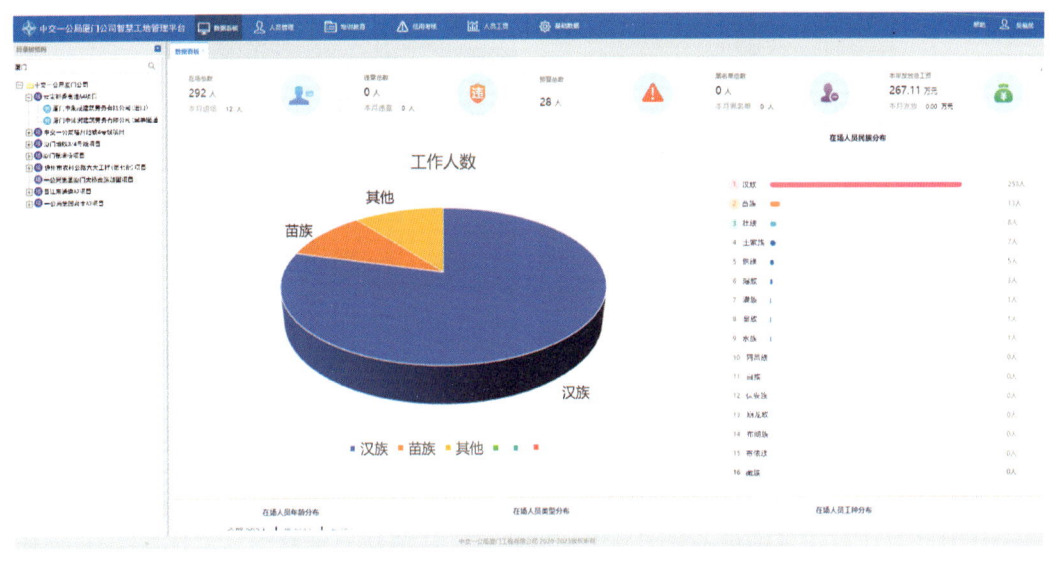

图 9.9 5G 智慧工地人员管理模块的系统管理界面

人员队伍管理系统包括进退场快速登记、人员违章管理、人员预警管理、安全教育培训管理、薪资管理、人员积分和人员考勤等模块应用。基于该系统，通过手机扫描人员二维码可快速进行人员信息查询及相关管理流程操作。如图 9.10 所示，项目人员通过人脸识别就可以完成进退场快速登记，极大方便了现场人员管理。

图 9.10 人员队伍管理系统进退场快速登记

在 5G 智慧工地人员管理模块中，北斗人员定位模块是其一项突出特点。项目引入北斗定位技术，采用北斗胸卡＋手环式定位设备进行人员定位管理。图 9.11 所示的定位设备通过引进的北斗定位模块，可以做到实时定位人员位置并记录轨迹，将其工作状况进行量化管理。同时，还可根据目前在岗情况进行实时人员调度，对人员进行科学化管理。再者，通过定位相关人员的位置，在紧急时刻可为救援提供科学决策。

图 9.11　北斗胸卡＋手环式定位设备

AI 自动识别系统是厦门大桥拓宽改造项目智慧工地管理云平台的另一个重要模块。AI 自动识别可以应用于现场人员位置和行为的识别，从而有效组织现场管理。另外，AI 自动识别还可应用于现场设备的识别中。例如，将 AI 自动识别和钢筋算量相结合，就形成了如图 9.12 所示的 AI 钢筋智能算量模块，提供精准的钢筋数量统计。

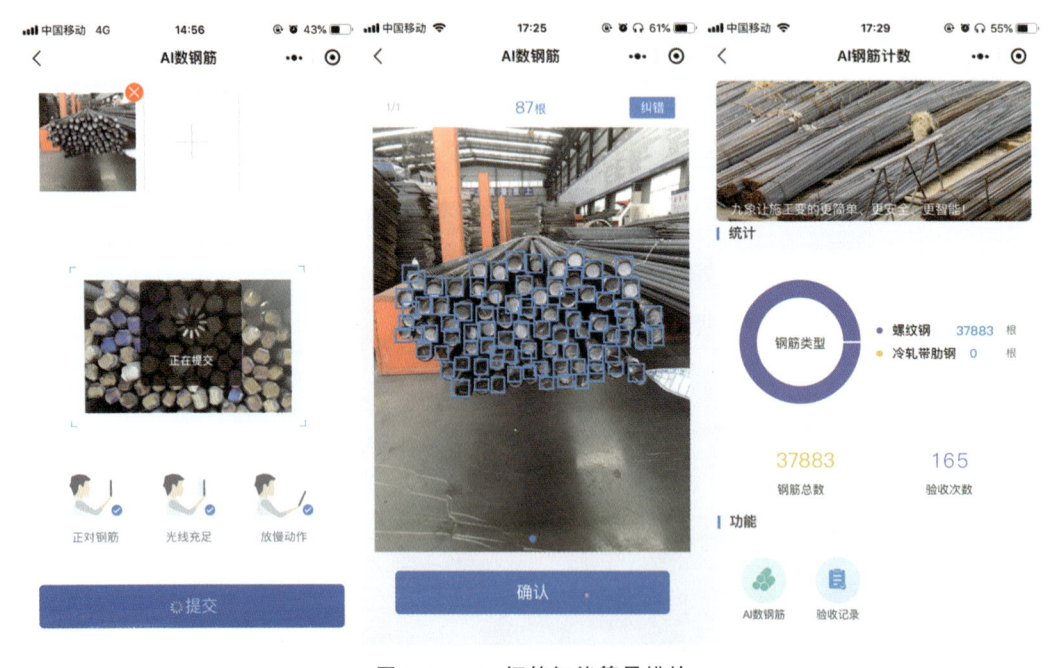

图 9.12　AI 钢筋智能算量模块

除以上的 3 个主要模块以外，5G 智慧工地人员管理模块还包括了视频监控系统。该系统可以对施工现场进行实时监控，确保施工安全和工程质量。与此同时，视频监控系统还可以与 AI 自动识别系统相结合，实现施工现场的智能分析和预警。

总体而言，厦门大桥拓宽改造项目智慧工地管理云平台的 5G 智慧工地人员管理模块通过引入先进的技术和设备，实现了对人员、设备和施工现场的智能化管理，显著提升了项目管理效率和安全水平。

9.2.3 5G智慧工地信息化管理模块

为满足厦门大桥拓宽改造项目的施工需求,智慧工地管理云平台还整合了5G智慧工地信息化管理模块。如图9.13所示,该模块涉及了信息化管理模块、车辆管理模块、绿色文明施工模块、大型设备监控模块以及智慧用电监测模块共计5个部分。

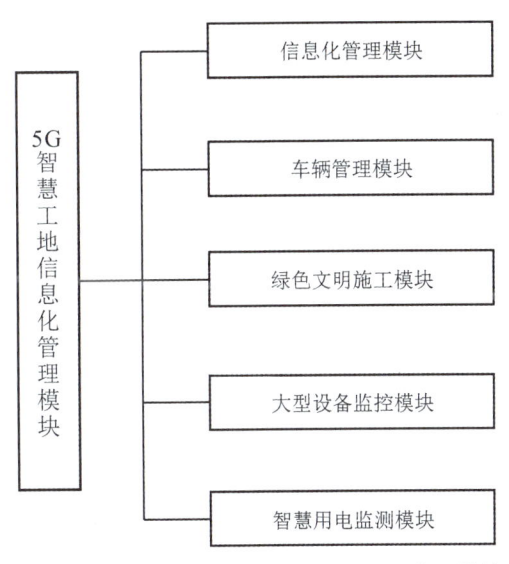

图9.13 厦门大桥5G智慧工地信息化管理模块

如图9.14所示,绿色文明施工监测系统是5G智慧工地信息化管理模块的核心模块,旨在实时监测现场施工环境、噪声和扬尘情况。该系统采用物联网技术,能够自动采集施工现场的温度、湿度、风速、$PM_{2.5}$、噪声、扬尘等相关数据,实现自动超限预警功能。所采集的数据可以通过预设的超限值,及时上传至智慧工地管理云平台进行集中显示。

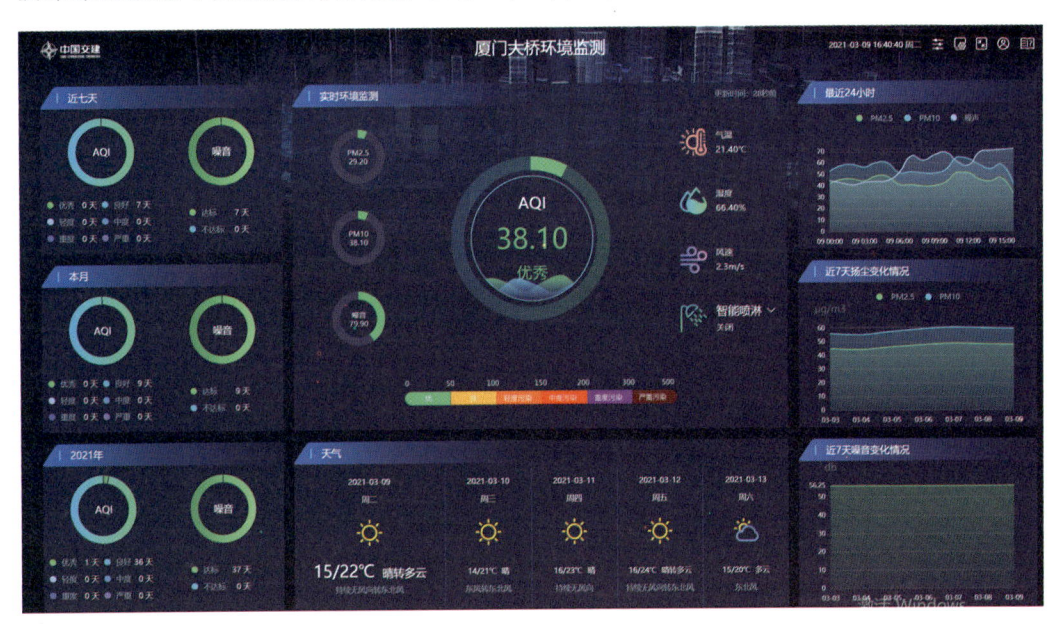

图9.14 绿色文明施工监测系统主界面

智慧用电监测模块主要通过在项目电箱内安装监测传感器和数据传输设备，监测用电量、三相电缆的温度、环境温度和漏电流等情况，以避免电箱起火等事故。图9.15所示为厦门大桥拓宽改造项目的电箱监测系统图，其主界面包括报警播报、温度监测、近30天累计报警统计、设备监控、实时监测、环境温度监测、漏电流监测和近30天报警趋势统计8个子界面。图9.16所示的智慧用电监测系统预警流程详细展示了智慧用电监测模块核心功能的运行流程。

图9.15 智慧用电监测系统主界面

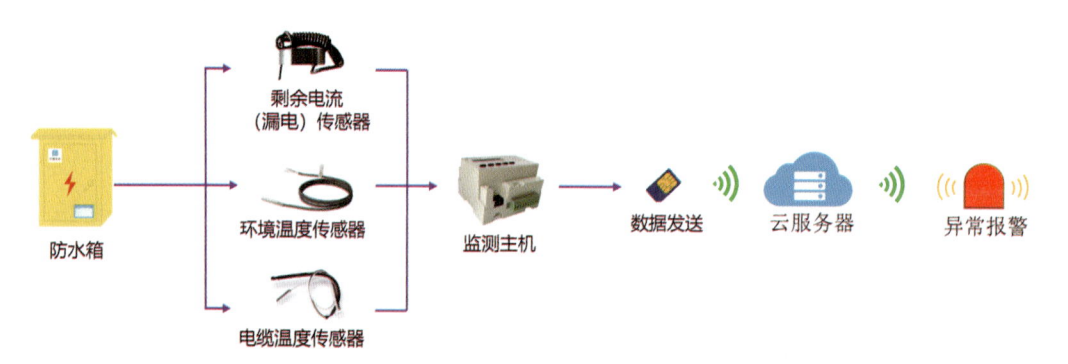

图9.16 智慧用电监测系统预警流程

为了便于了解现场情况，厦门大桥拓宽改造项目智慧工地管理平台还配备了AR（augmented reality，增强现实）眼镜。当需要开会讨论时，一人佩戴AR眼镜前往工程现场进行巡查，其他人员可以通过AR设备回传数据，了解现场信息和情况。此外，智慧工地管理平台还将AR设备应用于AI党建＋建设。如图9.17所示，通过建立的AI守望者和AR远程协助系统，提升线上会议的视频增强和传输速率，改善党建会议的线上体验。

图 9.17　AR 设备在 AI 党建＋中的应用

针对大型设备的安全使用，厦门大桥拓宽改造项目智慧工地管理平台配备了大型设备监控系统。例如，对于龙门吊装置，智慧工地管理平台配有 5G＋龙门吊远程控制系统和龙门吊运行状态监测系统。图 9.18 所示的 5G＋龙门吊远程控制系统具有大带宽、低延迟的优势，通过 5G 技术实现设备远程控制，节省燃油，提高作业效率，降低劳动强度，保障作业安全。再者，图 9.19 所示的大型设备运行状态监测系统通过互联网技术，实现设备运行状态的实时采集、分析、监控预警，有效保障了设备的安全使用。图 9.20 所示为龙门吊运行状态监测系统主界面。

图 9.18　5G＋龙门吊远程控制系统现场布置

图 9.19　大型设备运行状态监测系统主界面

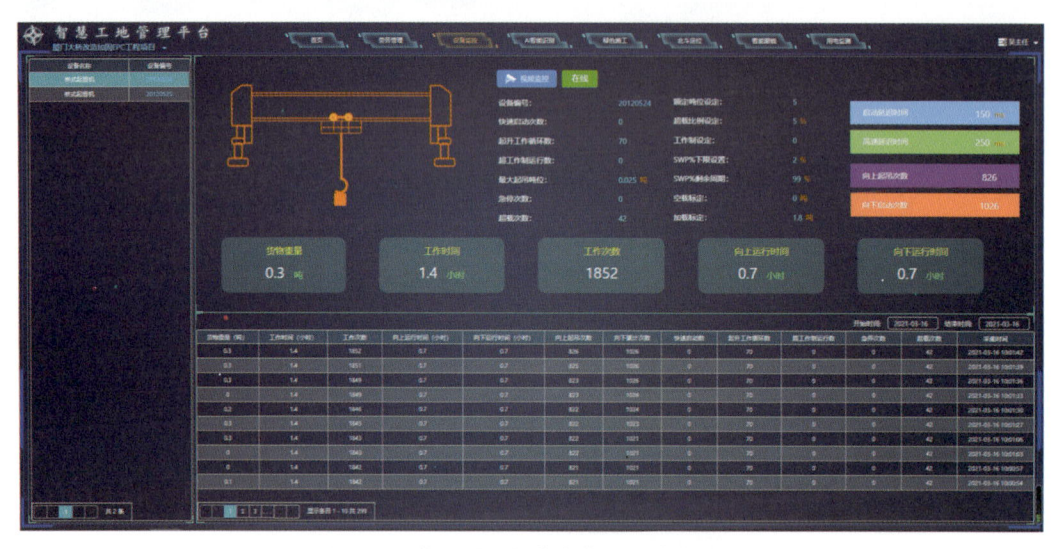

图 9.20　龙门吊运行状态监测系统主界面

5G 智慧工地信息化管理模块实现了对施工现场环境、用电情况、设备运行状态等方面的实时监测和预警,为项目的安全高效施工提供了全方位的有力支持。

9.3　BIM 技术管理创新应用

9.3.1　BIM 技术现场管理模块

BIM 技术现场管理模块通过对施工场地进行高精度模拟,实现施工场地和资源的优化布置。图9.21展示了采用BIM技术模拟的厦门大桥拓宽改造项目的现场布置图。此外,BIM技术现场管理模块还引入了如图9.22所示的BIM+AR技术。通过将BIM技术与AR技术相结合,可以实现所见即所得的效果,使模型的可视化与现实空间信息相吻合。这不仅可以辅助进行现场质量验收和技术交底,还能够实现虚实共构的维运管理。BIM技术现场管理模块在厦门大桥改造加固工程中的成功应用不仅提高了项目的施工效率和质量,还降低了项目的成本和风险。

图9.21 BIM技术现场布置模拟

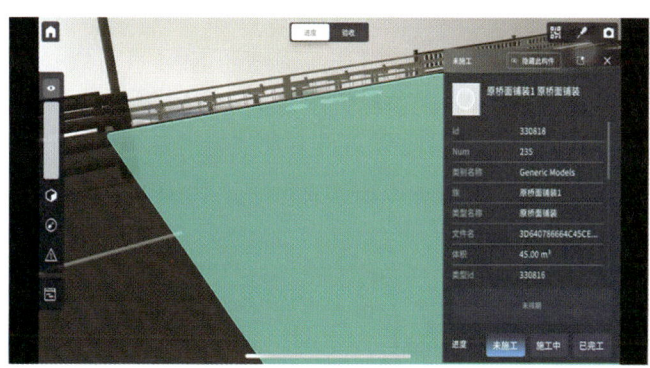

图9.22 BIM+AR技术

9.3.2 BIM技术设计查询管理模块

BIM技术设计现阶段关注于项目的设计优化和查询,为项目提供可视化的、详细的设计方案和数据支持。该模块主要包括BIM设计、模拟和查询功能,帮助项目管理人员快速获取设计方案的信息和数据。BIM技术设计查询模块可以帮助工程师和管理人员快速查找和分析项目的相关信息和数据,如成本、时间表和材料等。

BIM技术设计查询管理模块可大幅提高项目的设计和管理效率,使得工程师和管理人员能更快速地找到所需信息。同时,由于所有数据都集成在一个系统中,避免了人为输入错误或遗漏,可以有效减少错误和浪费。再者,可以帮助项目管理人员更好地控制项目的成本和进度,随时查看和分析相关数据,并做出及时调整。利用该模块,厦门大桥拓宽改造项目突破了传统的交底形式。如图9.23所示,采用三维模型的展示方式,将传统的平面图纸转换成立体模型,很好地解决了交底空洞的问题。为方便浏览项目模型,BIM 快速浏览技术可以通过二维码扫描链接,从移动端直接获得厦门大桥拓宽改造项目的 BIM。

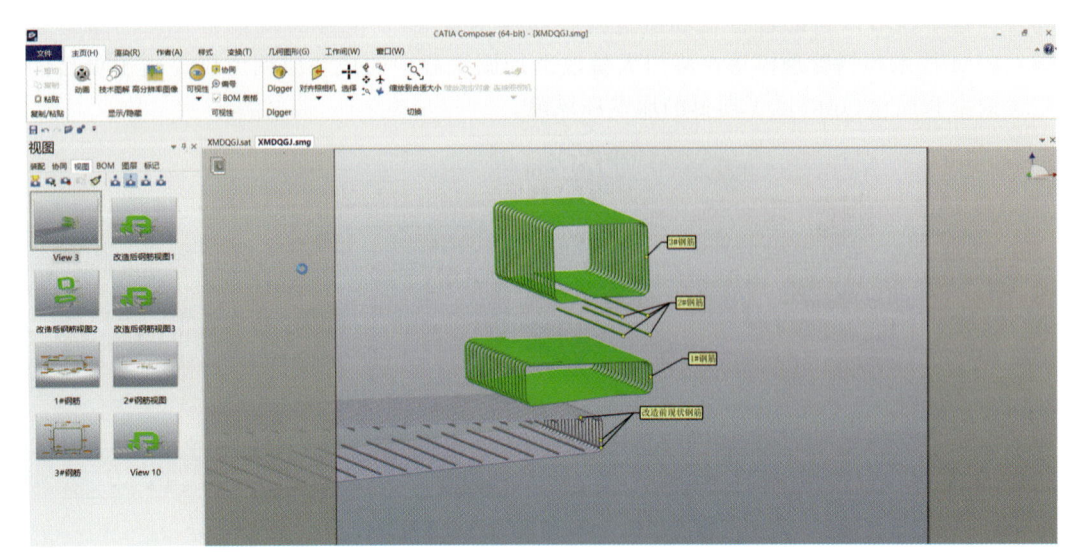

图 9.23 基于 BIM 技术的可视化技术交底

此外,厦门大桥拓宽改造项目还进一步将二维平面图纸和三维的 BIM 进行联动查询。如图 9.24 所示,点击任意二维图纸结构即可自动追溯查看对应的三维模型,极大程度地提升了技术人员看图识图的便捷性。与此同时,BIM 可以直接通过二维码、链接、微信、QQ 等形式进行快速分享,推进了 BIM 技术的落地应用。

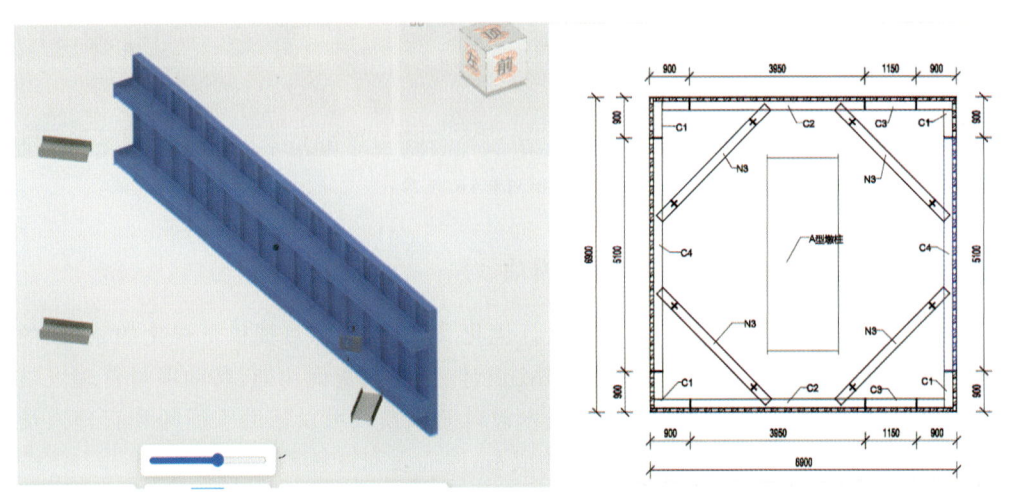

图 9.24 BIM 平面和三维联动查询(单位:mm)

9.4　小结

本章讨论了 5G 智慧工地管理和 BIM 技术在厦门大桥拓宽改造项目中的应用,充分体现了现代信息技术在工程建设管理中的重要作用。厦门大桥拓宽改造项目围绕科技和环保理念,建立了福建省首个 5G 智慧工地管理云平台,通过将 BIM 技术融入项目工地现场管理、人员管理、材料管理、流程管理等各个环节中,实现了项目的精细化、信息化和智能化管理,显著提升了整体的施工效率和质量。智慧工地通过施工现场的实时监测和分析,优化了资源配置,降低了能源消耗和环境污染,为项目的绿色施工创造了有利条件。

10 新材料的应用与工艺流程

新材料在厦门大桥拓宽改造项目中的成功运用有效提升了厦门大桥的承载能力和耐久性。本章总结了超高性能混凝土(UHPC)和玻璃纤维增强复合材料(glass fiber reinforced polymer,GFRP)两种新材料的性质及在厦门大桥拓宽改造中的具体应用,并从经济效益和社会效益两个角度分析了新材料的应用价值。

10.1 桥梁改造工程新材料应用

桥梁改造加固工程常用的新材料包括高强度混凝土、高强度钢材、GFRP、预应力混凝土及高性能钢纤维混凝土等。这些材料能够增强桥梁的结构和承载能力,提高耐久性,并延长桥梁的使用寿命。高强度混凝土和钢材增加了桥梁的强度和刚度,GFRP常用于加固桥墩、梁和板等部件,预应力混凝土减少了变形和裂缝,高性能钢纤维混凝土提高了抗裂性能。针对各种新材料的特点,经过对厦门大桥的承载力、交通运输、运营环境等关键要素的深入剖析,形成了采用UHPC与GFRP的复合结构桥墩加固施工方案。

10.1.1 UHPC 特性及研究现状

UHPC是一种具有显著优越性能的新型混凝土材料。因其良好的耐久性和力学性能,UHPC不仅能够提高加固效率,且有效弥补现有加固方法的缺陷和不足。当前,UHPC已经得到了日益广泛的应用。

关于UHPC材料,一个核心问题是活性粉末混凝土等基体材料配合比的选取,并使其在混凝土性能和制备成本中达到平衡。已有研究表明[70],通过改变颗粒粒径分布相近的河砂与石英砂的配合比,可以有效改善UHPC的性能。再者,矿粉取代率对UHPC的晶格结构、微观形貌、力学性能和耐久性能均有显著的影响[71]。同时,矿粉掺量也对UHPC材料孔隙结构及力学性能产生影响。例如,当铁尾矿粉掺量为20%时,UHPC试件的抗压、抗拉强度提升效果较好,但过量掺入反而会使试件力学性能降低[72]。此外,磷石膏基等胶凝材料和钢纤维新材料在UHPC的制备中也得到了越来越多的关注[73]。

当桥梁改造加固使用 UHPC 时,其与普通混凝土之间的界面黏结强度与性能稳定性至关重要。在采用现浇 UHPC 进行加固时,UHPC 的早期收缩所引发的界面附加应力不容忽视[74]。一般情况下,由于既有结构加固时已服役了较长时间,普通混凝土的收缩变形已趋于稳定。此时采用现浇 UHPC 的形式进行加固,UHPC 与普通混凝土收缩值的差异可能导致两者界面处变形不协调,进而在界面处产生附加应力。针对该问题,套箍式加固法巧妙利用了 UHPC 的早期收缩效应[75],使内部普通混凝土处于预应力约束状态,从而增强其抗压承载力,并使界面处于受压状态,增强了界面的抗剪强度。与此同时,为了提高 UHPC 与普通混凝土界面的黏结特性,实际工程中也常采用在界面处涂抹环氧树脂胶和聚合物水泥砂浆等。此外,对界面进行凿毛处理可去除旧混凝土表面的薄弱层,增大黏结面积,加强 UHPC 与普通混凝土的硬骨料黏结。

在实际工程中,根据加固方法的不同,界面处理方式也有所差异。例如,对于预制-粘贴式加固法,对既存混凝土表面一般不做凿毛处理,而是在较平整表面通过使用界面剂、植筋等方式获得界面抗拉与抗剪强度。对于现浇 UHPC 加固法,混凝土界面处理往往采用界面剂、凿毛、植筋等多个方法,以获得最稳定的界面黏结性能。

值得指出的是,UHPC 中的颗粒紧密堆积有效降低了混凝土中的孔隙率,因而具有优异的抗渗性能和力学性能。同时,粗骨料的使用也增强了 UHPC 的弹性模量和抗压强度[76]。桥梁墩柱作为典型的压弯构件,最易受到腐蚀环境侵蚀,相应的加固技术不仅要提供对侵蚀的抵抗能力,还需增强承载力,避免发生脆性破坏。因此,在桥墩下部浇筑配筋的 UHPC 板,不仅可以有效抑制加固构件在抗弯剪时的裂缝发展,而且随着加固层厚度的增加,结构的破坏形式也由脆性破坏转变为延性破坏。

在采用 UHPC 进行普通钢筋混凝土结构加固方面,国内的工程应用相对较晚。2011 年,肇庆马房大桥加固工程[77]使用了 UHPC 材料,验证了采用 UHPC 薄层加固钢筋混凝土梁的可行性。近年来,UHPC 也逐步应用至工字形梁的抗剪加固方面[78],但 UHPC 在跨海桥梁墩柱加固中的应用还待进一步研究。针对该问题,厦门大桥拓宽改造项目开展了 UHPC 材料在跨海大桥墩柱加固中的应用研究。在研究中,通过优化 UHPC 配合比,制备出具有高流动度、低收缩、高强度等优良性能的 UHPC,改进了 UHPC 施工工艺和养护流程等,进而提出了厦门大桥墩柱加固用低收缩 UHPC 的成套施工方案。

10.1.2　GFRP 特性及研究现状

GFRP 是以树脂为基础,以玻璃纤维为填充物质的新型材料,兼具了水泥和钢材两者的优点。GFRP 的相对密度较低,仅有普通碳素钢的 $1/5 \sim 1/4$,属于典型的轻质材料。另外,GFRP 强度高,具有优秀的抗拉强度与疲劳性能,其强度可以达到甚至超过普通碳素钢,且与混凝土等其他建筑材料有着良好的协调性。因此,GFRP 玻璃钢可以作为承载构件,在结构中发挥关键作用。

值得指出的是,GFRP 的线膨胀系数与玻璃材料相近,热导率比普通建筑材料低,在特定温度范围内具有良好的热稳定性。同时,GFRP 中的树脂材料具有良好的耐腐蚀性,可以通过改变所用树脂材料来进一步提升 GFRP 的耐腐蚀性能,满足不同环境条件下的使用需求。GFRP 的耐腐蚀性使其在腐蚀环境中都能保持稳定的性能,相较于许多金属材料具有明显优势。

在绿色、节能、环保的工程背景下,GFRP 的优势愈发凸显。这类材料的制作过程通常是一次性成型,相较于那些经常需要二次加工的金属材料,GFRP 能够大幅度减少生产过程中的能源消耗和排放。更值得一提的是,其成型所需的温度较低,能够大幅降低成型过程中的能耗,符合节能减排的环保理念。同时,GFRP 的主要成分——玻璃和树脂,均属于环保材料,它们在制造和使用过程中对环境的影响较小。此外,已有分析[79]表明,纤维增强复合材料组成的缆索锚固结构具有良好的承载力,GFRP 也被成功用于管型钢混凝土组合结构和椭圆形异形短柱等构件[80,81]。

10.2 UHPC+GFRP 复合结构工艺流程

为了提升厦门大桥的加固效果,在综合考虑 UHPC 和 GFRP 优势的基础上,项目提出了海洋环境桥梁 UHPC+GFRP 复合结构桥墩加固施工方案。该方案主要针对桥梁墩柱修复加固施工,尤其是海洋工况条件下桥梁墩柱的修复加固施工。同时,针对新旧混凝土界面问题,发展了 2.5% 钢纤维掺量 UHPC+混凝土表面凿毛清理+涂刷界面剂(U-type expansive interface agent powder,UEA-P)的界面处理方法,有效提高了 UHPC 与普通混凝土间的黏结强度和抗渗性能。此外,通过引入 GFRP 裹覆施工工艺,进一步提高了 UHPC+GFRP 复合结构的套箍效应和耐腐蚀性能。

10.2.1 工艺原理

在 UHPC+GFRP 复合结构桥墩加固施工方案中,通过科学制定施工步骤,确保了加固层与旧混凝土界面的黏结强度达到最优状态。UHPC 纤维界面黏结增强原理如图 10.1 所示。具体而言,首先对旧混凝土表面进行凿毛清理,随后涂刷界面剂进行界面处理,从而增强新旧材料间的黏结性能。在此过程中,凿毛的深度、界面剂的种类以及涂刷工艺均经过严格的缩尺模型试验验证,确保选择最佳的工艺参数。

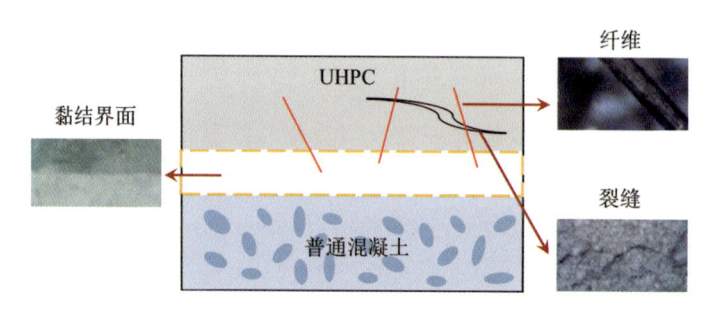

图 10.1 UHPC 纤维界面黏结增强原理示意

在完成界面处理后,按照预设方案搭设墩柱修复加固模板。模板的种类和搭接方式均基于试验墩柱的修复加固效果进行筛选和确定,以保证施工质量和效率。模板搭设完毕后,进行 UHPC 修复层的浇筑工作。待 UHPC 达到足够的强度稳定性(即龄期达到 7 天)后,拆除模板并立即进行 GFRP 裹覆施工。裹覆层中的气泡需要用刮板工具彻底排除,确保 GFRP 裹覆层与 UHPC 加固层之间实现紧密贴合,无任何空隙。待 GFRP 裹覆层完全干燥后,拆除围堰,完成桥梁墩柱的修复加固施工。

10.2.2 施工工艺流程

根据图 10.2 所展示的施工工艺流程,首先设计 UHPC 的配合比,凿除墩柱旧混凝土,紧接着进行钢筋的置换与表面处置。随后,进行模板的安装,UHPC 的现场制备与浇筑。待混凝土凝固后,拆除模板,进行 GFRP 裹覆处理,并进行成品检测,确保施工质量和标准得到严格执行。

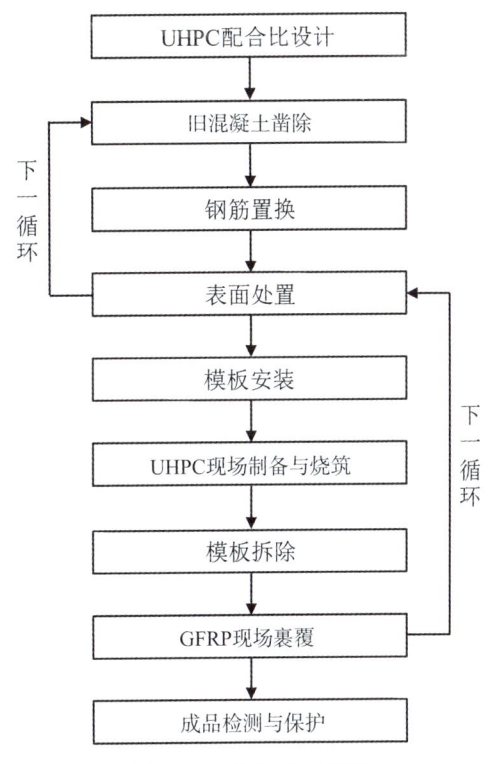

图 10.2 施工工艺流程

10.2.2.1 UHPC 配合比设计

为满足设计指标的要求,本项目针对 UHPC 进行了精细的配合比设计。图 10.3 所示为调试 UHPC 配合比的现场图。在常规工艺条件下,分析了多个因素对 UHPC 流动性和强度的影响。结果表明,在胶砂比处于 0.7~1.3 范围内时,随着胶砂比的增加,UHPC 的流动性逐渐提升,而抗压和抗折强度则在胶砂比为 1.1 时达到峰值。当水胶比在 0.15~0.21 区间内变化时,水胶比的增大有利于改善 UHPC 的流动性,但其抗压和抗折强度则随着水胶比的增加而呈现下降趋势。当硅灰掺量在 0.10~0.25 范围内时,

UHPC 的流动性和强度呈现出先上升后下降的趋势,其中掺量为 0.20 时,流动性和强度均达到最佳状态。当钢纤维掺量在 0.07~0.13 范围内变化时,UHPC 的流动性随钢纤维掺量的增加而显著降低,强度则整体呈现出随钢纤维掺量增加而增强的规律。这些规律为优化 UHPC 配合比设计、提升材料性能提供了重要的理论依据。

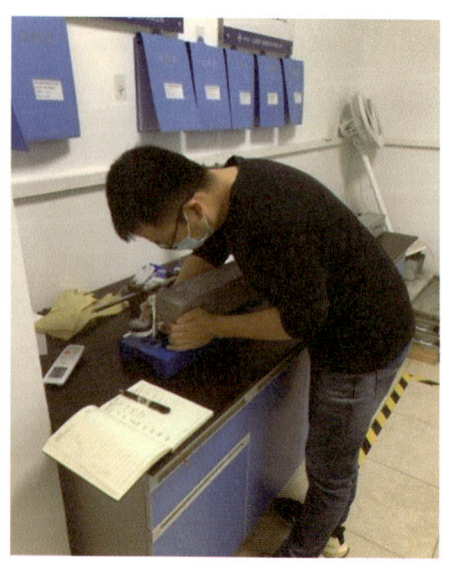

图 10.3　UHPC 配合比设计

10.2.2.2　旧混凝土凿除与钢筋置换

首先对下部结构基面进行处理,在混凝土锈胀处,需要凿除松散的混凝土,使锈蚀的钢筋完全暴露出来。对于表面混凝土完好的部分,需要进行凿毛处理,使新鲜的基材暴露出来,并用淡水进行冲洗,确保表面干净。随后,如图 10.4 所示,通过检测混凝土的碳化深度,以确定混凝土的凿除深度。若钢筋的截面积削弱超过 30%,则需要进行补强。旧混凝土凿除与钢筋置换如图 10.5 所示,同时在墩身和承台中植入钢筋(图 10.6),并按照图纸的要求进行布设。

图 10.4　混凝土碳化深度检测

图 10.5 旧混凝土凿除与钢筋置换

图 10.6 钢筋补强

10.2.2.3 表面处理

如图 10.7 所示，旧混凝土凿除至无松动、无深度裂缝，表面清洗干净后，涂刷掺入膨胀剂的水泥净浆界面剂。在涂刷界面剂完成后，等待 5～10 min 至界面剂不再流淌，方可进行后续工艺施工。

图 10.7 UHPC 与普通混凝土的界面处理

10.2.2.4 模板安装

如图 10.8 所示,模板安装过程按照《建筑施工模板安全技术规范》(JGJ 162—2008)[82]和《建筑施工扣件式钢管脚手架安全技术规范》(JGJ 130—2011)[83]等相关规范进行严格施工。

图 10.8 模板安装与加固

10.2.2.5 UHPC 现场制备与浇筑

根据设计要求,非固定墩将采用活性粉末混凝土,力学性能等级为 UHPC140,其技术标准应符合《活性粉末混凝土》(GB/T 31387—2015)[84]的规定。在 UHPC 的制备过程中,应合理掺入外加剂,以有效控制其收缩,确保与玻璃钢模板的紧密结合。外加剂需经过具备相应资质的检测机构检验,质量必须满足《混凝土外加剂》(GB 8076—2008)[85]的严格规定,不能影响 UHPC 的主要性能。

UHPC140 混凝土采用外购配备完整的拌和材料,施工过程中加水进行搅拌即可。在实施搅拌期间,为了提高搅拌的质量,需要使用强制式的搅拌机搅拌。首先加入配合好的成品材料,然后加入水、外加剂,搅拌 4 min 后出料。在材料搅拌期间,搅拌工作人员要严格检查搅拌物的制备比例,以确保活性粉末混凝土的成型率。

UHPC140 混凝土的搅拌在桥上使用搅拌机完成。如图 10.9 所示,UHPC140 混凝土浇筑时,利用一根 4 cm 直径的软管将搅拌机出口与模板内侧连接起来,当软管口距离浇筑面 20 cm 时,采用压力机将拌和料压入进行灌注。灌注过程中,需确保混凝土整体均匀上升。准确控制用水量,禁止 UHPC 拌和物出搅拌机后加水。首拌时间不能少于 4 min,以确保钢纤维完全分散均匀。此外,由于 UHPC 拌和料在常温下凝固速率非常快,黏性很大,容易粘壁,因此搅拌均匀后最好在 30 s 内完成卸料,并保证卸料及输送通畅。UHPC 浇筑期间,须指派专人检查模板及支撑构件的稳固情况,对松动、变形、移位等情况,应立即进行复位和固定,确保浇筑过程的安全与稳定。

10.2.2.6 模板拆除

如图 10.10 所示,模板拆除时,可采取先支的后拆、后支的先拆,先拆非承重模板、后拆承重模板的顺序,并应从上而下进行拆除。另外,底模及支架应在混凝土强度达到设计要求后再拆除。当设计无具体要求时,同条件养护的混凝土立方体试件抗压强度应符合规定。

图 10.9　UHPC 现场制备与浇筑

图 10.10　模板拆除

10.2.2.7　GFRP 现场裹覆

玻璃钢包覆为 8 油 7 布,采用手工成型,包括手工涂刷树脂与人工缠绕玻璃布。在包覆玻璃钢的过程中,首先需要根据管桩的直径和设计的包覆层数量计算所需的玻璃纤维布长度,并进行裁剪。随后,需要清理管桩表面,将油污和其他脏物清除干净,清除混凝土表面的水泥浮浆和其他松散物。如果管桩表面有水孔或凹处,需要先用树脂胶泥填满并抹平,待树脂胶泥固化 24 h 后,开始包覆玻璃钢。接下来,配制树脂胶液,按照配合比将颜料糊、引发剂和促进剂依次加入并边搅拌边混合均匀。然后,在管桩表面需包覆的区域均匀涂刷一层树脂后,缠绕一层玻璃纤维布。注意:在缠绕玻璃纤维布时要拉紧,并用刮刀刮平整,每一层玻璃纤维布缠绕完成后,使用消泡辊进行滚压,以排除玻璃纤维布与树脂界面的气泡。按照以上步骤涂刷第二层树脂,再缠绕第二层玻璃纤维布,如此反复,直到达到设计的包覆层数。最后,在玻璃钢表面缠绕一层聚酯薄膜,并使用刮板刮平整,以排除气泡。GFRP 裹覆的施工现场如图 10.11 所示。

10.2.2.8　成品检测与保护

桥墩加固施工完成后,需进行全断面敲击检测,重点是检查 UHPC 与 GFRP 之间的黏结情况,判断是否有空鼓情况发生。同时,在现场进行了缩尺模型破坏性试验,将裹覆

图 10.11　GFRP 现场裹覆操作

材料刺破,靠外力拉扯,直至裹覆材料破坏,结果显示 UHPC 与 GFRP 之间未脱离。这主要是因为 UHPC 收缩主要发生在前期,当收缩稳定后再进行裹覆,GFRP 与 UHPC 之间不会产生相对变形,故黏结性良好,可达到较好的防腐效果。

根据上述工艺,UHPC+GFRP 复合结构桥墩加固施工方案在厦门大桥 56 个独立桥墩修复加固中得到了成功应用。图 10.12 所示为加固后的桥梁实景,采用该方案,墩柱加固施工缩短了 30 天工时,每个桥墩的物料、人力及时间成本减少了约 7.86 万元,总计节约成本约 440 万元,产生了重要的经济效益和社会效益。

图 10.12　加固效果

10.3　小结

　　本章分析了 UHPC 与 GFRP 的特点,并针对厦门大桥拓宽改造工程,提出了海洋环境桥梁 UHPC+GFRP 复合结构桥墩加固施工方案。然后,围绕桥墩加固现场施工,从 UHPC 配合比设计、旧混凝土凿除与钢筋置换、表面处理、UHPC 现场制备与浇筑、模板拆除、GFRP 现场裹覆、成品检测与保护等关键环节,详细阐述了 UHPC+GFRP 复合结构桥墩加固方案的施工工艺流程。该方案在厦门大桥拓宽改造工程中的成功应用,在显著提高施工效率的同时,大幅降低了成本,具有非常重要的工程推广应用价值。

参考文献

[1] 交通部公路规划设计院,交通部第一公路工程总公司,交通部第三航务工程局.厦门大桥:设计与施工[M].北京:人民交通出版社,1992.

[2] 陈亮,李漪.公路混凝土桥梁评估与加固技术现状研究[J].交通标准化,2011(1):70-74.

[3] 李亚东.既有桥梁评估初探[J].桥梁建设,1997,27(3):20-23.

[4] 刘益嵘.经济合作和发展组织(OECD)国家的大学科学研究[J].研究与发展管理,1990(3):79.

[5] 闻宝联,涂光备,刘凯立,等.钢筋混凝土桥梁病害调查及维护研究[J].桥梁建设,2004,34(1):78-81.

[6] 许睿文,刘鹏,张鑫敏,等.腐蚀对钢箱梁桥面板服役性能的影响[J].腐蚀与防护,2021,42(12):39-43.

[7] 董彩常,陈跃良,丁继峰,等.红岛航道桥钢箱梁疲劳寿命分析及腐蚀影响[J].腐蚀与防护,2014,35(3):292-293.

[8] 张立业,孙利民,郭学东,等.混凝土梁桥剩余使用寿命研究[J].桥梁建设,2014,44(5):63-68.

[9] QIAN J, ZHENG Y, DONG Y, et al. Sustainability and resilience of steel-shape memory alloy reinforced concrete bridge under compound earthquakes and functional deterioration within entire life-cycle[J].Engineering Structures,2022,271:114937.

[10] VALKONEN A, GLISIC B.Structural health monitoring-based bridge lifecycle extension: survival analysis and monte carlo-based quantification of value of information[J]. Infrastructures, 2023, 8(11):158.

[11] 彭建新,张建仁.考虑全寿命性能和成本的碳化腐蚀下RC梁桥耐久性参数确定方法[J].土木工程学报,2013,46(1):69-75.

[12] 党志杰,郑杉.海洋大气环境下悬索桥主缆及吊索的腐蚀特点[J].桥梁建设,2000(3):69-71.

[13] KATO A,SAKAUE T,TSUJI A, et al.1P-258 Conformational transition on a long DNA molecule confined in a micrometer-scale space surrounded by a phospholipid membrane(Bioimaging, The 47th Annual Meeting of the Biophysical Society of Japan)[J]. Seibutsu Butsuri,2009,49(supplement): S102-S103.

[14] 朱锡昶,葛燕,陈水根.浅论海洋性大桥钢结构的防腐蚀[J].桥梁建设,1997,27(4):35-39.

[15] 胡正涛,李国力,杨海成,等.华南地区通明海特大桥混凝土结构耐久性设计[J].腐蚀与防护,2023,44(2):87-93.

[16] 宋神友,薛花娟,陈焕勇,等.伶仃洋大桥锌-铝-稀土合金镀层钢丝腐蚀-疲劳耦合试验研究[J].桥梁建设,2022,52(2):24-30.

[17] 刘建民.公路混凝土桥梁损伤评估技术研究[D].郑州:郑州大学,2004.

[18]陈开利,刘海燕.美国金门桥的抗震加固[J].国外桥梁,1999(3):47-52.

[19]THOMPSON J K.旧金山—奥克兰海湾桥抗震安全设计[J].公路,2009(5):163-167.

[20]SEIBLE F,DAZIO A,RESTREPO J I.Proof testing in support of the new San Francisco-Oakland Bay Bridge[J].Earthquake Engineering Structural Dynamics,2005,34(4-5):369-391.

[21]张妮.美国明尼阿波利斯市第三大街桥维修加固[J].世界桥梁,2023,51(6):124.

[22]张妮.美国本杰明·富兰克林大桥维修加固[J].世界桥梁,2023,51(5):122-123.

[23]张妮.美国杰拉尔德·德斯蒙德大桥替换桥[J].世界桥梁,2019,47(1):93-94.

[24]刘海燕,陈开利.日本浜名大桥抗震加固施工[J].世界桥梁,2013,41(5):81-85.

[25]刘海燕.日本伊势湾岸道路名港西大桥(上行线)抗震加固[J].世界桥梁,2020,48(4):95.

[26]OHTSUKA S,SATO Y,YOSHIKAWA T,et al.Levee damage and revetment erosion by the 2019 Typhoon Hagibis in the Chikuma River,Japan[J].Soils and Foundations,2021,61(4):1172-1188.

[27]ZHU J C,GONG J X.Investigating the durability and seismic performance of reinforced concrete piers within marine environments[J].Journal of Coastal Research,2018,82:193-199.

[28]交通运输部.2023年交通运输行业发展统计公报[N].中国交通报,2024-06-18(002).

[29]崔景岩,许晓建.旧桥病害原因分析及加固技术运用[J].工程建设与设计,2021(6):149-151.

[30]高兴元.钢筋混凝土桥梁结构损伤评定与评估技术[J].徐州工程学院学报,2006(6):18-20,43.

[31]袁卫自,高荣雄,张华伟,等.基于预应力长悬臂板的连拱拱桥拓宽改造与加固研究[J].工程抗震与加固改造,2017,39(4):146-152.

[32]袁晟,颜东煌,王文熙,等.UHPC加固受损混凝土斜拉桥主梁模型试验[J].中国公路学报,2023,36(9):83-95.

[33]施嘉伟,吴倩倩,武善侠,等.预应力FRP网格加固空心板梁桥的病害修复效果分析[J].东南大学学报(自然科学版),2024,54(2):407-415.

[34]王元清,宗亮,石永久,等.钢结构加固技术研究进展与标准编制[J].建筑结构学报,2022,43(10):29-40.

[35]ROY S,UNOBE I D,SORENSEN A D.Vehicle-impact damage of reinforced concrete bridge piers:a state-of-the art review[J].Journal of Performance of Constructed Facilities,2021,35(5):1-11.

[36]景强,郑顺潮,梁鹏,等.港珠澳大桥智能化运维技术与工程实践[J].中国公路学报,2023,36(6):143-156.

[37]蒋家卫,黄文婷,苟郑,等.港珠澳大桥海底沉管隧道弹塑性地震响应分析[J].建筑结构学报,2023,44(A2):359-366.

[38]孙艳明,郝胜利.大连星海湾跨海大桥钢桁加劲梁新型吊装工艺[J].施工技术,2015,44(11):29-32.

[39]黄建玲,蔡威,阮春生.东海大桥桥墩桩基冲刷分析及防护关键技术[J].中国港湾建设,2023,43(7):66-71.

[40]全国交通工程设施(公路)标准化技术委员会.GB/T 24969—2010.公路照明技术条件[S].北京:中国标准出版社,2010.

[41]交通部部颁标准.CJJ 45—2015.城市道路照明设计标准[S].北京:中国建筑工业出版社,2006.

[42]中国公路学会桥梁和结构工程分会.JT/T 722—2008.公路桥梁钢结构防腐涂装技术条件[S].北京:中华人民共和国交通运输部,2008.

[43]曹自俊,赵军,张效军.大跨PC连续刚构桥病害分析与加固技术研究[J].公路,2021,66(8):206-211.

[44]ESMAEILI J,AGHDAM O R,ANDALIBI K,et al.Experimental and numerical investigations on a novel plate anchorage system to solve FRP debonding problem in the strengthened RC beams[J].

Journal of Building Engineering,2022,45:103413.

[45] 王威,李鹏洛,林忠良,等.波纹钢板-混凝土界面能耗及其本构关系[J].复合材料学报,2024,41(3):1588-1600.

[46] 谭万里,余嘉康,孙庄敬,等.加肋钢悬臂支撑-底部钢板组合桥面拓宽技术[J].厦门大学学报(自然科学版),2024,63(4):743-752.

[47] 中交第一公路勘察设计研究院有限公司.JTG/T J22—2008.公路桥梁加固设计规范[S].北京:人民交通出版社,2008.

[48] 中国建筑科学研究院.GB 50010—2010.混凝土结构设计规范[S].北京:中国建筑工业出版社,2010.

[49] WEN Q J.Long-term effect analysis of prestressed concrete box-girder bridge widening[J].Construction and Building Materials,2011,25(4):1580-1586.

[50] ELSAFTY A,OKEIL A M,TORRES K,et al.Investigation of empirical deck design in bridge widening[J].Journal of Bridge Engineering,2020,25(10):04020079.

[51] 中交公路规划设计院.JTG 3362—2018.公路钢筋混凝土及预应力混凝土桥涵设计规范[S].北京:人民交通出版社,2018.

[52] 中交公路规划设计院.JTG D60—2015.公路桥涵设计通用规范[S].北京:人民交通出版社,2015.

[53] 陈朋,章伟,郭东浩,等.大跨钢箱梁斜拉桥竖向支座顶升方案与维护技术研究[J].公路,2024,69(10):143-149.

[54] 吴毅彬.大型城市环形立交大吨位同步顶升设计[J].桥梁建设,2014,44(4):85-90.

[55] 中交第一公路勘察设计研究院有限公司.JTG/T J23—2008.公路桥梁加固施工技术规范[S].北京:人民交通出版社,2008.

[56] 中交一公局集团有限公司.JTG/T 3650—2020.公路桥涵施工技术规范[S].北京:人民交通出版社,2020.

[57] 中华人民共和国住房和城乡建设部.GB/T 51295—2018.钢围堰工程技术标准[S].北京:中国建筑工业出版社,2018.

[58] 钟祺,郑春雨,卫康,等.复杂地质深水环境中钢围堰类型比选及设计研究[J].公路,2021,66(10):210-215.

[59] 黄文辉.厦门市区域水文地质调查报告[R].北京:全国地质资料馆,1999.

[60] 邓晖,余嘉康,袁凯,等.对八字内支撑单壁钢套箱围堰及其在厦门大桥墩柱加固中的应用[J].厦门大学学报(自然科学版),2023,62(4):725-732.

[61] 中华人民共和国住房和城乡建设部.GB 50017—2017.钢结构设计标准[S].北京:中国建筑工业出版社,2017.

[62] 王宣鼎,顾超,廖岳,等.外包约束RC钢管混凝土墩脚震损修复后性能试验研究[J].土木工程学报,2024,57(2):1-10,24.

[63] 程高,张之恒,陈浩,等.非同时受压矩形钢管混凝土界面传力特性研究[J].中国公路学报,2023,36(2):179-189.

[64] 陈光明,陆奕辰,谢攀,等.FRP-混凝土-钢双壁空心桥墩分析及设计方法研究[J].中国公路学报,2022,35(2):12-38.

[65] 姚树镇.我国第一座玻璃钢公路(试验)桥建成[J].玻璃钢,1983(1):35.

[66] 王迎军,朱桂新,陈旭东.玻璃纤维增强塑料在虎门大桥桥墩处理中的应用[J].中外公路,2004(3):106-109.

[67] 上海市建筑科学研究院有限公司.T/CECS 10107—2020.超高性能混凝土(UHPC)技术要求[S].北京:中国计划出版社,2020.

[68]中交公路规划设计院有限公司.JTG 3362—2018.公路钢筋混凝土及预应力混凝土桥涵设计规范[S].北京:人民交通出版社,2018.

[69]中交公路规划设计院有限公司.JTG 3363—2019.公路桥涵地基与基础设计规范[S].北京:交通运输部,2019.

[70]郑琨鹏,葛好升,李正川,等.河砂与石英砂对蒸养超高性能混凝土(UHPC)性能的影响及机理[J].材料导报,2024,38(7):83-88.

[71]卢重阳,王佳.矿粉改性高性能混凝土的力学性能和耐久性能研究[J].功能材料,2024,55(2):2187-2192.

[72]熊小渊,田雨晴,周嘉宾.极细铁尾矿粉作为矿物掺合料制备高性能混凝土的研究[J].金属矿山,2024(3):290-295.

[73]王晓伟,许航铭,詹兆钰,等.定向钢纤维增强超高性能混凝土的力学性能[J].混凝土,2023(12):39-43.

[74]王兴旺.UHPC与普通钢筋混凝土结构界面抗剪性能研究[D].长沙:湖南大学,2016.

[75]王俊颜,边晨,肖汝诚,等.常温养护型超高性能混凝土的圆环约束收缩性能[J].材料导报,2017(23):52-57.

[76]李力剑,刘素梅,徐凡丁,等.含粗骨料超高性能混凝土的单轴受拉力学性能[J].建筑材料学报,2024,27(2):167-173.

[77]邵旭东,邱明红,晏班夫,等.超高性能混凝土在国内外桥梁工程中的研究与应用进展[J].材料导报,2017(23):33-43.

[78]李伟东,邹德强,潘泽宇,等.预应力超高性能混凝土工字形梁抗剪性能试验[J].学技术与工程,2024,24(3):1242-1250.

[79]梅葵花,李宇,贾文科,等.纤维增强复合材料缆索锚固系统研究与应用进展[J].土木工程学报,2023,56(4):83-102.

[80]马辉,王佩,李哲,等.GFRP管型钢再生混凝土组合柱轴压性能试验及数值分析[J].建筑结构,2020,50(13):76-83.

[81]王言磊,张祎男,刘青,等.椭圆形GFRP管高强混凝土短柱轴压力学性能试验研究[J].复合材料科学与工程,2019(12):5-10.

[82]中华人民共和国住房和城乡建设部.JGJ 162—2008.建筑施工模板安全技术规范[S].北京:中国建筑工业出版社,2008.

[83]中华人民共和国住房和城乡建设部.JGJ 130—2011.建筑施工扣件式钢管脚手架安全技术规范[S].北京:中国建筑工业出版社,2011.

[84]湖南住房和城乡建设厅.GB/T 31387—2015.活性粉末混凝土[S].北京:中国建筑工业出版社,2015.

[85]中华人民共和国国家质量监督检验检疫总局,中国国家标准化管理委员会.GB 8076—2008.混凝土外加剂[S].北京:中国标准出版社,2008.